I0355062

www.ingramcontent.com/pod-product-compliance
Lightning Source LLC
Chambersburg PA
CBHW070049080526
44586CB00013B/974
9781595848314

به سوی تمدن بزرگ

محمدرضا شاه پهلوی

شرکت کتاب
ketab.com

Towards the Great Civilization
Subject:History of Contemporary Iran
Author:Mohammad Reza Shah Pahlavi

Copyright © 2025
All right reserved.

3rd Edition: 2025

به سوی تمدن بزرگ
موضوع: تاریخ معاصر ایران
نویسنده: محمدرضاشاه پهلوی
چاپ سوم شرکت کتاب: ۱٤۰٤ خورشیدی- ۲۵۸٤ ایرانی خورشیدی- ۲۰۲۵ میلادی

No part of this book may be reproduced in any manner without the express written consent of the author / publisher, except in the case of brief excerpts in critical reviews or articles.
For information about permission to reproduce selections from this book, write to Permissions @ Ketab Corporation

The Library of Congress Cataloging-in-publishing Data is available upon request.

ISBN: 978-1-59584-831-4
Ketab Corporation:
12701 Van Nuys Blvd., Suite H,
Pacoima, CA, 91331, USA

3 2 3 4 5 6 7 8 25

فهرست مطالب

سرآغاز ۵

بخش اول

نگاهی به جهان امروز ۱۷
مسائل اساسی جهان امروز ۴۰
بحران تمدن ۵۴
راه آینده ۵۸

بخش دوم

ایران در عصر انقلاب ۶۳
ایران امروز ۷۶
اصلاحات ارضی و کشاورزی ۹۳
منابع طبیعی ۱۰۰
امور کار و کارگری ۱۰۹
تعمیم دموکراسی ۱۲۰
آموزش ۱۲۲
بهداشت ۱۳۵
آبادانی و مسکن ۱۴۳

امور قضایی ۱۵۳
انقلاب اداری ۱۵۸
مبارزه با فساد ۱۶۴
بیمهٔ همگانی ۱۷۳
حزب رستاخیز ملت ایران ۱۸۰
نفت ۱۸۸
سیاست مستقل ملی ۲۰۹

بخش سوم

در راه تمدن بزرگ ۲۲۱
نظام سیاسی ۲۵۸
نظام اقتصادی ۲۶۶
نظام اجتماعی ۲۷۰
نظام آموزشی و فرهنگی ۲۹۴

پیام من به ملت ایران ۳۰۱

سرآغاز

شانزده سال پیش، نخستین کتاب من به نام "مأموریت برای وطنم" و یازده سال پیش، کتاب دوم من به نام "انقلاب سفید" انتشار یافت. کتاب اول بیشتر مربوط به گذشته و کتاب دوم مربوط به حال بود. امروز لازم می‌دانم سومین کتاب خود را که بیشتر مربوط به آینده می‌شود، در دسترس ملت ایران بگذارم.

آن چه مرا بدین کار وامی‌دارد توجه بدین واقعیت است که هر فرد ایرانی، برای ایفای رسالتی که در برابر کشور خود و فرزندان خود و در عین حال در برابر جامعهٔ بشری به عهده دارد، می‌باید آشنایی همه جانبه‌ای با اصول و ضوابطی که جامعهٔ امروز و فردای ایران و جهان بر پایهٔ آنها پی‌ریزی شده است، داشته باشد. وقتی یک اجتماع مرکب از مردمی کاملاً آگاه به حقوق و در عین حال به وظایف و مسئولیت‌های خویش باشد، انجام هر کار بزرگی در چنین اجتماع، طبعاً مستلزم شرکت آزادانه و آگاهانهٔ همه این مردم خواهد بود.

برای تحقق این شرکت آگاهانه ضروری است که افکار عمومی با همهٔ واقعیات حاکم بر حیات جامعه، با آرمان‌های ملی، با برنامه‌های کار مملکت و جنبه‌های مختلف سیاسی و اجتماعی آنها، با امکانات و محدویت‌ها و با عوامل قدرت و ضعف خود کاملاً آشنا باشد. ممکن است این واقعیت‌ها همیشه مطلوب نباشد ولی ناگفته ماندن آنها، مسلماً نامطلوب‌تر است. بدین جهت گفتگوی منظم و مستمر من و ملتم، امری نه تنها منطقی، بلکه ضروری است.

البته این گفتگو از راه وسائل ارتباط جمعی کشور به طور تقریباً مرتب برقرار است و اضافه بر آن، هر سال متن کامل گفته‌های سالانهٔ من به طور جداگانه منتشر می‌شود. با این همه، ضروری می‌دانم که

اضافه بر مطالبی که به طور پراکنده در فرصت‌های مختلف و به مناسبت‌های مختلف گفته می‌شود، مجموعه‌ای از بررسی‌ها و تحلیل‌های لازم را در مورد مسائل بنیادی امروز و فردای کشور به صورت کتابی مستقل در دسترس عموم قرار دهم.

کتاب حاضر هنگامی انتشار می‌یابد که پانزده سال از آغاز بزرگ‌ترین تحول اجتماعی و تاریخ ایران گذشته و بر اثر این تحول که "انقلاب شاه و ملت" نام گرفته است، شرایط سیاسی، اجتماعی، اقتصادی و فرهنگی جامعهٔ ما به کلی دگرگون شده است. در این مدت جامعهٔ ایرانی که به صورتی بنیادی تغییر شکل پیدا کرده و بافت مادی و معنوی این جامعه با شرایطی کاملاً تازه تطبیق یافته است. در نتیجه طبعاً در دیدگاه‌ها، روش‌ها و برنامه‌ها نیز دگرگونی اساسی پدید آمده است.

به موازات این تحول، وضع جهانی که ما در آن به سر می‌بریم نیز تغییری شگرف یافته است. کشورهای متعدد تازه‌ای در این فاصله وارد خانوادهٔ جهانی ملل شده‌اند و از این راه معادلات سیاسی و اقتصادی جهان پانزده سال پیش تا حد زیادی بر هم خورده است. امروز دنیا خود را آشکارا در مراحل عصر تازه‌ای می‌یابد که الزاماً ضوابط و روش‌های نوینی را نیز همراه دارد.

کشور ما در این مدت به صورت یکی از قدرت‌های مؤثر صحنهٔ سیاست بین‌المللی در آمده است که دیگر هیچ کس نمی‌تواند نقش آن را نادیده بگیرد. این موقعیت جهانی، طبعاً مسئولیت‌های جهانی نیز برای ما به همراه آورده است.

از نظر داخلی ما اکنون دست در کار یکی از بزرگ‌ترین آزمایش‌های اجتماعی و اقتصادی دنیای امروز هستیم. آزمایشی که

می‌باید جامعهٔ ما را در مدتی کوتاه به صورت یکی از پیشرفته‌ترین و مرفه‌ترین جوامع جهان در آورد.

در چنین شرایطی آیا عظمت هدف و دشواری تلاش می‌باید و یا می‌تواند ما را از ادامهٔ این راه باز دارد؟ یا دست کم به کاهشی در سطح هدف و بالنتیجه در کمیت و یا کیفیت این تلاش وادار کند؟ من چنین احتمالی را باور نمی‌کنم و فکر نمی‌کنم که هیچ ایرانی نیز غیر از این بیندیشد. زیرا ایرانی بودن به مفهوم واقعی آن مستلزم پذیرش آزادنه رسالتی است که تاریخ کهن این ملت و ارزش‌های جاودانی مدنی و اخلاقی آن بر عهدهٔ فرد فرد مردم ایران نهاده است. با اتکاء بدین میراث سنگین ارزش‌های کهن، چگونه برای ما پذیرفتنی می‌تواند بود که در نیمهٔ راه مقصود بمانیم و همواره دیگرانی را فراروی خود داشته باشیم؟ چگونه می‌توانیم در تلاشی مقدس برای تأمین سرافرازی و نیک بختی نسل‌های آیندهٔ ایرانی، از پای بایستیم و شاهد پیشروی راه روان دیگری باشیم که چه از نظر اصالت تاریخی و چه از لحاظ ارزش‌های فردی و فکری هیچ امتیازی بر ما ندارند؟

بنابر این ما این راه دشوار ولی پر افتخار را تا به آخر خواهیم پیمود و به هیچ عاملی اجازهٔ جلوگیری از پیشرفت این تلاش زندگی ساز را نخواهیم داد. ولی هشیار باشیم که انجام این تعهد واقعاً چه مفهومی دارد و پیروزی در این راه برای ما با چه وظایف و مسئولیت‌هایی همراه است و چه آمادگی‌ها و کوشش‌هایی را ایجاب می‌کند! آسان گرفتن کاری که آسان نیست، محکوم کردن آن به شکست است و اگر واقعاً در دست‌یابی به یک هدف بزرگ مصمم باشیم، می‌باید در درجهٔ اول آمادگی روحی لازم را در حدی متناسب با عظمت هدف و نیرومندی تصمیم خود داشته باشیم.

پیش از هر چیز ببینیم که ما در این مسابقه جهانی توسعه و ترقی در چه شرایطی هستیم و بعد نتیجه‌گیری کنیم که در این شرایط برای نیل به هدف به چه نوع و چه مقدار بسیج مادی و معنوی نیاز داریم؟

همه می‌دانیم که ایران عصر نوین تنها اندکی بیش از نیم قرن پیش پا به عرصهٔ وجود گذاشت. در آن هنگام جامعهٔ ایرانی در وضعی قرار داشت که از دیدگاه تاریخ می‌باید بدان "انحطاط تقریباً کامل" نام داد. از نظر سیاسی کشور ما در آستانهٔ از دست دادن رسمی آن استقلالی بود که عملاً نیز از مدت‌ها پیش جز اسمی از آن باقی نبود. حکومت مرکزی و نیروی دفاعی و خزانه مملکتی، فقط از نظر تشریفاتی و در روی کاغذ وجود داشت! از لحاظ اقتصادی این کشور یکی از ضعیف‌ترین و کم درآمدترین ممالک جهان بود و از نظر اجتماعی، رواج فقر، جهل، بی‌سوادی، بیماری، گرسنگی، خرافات، ارتشاء، خیانت و بیگانه پرستی، جامعهٔ ایرانی را تا حد افتاده‌ترین جوامع دنیا، پائین برده بود.

درست در همان موقع دولت‌های صنعتی و ثروتمند جهان امروز در مراحل بسیار پیشرفته‌ای از ترقی بودند. نخستین انقلاب صنعتی عصر حاضر و رونق اقتصادی ناشی از آن که در انگلستان آغاز شده بود، به تمام جهان غرب گسترش یافته بود. صنعت، بازرگانی، آموزش، بهداشت و سایر مظاهر یک تمدن مترقی، در کشورهای غربی، در بالاترین سطحی بود که جامعهٔ بشری تا آن تاریخ به یاد داشت. شکوفایی بی‌سابقهٔ اقتصادی، همراه با آموزش و فرهنگی پیشرفته، جوامع این کشورها را در مقامی قرار داده بود که اصولاً با مقام ایران قابل مقایسه نبود. وجود سیستم استعماری نیز که در آن هنگام در اوج قدرت خود بود، به موازات افزایش فقر و عقب ماندگی ملل

مستعمره رونق اقتصادی کشورهای صاحب مستعمره را زیادتر می‌کرد.

در بیست سالهٔ اول این دوران پنجاه و پنج ساله، مساعی کشور ما در درجهٔ اول می‌بایست الزاماً صرف خنثی کردن آثار منفی گذشته و استقرار یک وضع عادی امنیتی و اقتصادی و اجتماعی شود. به طوری که عملاً وقت کافی برای سازندگی وجود نداشت و شاید امکانات و شرایط نیز این اجازه را جز در مقیاس محدودی نمی‌داد. تازه با شبیخون جنگ دوم جهانی، نتایج همین کوشش‌ها هم تا حد زیادی به هدر رفت و بار دیگر هرج و مرج، نا امنی، ارتجاع، نفوذ بیگانگان، نا بسامانی اقتصادی و رکود هر گونه فعالیت مثبت جامعه ما را به سیر قهقرایی وا داشت. در حالی که در همین مدت بیست ساله جوامع پیشرفته جهان غرب باز هم پیشرفته‌تر و از نظر اقتصادی و اجتماعی نیرومندتر شدند.

دوران پس از جنگ، دوران رونق اقتصادی بی‌سابقه‌ای در کشورهای صنعتی بود که حتی برای خود آنها نیز باور کردنی نبود و در فصل بعد، توضیح خواهم داد که چه عواملی این جهش عظیم را باعث گردید. به هر حال این جهشی بد که باز هم فاصلهٔ ما را با جهان پیشرفته زیادتر و امکانات ما را در این مسابقهٔ سرنوشت کم‌تر کرد.

دوران واقعی تلاش کشور ما در راه سازندگی و پیشرفت به طور کلی از ۲۸ امرداد ۲۵۱۲ شاهنشاهی (۱۳۳۲ خورشیدی) و به طور قاطع از ششم بهمن ۲۵۲۱ شاهنشاهی (۱۳۴۱ خورشیدی) آغاز شد. بدین تریتب اکنون فقط پانزده سال است که ملت ایران مصممانه در مسابقهٔ جهانی ترقی و تکامل شرکت جسته است. در حالی که این

مسابقه را ملل پیشرفتهٔ عصر ما در حدود دو قرن پیش و گاه حتی قبل از آن آغاز کرده بودند.

طبیعی است که بدین ترتیب فاصله‌ای که ما را از این کشورها جدا می‌کند، بسیار زیاد است. تازه نباید از توجه بدین واقعیت غافل باشیم که در همان ضمن که ما برای پر کردن این فاصله می‌کوشیم، حریفان ما نیز شتابان می‌روند و در این راه به اقتضای پیشرفتگی کنونی خود از شرایط و امکاناتی بسیار بیشتر و مساعدتر برخوردارند. بنابر این پر کردن این فاصلهٔ دوم نیز الزامی مزید بر الزام قبلی است.

از توجه به مجموع این واقعیات چه نتیجه گیری می‌توان کرد؟ نخست این که آگاهی بر سنگینی و دشواری کار می‌باید به همان نسبت بر قدرت تصمیم و ارادهٔ ما بر همت و جسارت ما، بر سر سختی و پافشاری ما بیفزاید. زیرا چنان که گفتیم جنبهٔ دیگر مسأله یعنی پائین آوردن هدف رضایت به کسب نتیجه‌ای محدودتر ولو سهل‌الوصول‌تر، اساساً برای ما قابل طرح نیست.

دوم این که پیروزی در این مسابقهٔ سرنوشت، نیازمند بسیج همهٔ نیروهای مادی و معنوی، همهٔ ارزش‌ها، همهٔ استعدادها و همهٔ امکانات ملی است. به طوری که هیچ نیروی سازنده و مثبت به هیچ صورت و در هیچ مورد از این بسیج بیرون نماند. آن هم بدین صورت که نه تنها سهم خویش را در مقیاسی عادی به عهده گیرد، بلکه ایفای این سهم را در گسترده‌ترین و قاطع‌ترین صورت آن متقبل شود.

شرایط بسیار مساعد سیاسی و اقتصادی و اجتماعی که پشتوانهٔ پیروزی این تلاش سرنوشت ساز است، در پرتو تحولات پانزده ساله گذشته و بازتاب آنها در سیاست و اقتصاد کشور، برای ملت ما کاملاً آماده شده است. فرماندهی قاطع و مصمم که شرط اصلی پیروزی در

این پیکار بزرگ است و زیر بنای استواری از فرهنگ ملی و ارزش‌های پایداری معنوی نبوغ و استعداد ذاتی امید و اعتماد روز افزون و پیوند استوار ملت با مرکز فرماندهی خویش همهٔ اینها به صورت عناصر الزامی این پیروزی در اختیار ما است.

ولی بالاتر از همهٔ این عوامل و مافوق همهٔ امکانات و منابع مادی و معنوی عامل دیگری نیز برای تضمین پیروزی ما، به شرط آن که واقعاً خود را شایستهٔ چنین پیروزی نشان دهیم، وجود دارد و آن عنایات خاص و لایزال الهی است که در هر هنگام ملت ما استحقاق خود را برای برخورداری از آنها بروز داده، معجزه آسا، شامل حال این ملت شده است. تاریخ هزاران سالهٔ کشور ما با زیر و روها و پست و بلندی‌های شگرف آن گویای این حقیقت است که تنها در پرتو کرامات پروردگار، این ملت توانسته است بارها و بارها از ضربت‌های نابود کننده‌ای که نظائر آنها بسیار کشورهای دیگر را از صفحهٔ گیتی برانداخت، سالم و نیرومند سر برآورد و هم چنان به ایفای رسالت جاودانی و انسانی خویش ادامه دهد.

تردید ندارم که اگر این بار نیز ما در راه نیل به هدف مقدسی که بی‌گمان خواستهٔ خداوندی جز آن نیست، یعنی ساختن آینده‌ای پر شکوه برای فرزندان این سرزمین و تأمین نیک بختی و سربلندی آنان و پی‌ریزی جامعهٔ فردای ایرانی به صورت جامعه‌ای برخوردار از ارزش‌های معنوی و فضائل اخلاقی همهٔ نیروها و امکانات خویش را بسیج کنیم و به کار گیریم، تأئیدات کاملهٔ الهی در این راه، ضامن پیروزی ما خواهد بود.

برای من، به عنوان ناخدای کشتی سرنوشت کشورم، در اقیانوس متلاطم جهان امروز، اتکاء به عنایات الهی، اساس و بنیاد همهٔ تصمیم‌ها و تلاش‌ها است و می‌دانم تا وقتی که راه من، راهی باشد که

خواستهٔ او است، پیشرفت در این راه، حتمی خواهد بود. احساس قلبی من این است که مشیت کاملهٔ خداوندی مرا (که اگر چنین نبود قدرتی جز قدرت عادی یک فرد انسانی نداشتم) به عنوان رهبر این ملت در دوران سرنوشت ساز امروز جهان، مأمور ایفای این رسالت فرموده است و تا وقتی که او بخواهد، نه تنها هیچ نیروی سیاسی یا عامل اقتصادی، بلکه حتی هیچ عامل غیر قابل پیش‌بینی فردی و خصوصی نیز، نخواهد توانست مانع انجام این رسالت شود.

این اعتقاد، ولو با هیچ دیالتیک و استدلال مادی و علمی سازگار نباشد، جزیی از وجود روحی من است. رویدادهای گوناگون و شگرف زندگی من برایم تردیدی نگذاشته است که یک نیروی فوق بشری سرنوشت مرا و ملتم را در راهی که خود مقدر و معین فرموده است، هدایت می‌کند و همهٔ آن چه انجام می‌دهم، از آن نیرویی الهام می‌گیرد که تاکنون ضامن موفقیت این رهبری و جهت دهندهٔ آن بوده است.

هم چنان که چندی پیش در مصاحبه‌ای اظهار داشتم، تشخیص من این است که مقدر است مملکت خود را با دید و تصمیمی استوار به جانب هدفی اصیل و بزرگ رهبری کنم و تا آن جا که ممکن باشد، اجازه ندهم مانعی بر سر راه این پیشرفت قرار گیرد. این نقشی است که ایفای آن به عهدهٔ من نهاده شده است و من تا حدی که در توان خویش دارم می‌کوشم تا این رسالتی را که اراده‌ای فوق ارادهٔ بشری به من محول فرموده است با صداقت و ایمان و هشیاری انجام دهم. موقعیت ویژهٔ من که زادهٔ قدرت نظام شاهنشاهی ایران توأم با پیوند خاص با ملت خودم است، به من اجازهٔ آن داده است که در ایفای این رسالت، نیاز به عوام‌فریبی‌ها و بندبازی‌های سیاسی یا محاسبات کوچک و سازش‌های کوتاه بینانه‌ای، که دشمن کارهای

بزرگ است، نداشته باشم و برای اطمینان خاطرم فقط این احساس کافی باشد که در انجام رسالت خودم، تا وقتی که مصممانه بدین راه می‌روم، همواره تحت حمایت کریمانهٔ او هستم. قضاوت آنهایی که به هر ایمان و آرمانی به دیدهٔ تردید می‌نگرند، یا آنهایی که حتی وجود پروردگار را منکر هستند، چه برسد به این که اعمال مشیتش را در سرنوشت انسان‌ها و ملت‌ها باور کنند، برای من مطلقاً اهمیتی ندارد.

آن چه را که گفتم، چنین خلاصه کنم که اکنون کشور ما در راه پیشرفت همه جانبهٔ خود از آرمان نیرومند، هدف روشن، فرماندهی مصمم، شایستگی فکری، زیربنای استوار اخلاقی و فرهنگی، شرایط رضایت بخش اقتصادی و اجتماعی، آینده‌نگری و گام برداری در پیشاپیش حوادث، بهره‌مند است و می‌تواند به برخورداری از عنایات و تأییدات الهی نیز امیدوار باشد. آن چه در این شرایط برای پیروزی کوشش‌ها ضرورت دارد، بسیج کامل و همه جانبهٔ نیروهای مادی و معنوی ملت ایران در راه نیل به هدف است. تکرار می‌کنم که اگر بخواهیم به هدف نهایی خود در مدت زمان کوتاهی که مورد نظر ما است، دست یابیم، تجهیز تمام نیروها و امکانات و به کار انداختن تمام استعدادها و ارزش‌های ملی ضروری است.

بدیهی است در این تلاش ما با دشواری‌های فراوانی رو به رو هستیم که نباید از سنگینی آنها غافل باشیم. کمبودهایی که زادهٔ ضعف و انحطاط گذشته است ما را از جهات مختلف صنعتی و اقتصادی و اجتماعی و نیز ار نظر کادر متخصص علمی و فنی در تنگنا گذاشته است. بی‌سوادی بخش مهمی از مردم هنوز مانع بزرگی در راه اثر بخشی کامل کار آنهاست. در بسیاری از زمینه‌ها هنوز ما از تجارب کافی برخوردار نیستیم و تقریباً در همهٔ این موارد می‌باید تا دیر زمانی از تکنولوژی جهان صنعتی کمک بگیریم که متأسفانه

صدور آن غالباً با صدور پدیده‌های نامطلوب این جهان بخصوص تـورم همراه است. ضرورت تقویت منظم نیروی دفاعی (که در دنیای آشفتۀ امروز برای حفظ حاکمیت و قدرت ملـی مـا، امـری اجتنـاب ناپـذیر است) قسمت مهمی از منابع مالی ما را جذب می‌کند. نظم اقتصادی غیر عادلانه و غیر منطقی جـهان امروز نـیز پیوستـه مـا را در انجـام برنامه‌های سازندگی خود دچار اشکال می‌سازد.

برای این که پیشروی منظم ما با موفقیت توأم باشد، باید از یک طرف بر همۀ این مشکلات آگاهی کامل داشته باشیم و از جانب دیگر به روشنی بدانیم که از خلال این دشواری‌ها به چه راهـی می‌رویـم و چه وظایفی را در پیمودن پیروزمندانۀ این راه به عهده داریم. این هـر دو امر مستلزم آگاهی هر چه بیشتر و هر چه بهتر افکار عمومی است و برای کمک به چنین آگاهی ملی است که کتاب حاضر نگارش یافته است.

در این کتاب مطالبی را که ضروری دانسته‌ام، چه در بـارۀ وضـع جهانی که در آن زندگی می‌کنیـم و چـه در بـارۀ جامعـۀ خودمـان و راهی که این جامعه به سوی تمدن بزرگ در پیـش دارد، بـه صورتی ساده و کاملاً قابل درک بیان کرده‌ام. قسمت اول کتاب تحلیلی کلـی از وضع کنونی و دورنمای آیندۀ دنیای ما است. زیرا مسلم است کـه مسائل کشور ما به عنوان جزیی از خـانوادۀ جـهانی ملـل، بـه نحـوی جدایی ناپذیر به وضع بین‌المللی وابستـه اسـت. دنیـای مـا امـروز بـه صورتی در آمده است که دیگر در آن سرنوشت هیچ جامعه‌ای، بـزرگ یا کوچک در هر شرایط جغرافیایی و نژادی و اقتصادی و اجتماعی که باشد، مطلقاً از سرنوشت بقیۀ جوامع جدا نیست.

دلیل دیگر این توجه خاص به مسـائل و مشکلات جـهانی ایـن است که برای رسیدن ما به هـدف بـزرگ خودمـان، یعنـی بـه دوران

تمدن بزرگ ایران، می‌باید اصولاً دنیایی و بشریتی وجود داشته باشد تا ما به عنوان یکی از اعضای آن وجود داشته باشیم. ولی متأسفانه وضع دنیای ما با بحران‌ها و مسائل مختلف و غالباً اصولی، آن طوری است که خطر چنین نابودی بالقوه‌ای برای آن وجود دارد و برای مواجهه با این خطر لازم است ملت ما و همهٔ ملل جهان عمیقاً متوجه این مشکلات و مسائلی که حیات جامعهٔ بشری و تمدن آن را به نیستی تهدید می‌کند، باشند.

قسمت‌های دوم و سوم کتاب مربوط به ایران امروز و ایران فردا است. در این هر دو قسمت نیز کوشش شده است تا مطالب از جنبه‌های سنگین فلسفی و تحقیق به دور باشد و طوری نوشته شود که هر فرد ایرانی از هر طبقه و در هر شرایط و با هر سطح آموزشی آنها را به آسانی درک کند.

من تألیف این کتاب را، مثل کتاب‌های پیشین خودم یک وظیفهٔ ملی تلقی می‌کنم و حتی با توجه به این که این کاری است که در خدمت خلق صورت می‌گیرد آن را به فتوای سعدی نوعی "عبادت" می‌شمارم. زیرا وضع خاص شاهنشاهی ایران ایجاب می‌کند که به گفتهٔ معروف کریستین سن: (یک شاه واقعی در این کشور نه تنها رئیس کشور، بلکه در عین حال یک مرشد و یک معلم برای ملت خویش باشد). من ایفای این رسالت ارشاد و تعلیم را به اقتضای آشنایی که در وسیع‌ترین سطح با مسائلی ملی و بین‌المللی کشورم دارم و به علت آن که خود طراح و بنیان‌گذار آن انقلاب اجتماعی هستم که همهٔ تحولات ایران امروز بازتاب آن است، با کمال میل می‌پذیرم. زیرا در جامعهٔ کنونی ایران مقام معلم مقامی است که حقاً مایهٔ افتخار است.

بخش اول

نگاهی به جهان امروز

دنیای کنونی ما در عین آن که وارث گذشته‌ای کهن است، جهان کاملاً تازه‌ای است. زیرا شرایط سیاسی و اجتماعی و اقتصادی امروزی آن، شرایطی است که پیش از این هرگز سابقه نداشته است. برای نخستین بار جهان ما از صورت مجموعهٔ پراکنده‌ای از قاره‌ها و نژادها و ملت‌ها به در آمده و صورت یک واحد بزرگ را با یک خانوادهٔ مشترک بشری که مسایل و مشکلات همهٔ اعضاء آن با یکدیگر ارتباط دارد، پیدا کرده است. در این دنیای تازه، معیارهای کهن اجتماعی و اقتصادی و فرهنگی که به تمدن‌ها و سازمان‌های ملی و حکومتی مختلف تعلق دارند، به سرعت با یکدیگر آشنا می‌شوند تا بتوانند با هم در آمیزند و کمابیش در هم دیگر ادغام شوند.

جهان ما که برای اولین بار در تاریخ خود واقعاً صورت "جهانی" یافته است، تاکنون حالت آزمایشگاهی را دارد که در آن اندیشه‌ها و نوجویی‌ها پیوسته در جوشش است تا سرانجام از مجموع این آزمایش‌ها، ترکیب نوخاسته‌ای که جامعهٔ جهانی فردا است، پدید آید. یا آن که به پیش‌بینی صاحب نظران بدبین، پیش از عرضهٔ چنین دستاورد بدیعی، این آزمایشگاه خود و همهٔ اجزای خویش را به دست نابودی سپارد.

این هر دو احتمال با سرنوشت کشور و ملت ما مانند سرنوشت هر کشور و ملت دیگری ارتباط حیاتی دارد. بنابر این طبیعی است که

ما در همهٔ تحولات جهانی و جنبه‌های مثبت و منفی آن ذی‌نفع باشیم و در این تحولات در حد مسئولیت و سهم خود نقش خویش را ایفا کنیم.

جهان امروز ما، که ایران اندکی بیشتر از یک صدم وسعت آن و اندکی کمتر از یک صدم جمعیت آن را دارد، از ترکیب یکصد و چهل و نه کشور مستقل (اعضای سازمان ملل متحد) و چند سرزمین دیگر که مردم آنها نیز دیر یا زود به جمع ملل مستقل خواهند پیوست، تشکیل شده است. این کشورها همچنان که از نظر شرایط اجتماعی و اقتصادی با یک دیگر فرق دارند، از نظر وسعت و جمعیت و منابع و امکانات نیز، بسیار نابرابرند. فی‌المثل می‌توان متذکر شد که مساحت پهناورترین کشور جهان (اتحاد شوروی) پنجاه میلیون برابر و جمعیت آن دویست و شصت هزار برابرِ کوچک‌ترین کشور دنیا (واتیکان) است که فقط چهل و چهار هکتار مساحت و یک هزار نفر جمعیت دارد.

این کشورهای تقریباً یکصد و پنجاه گانه هر کدام وارث تاریخ و تمدن و مواریث اجتماعی و مذهبی و فرهنگی و اقتصادی خاص خود هستند. برخی از آنها تاریخ و تمدن چند هزار ساله دارند. بعضی دارای سابقه‌ای چند صد ساله‌اند و گروهی نیز به کلی تازه پا به صحنهٔ تاریخ گذاشته‌اند. در هر کدام از جوامع این کشورها، به دست نسل‌های بی‌شمار و تحت تأثیر شرایط تاریخی و جغرافیایی و اقلیمی و اقتصادی و فکری و شرایط متعدد دیگری که بر آن جامعه حکم فرما بوده است، روحیه و طرز فکر طرز زندگی خاصی پرورش یافته است که غالباً با وضع مشابه آن در جوامع دور و نزدیک دیگر فرق دارد. همان طور که در بسیار موارد زبان و خط و مذهب آنان با یک دیگر متفاوت است.

این جوامع در تمام طول تاریخ غالباً یا فقط با خودشـان یـا در سطحی وسیع‌تر با همسایگان بی‌واسطه خویش سر و کار داشـته‌انـد و دنیای خارج از منطقهٔ جغرافیایی آنها برایشان تقریباً ناشناخته بـوده و یا با آنها ارتباطی نداشته است. تنها استثنای تاریخی این قاعده، واحد جغرافیایی سرزمین‌های خاورمیانه و افریقای شمالی و اروپا اسـت کـه به عنوان یک منطقه محدود از دنیا، در سیر تحول تـاریخی و مدنـی خود با یک دیگر، ارتباط مستمر داشته‌اند.

ولی اکنون با دگرگونی ژرف و بنیـادی عصـر حاضـر همـهٔ ایـن جوامع با سنت‌ها و معیارهای فکری هزاره‌ها و سده‌های گذشته خـود، با ضوابـط خـاص اجتمـاعی و حکومتـی خـود، بـا شرایط و امکانـات اقتصادی ویژهٔ خود، به صورتی ناگهانی و تقریباً غـافل‌گیرانـه در کنـار یکدیگر و مقارن با یکدیگر، پا بـه صحنـهٔ واحـد "جـهانی" گذاشته و خویشتن را اعضای غالباً ناشناخته یک خانواده بزرگ و واحـد بشـری یافته‌اند. در عین حال بدین حقیقت آگاه شده‌اند که دیگر مقررات این خانواده اجازهٔ بازگشت به انزوای گذشته را بدان‌ها نمی‌دهد، بلکـه از هر کدام از آنان انتظار قبول و ایفای مسـئولیت خـاص خـویـش را در برابر اعضای خانواده دارد و در مقابل به آنها اجازه نمی‌دهد که همیـن انتظار را از دیگر اعضای خانواده نسبت به خودشان داشته باشند.

بدین ترتیب، امروز زندگـانی روزمـره و عـادی هـر فـرد از افـراد جهان، در هر منطقهٔ جغرافیایی و با هر شرایط اجتماعی و اقتصـادی، با زندگی روزمرهٔ سایر افراد جامعهٔ جهانی وابستگی یافته اسـت. هیـچ تغییر و اتفاقی در سطح ملی در هیچ جا روی نمی‌دهد که کم و بیش در زندگی ملل و جوامع دیگر مؤثر واقع نگردد. معادلهٔ اجتماعی جهان امروز، معادلـه‌ای بسـیار پیچیـده اسـت کـه در آن عنـاصر متعـدد و متنوعی برای اولین بار شرکت جسته‌اند و طبعاً در تمام موارد، باید به

حساب گذاشته شوند. افریقای سیاه که تا پایان جنگ جهانی دوم اصولاً در معادلات جهانی جایی نداشت، اکنون یک سوم از تمام آراء سازمان ملل متحد را در اختیار دارد. کشوری مانند ژاپن که نزدیک دو هزار و پانصد سال در را به روی خویش بسته بود، امروز به صورت یک "غول اقتصادی" در همه جای دنیا حاضر است. مملکتی به نام ایالات متحدهٔ امریکا که تا دو قرن پیش اساساً وجود نداشت، اکنون کشوزی ابر قدرت است و امریکای لاتین که تمدن‌هایی درخشان ولی منزوی را در طول قرون دراز پرورش داد و بعد منقرض کرد، اکنون ایفای نقشی فعال را در صحنهٔ جهانی به عهده دارد.

"جهانی شدن" دنیای ما با شرکت الزامی و اجتناب ناپذیر همهٔ کشورها و ملت‌ها و جوامع آن در همهٔ مسائل اساسی و بین‌المللی، وجه مشخص دنیایی است که امروز ما در آن زندگی می‌کنیم و فردا فرزندان ما در آن زندگی خواهند کرد. مسائل و مشکلات بسیار زیاد و پیچیدهٔ دنیای ما، مشکلات و مسائلی است که همین جنبه دنیایی برای آن به وجود آورده است. زیرا بر اساس این ضابطه اکنون هر کشوری مسائل اقتصادی و اجتماعی خود را وارد کفهٔ معادلات و روابط دنیایی کرده است.

امروز ما شاهد بزرگ‌ترین پیشرفت‌ها و موفقیت‌های بشری در زمینه‌های دانش و صنعت هستیم که حاصل آنها، استقرار تمدن مادی بسیار درخشانی است. در پرتو این تمدن، جامعهٔ بشری منابع مختلف طبیعت را در حد گسترده‌ای که هرگز نظیر نداشته، در خدمت خود به کار گرفته است. خیلی از ذخایر معدنی که از آغاز پیدایش زمین به وجود آمده‌اند و قابل تجدید نیستند و مجموعه ذخایر انرژی به خصوص نفت که محصول صدها میلیون سال هستند، در جریان زندگی تنها چند نسل به طوری مورد بهره‌برداری قرار

گرفته‌اند که اکنون در معرض نابودی کامل قرار دارند. انسان عصر حاضر منابعی را که در طول اعصار پدید آمده است (از آغاز پیدایش زمین برای منابع فلزی، سه میلیارد سال برای ذغال سنگ ششصد میلیون سال برای نفت) در مدتی بسیار کوتاه می‌بلعد. آهنگ مصرف مواد نفتی در حال حاضر پانصد هزار برابر سریع‌تر از مدتی است که برای پیدایش آنها لازم بوده است. طبق برآورد آخرین "کنفرانس جهانی انرژی" که چند ماه پیش در استانبول برگزار شد. با آهنگ کنونی مصرف ذخایر نفتی موجود جهان فقط برای سی و هفت سال و در صورت افزایش این مصرف برای مدتی از این هم کمتر کفایت می‌کند.

در تمدن کنونی ما سطح تولید تنها در نیم قرن اخیر از تمام تولید تاریخ گذشته تجاوز کرده. چنان که فی‌المثل نیمی از همهٔ مقدار ذغالی که از قرن دوازدهم مسیحی تا به امروز استخراج شده، تنها مربوط به چهل سالهٔ اخیر بوده است. بدین جهت مسلم است که دوران اقتصاد متکی به منابع فسیلی دوران کوتاهی بیش نخواهد بود. در حالی که نیاز ما به انرژی در آینده به مراتب بیش از گذشته و حال خواهد بود.

در پرتو این تمدن علمی و صنعتی، دگرگونی ژرفی در ساختمان جامعهٔ جهانی نیز حاصل شده است. غلبهٔ بشر یا لااقل بخشی از جامعهٔ بشری بر قسمت اعظم بیماری‌ها، همراه با تغذیه بهتر و شرایط اجتماعی عالی‌تر باعث شده است که جمعیت جهان در عصر ما تنها در طول یک نسل دو برابر شود. در صورتی که در دوران قبل از قرن هفدهم همین کار نزدیک به دو هزار سال وقت گرفته بود. تمدن صنعتی فاصله‌ها را از میان برداشته و شرایط زندگی را به صورتی که هرگز در تاریخ بشر نظیر نداشته است، تعدیل کرده و کیفیت رفاهی

را صدها برابر بالاتر برده است. امروز امکانات و شرایط فنی و در عین حال فراوانی منابع زمینی و زیرزمینی مورد دسترسی بشر طوری است که اگر قابل تقسیم به همهٔ افراد جهان باشد، هر فرد بشری می‌تواند از یک زندگی سالم و مرفه که برای هیچ یک از نسل‌های گذشته تا بدین حد امکان آن نبوده است، برخوردار شود.

بدین ترتیب دنیای ما همه چیز را، برای آن که این کره مأمن شایسته‌ای جهت چهار میلیارد نفر ساکنان آن باشد (که تا آخر قرن حاضر، هفت میلیارد نفر خواهند شد) در اختیار دارد. ولی مشکل در این جا است که رشد فکری و اجتماعی بشر هم‌آهنگ با رشد دانش و صنعت او پیش نرفته است و در عصر فضا نیز غالباً حاکم سرنوشت ملل زمین، غرایز و امیال مهار نشده‌ای است که از دوران‌های تاریک گذشته برای آنها باقی مانده است.

در دنیایی که بر اثر استیلای این غرایز، هم چنان اسیر بی‌عدالتی‌ها و تبعیض‌ها باشد، خواه ناخواه چه پیش خواهد آمد؟ پیش‌بینی این امر دشوار نیست که سرنوشت چنین جهانی از آن چه در گذشته در شرایط مشابه منتها در داخل جوامع و کشورهای مختلف روی داد، بهتر نخواهد بود. تازه‌ترین نمونه‌های تاریخی این واقعیت دو انقلاب بزرگ تاریخ جدید، انقلاب کبیر فرانسه و انقلاب اکتبر روسیه است که مسلماً نمونه‌های آموزنده‌ای است. زیرا دنیای کنونی ما در مقیاس جهانی درست حالت آن جوامع را در دوران قبل از این انقلاب‌ها در مقیاس ملی آنها پیدا کرده است. اگر آن تعدیلی که منطقاً در شرایط بسیار آرام‌تر و انسانی‌تر امکان پذیر است بر اساس واقع‌بینی و همکاری بین‌المللی روی ندهد، چه تضمینی وجود دارد که چنین آزمایش این بار در سطحی جهانی تکرار نشود؟ و اگر تکرار شود، چه تضمینی وجود دارد که نتیجهٔ این آزمایش نابودی

تمام جهان بشری نباشد؟ زیرا همه می‌دانیم که به موازات پیشرفت بی‌سابقه سازندگی وسایل انهدام تمدن ما نیز چه از نظر مادی و چه از لحاظ معنوی، ابعاد بی‌سابقه‌ای یافته است. امروز بشر می‌تواند با استفاده از همان اکتشافات علمی و فنی که او را از رفاه بی‌نظیر کنونی برخوردار ساخته است، تمام آثار این رفاه و این تمدن را همراه با جامعه‌ای که آن را به وجود آورده است، به دست نابودی سپارد. به قول آندره مالرو: "ما انسان‌های عصر جدید می‌توانیم افتخار کنیم که اولین تمدنی را که به قدرت و وسیله انهدام کامل خودش و کرهٔ خودش را دارد، به وجود آورده‌ایم و اگر تمدن‌های گذشته بر اثر ضعف مردند، ما از زیادی قدرت خواهیم مردا". متأسفانه شرایط موجود جامعهٔ جهانی طوری است که اگر در آنها تعدیل لازم نشود، جهان ما به جانب یک انفجار پیش می‌رود.

این هشدار را نه تنها بارها خود من داده‌ام، بلکه در جهان غرب نیز به کرات مورد تأئید پژوهندگان و کارشناسان و از آن بالاتر مورد تأئید بلند پایگان طراز اول کشورها قرار گرفته است. آقای ژیسکار دستن رئیس جمهوری فرانسه چندی پیش در یک مصاحبهٔ مطبوعاتی اظهار داشت: "دنیای ما در عین رفاه، دنیای بدبختی است برای این که نمی‌داند به کجا می‌رود و برای این که احساس می‌کند که اگر می‌توانست این معما را بداند، در می‌یافت که با وضع فعلی به جانب فاجعه‌ای پیش می‌رود." آقای کورت والدهایم دبیر کل سازمان ملل متحد نیز در کتابی که چند ماه پیش انتشار داد، نوشت: "بدیهی است نظم نوینی که جهان بدان نیاز دارد، یک روزه برقرار نمی‌شود ولی اگر کماکان پیشرفتی در این راه حاصل نشود، راهی جز یک رویارویی فاجعه انگیز نخواهد ماند."

جهان امروز ما، وضع آن شاگرد جادوگر را یافته است که به قول "گوته" فقط راز به کار گرفتن آب‌ها را برای نظافت خانه از استاد خود آموخته بود ولی از راز مهار کردن آنها بی‌خبر مانده بود و در نتیجه آزمایش وی بی‌دخالت آخرین دقیقه جادوگر، ممکن بود هم خود او و هم خانه را غرق کند. جامعهٔ جهانی نیز به نیروی اعجاز آمیز دانش و فن توانسته است قسمت اعظم منابع و نیروهای طبیعت را در خدمت خویش به کار گیرد! اما در خطر آن قرار دارد که با سبک سری وی، این نیروها برای نابود کردن او و جهان او به کار گرفته شوند. جادوگری که باید در آخرین لحظه چنین وضعی را سر و سامان دهد، عقل و منطق بشری است. ولی آیا این بار نیز این جادوگر به موقع پا به میدان خواهد گذاشت؟

این تذکر ادعانامه‌ای علیه کشورهای پیشرفته صنعتی و ثروتمند نیست. لایحهٔ دفاعیه‌ای برای مردمی که دنیای غرب آنها را "جهان سوم" لقب داده است، نیز نیست. زیرا من اصولاً به سه دلیل با طرح چنین ادعانامه‌ای موافق نیستم:

دلیل اول این است که کشور ما خود در آستانهٔ ورود به دنیای صنعتی و پیشرفته است و منتها تا ده سال دیگر ما عهده‌دار همان مسئولیت‌هایی خواهیم بود که برای کشورهای صنعتی کنونی قائل هستیم و با همان مسائلی مواجه خواهیم بود (و حتی از هم اکنون مواجه هستیم) که آنها با آن مواجهند.

دلیل دوم این است که هیچ کشوری در هر درجه از رشد و توسعه حقاً و منطقاً نمی‌تواند مسئولیت همهٔ مشکلات خویش را به گردن دیگران بگذارد و در نتیجه همیشه خودش را "طلبکار" بداند. شاید این گفتهٔ معروف مبالغه آمیز نباشد که "هر ملتی شایستهٔ همان سرنوشتی است که دارد" هیچ کشور و ملتی نمی‌تواند از دیگران

خواستار انجام تعهدات و مسئولیت‌هایی در مـورد خویـش باشد کـه خودش آنها را تمام و کمال و در حدی بسیار زیادتر در بارهٔ خویـش ایفا نکرده باشد. کشور ما این حقیقت را کاملاً آزموده است. زیرا ما تـا وقتی که خود حاضر به قبول وضع ناگوار گذشته بودیم، هیچ یـاری و همدردی از جایی دریافت نداشتیم. اما هنگامی کـه خودمان ورق را برگرداندیم، جهان خارج نیز در مورد ما تا حد یـک گـردش یکصـد و هشتاد درجه، دیدگاه و روش خویش را تغییر داد و ورق را برگرداند.

سومین دلیل این است که من اساساً رویارویی جهان پیشرفته و جهان در حال رشد را راه حل واقع‌بینانه‌ای بـرای رفـع هیـچ یـک از مشکلات دنیای خودمان نمی‌دانم و شـیوهٔ کشـور مـا نـیز در مراجـع بین‌المللی و در سیاست جهانی، هرگز هواخواهی از چنیـن رویـارویی نبوده است. آرزوی من این است کـه همـهٔ مـا بـرای نجـات دنیـای خودمان و برای ساختن دنیایی بهتر دست به دست هـم دهیـم و نـه برای ویران کردن آن. زیرا ویرانگری نه هنر پر افتخاری است و نه نیاز به همکاری عمومی دارد. من بـه حکـم منطـق اعتقـاد دارم کـه حـل واقعی هر مشکل جهانی را باید در تبادل نظر و درک صحیح واقعیـات بر اساس روح تفاهم و همکاری به منظور نیل به نتیجه‌ای واقعاً مثبت و قابل دوام جستجو کرد.

∗ ∗ ∗

در سالیان اخیر مشکلات و مسائل حیاتی مـردم جهـان مـورد ارزیابی بسیار قرار گرفته است تا بر اساس آن راه حل‌هایی مناسـب و در عین حال الزامی برای آن چه با سرنوشت و موجودیت غـالب ملـل بستگی دارد به دست آیـد. در ایـن راه اندیشـمندان و پژوهشـگران و

کارشناسان اقتصادی و اجتماعی جهان غرب و نیز مقامات مسئول این جهان در سطوح مختلف همکاری بسیار ارزنده‌ای کرده‌اند. به طوری که قسمت اعظم پژوهش‌ها و بررسی‌های مستدلی که در این باره انجام گرفته کار آنها بوده است. نقش برجسته و سازندهٔ سازمان ملل متحد در این باره نیز تا آن جا که در حدود امکانات سازمانی با موقعیت مهم معنوی ولی بدون داشتن قدرت اجرایی است، نقشی اصیل و شایان احترام بوده است.

همه این بررسی‌ها و تحلیل‌ها و تجزیه‌ها و این همکاری پژوهندگان و کارشناسان جهان صنعتی و جهان در حال توسعه به یک نتیجهٔ مشخص رسیده است و آن لزوم تغییر نظم اقتصادی غیر عادلانهٔ کنونی جهان و استقرار نظم تازه‌ای در جای آن است که نیازهای جامعهٔ جهانی را در ترکیب جدید آن به صورت عادلانه‌تری تأمین کند. این نیازها امروز در همهٔ شئون مادی و معنوی زندگی غالب جوامع محسوس است. زیرا همهٔ این جوامع در زمینه‌های اقتصادی، صنعتی، کشاورزی، علمی و فنی، بهداشت، آموزش و بسیاری از زمینه‌های دیگر، احتیاج فوری و حیاتی به پیشرفت دارند.

تحول تاریخ در چند قرن اخیر باعث شده است که اکنون جوامع معینی از بهترین شرایط لازم در همهٔ این زمینه‌ها برخوردار باشند. بدیهی است قسمتی از این امتیاز مدیون شایستگی و نبوغ خود آنهاست. ولی همه می‌دانیم که قسمت دیگری از آن یادگار عصر سپری شده استعماری است. تاریخ قرون جدید که تقریباً در تمام مدارس تدریس می‌شود و غالباً به دست محققان غربی نوشته شده است، به همهٔ ما آموخته است که چگونه اقتصاد قسمتی از کشورهای صنعتی مدتی دراز بر پایهٔ استعمار جوامع دیگر و استثمار نیروی انسانی و منابع طبیعی آنها پایه‌ریزی شده بود.

در ایجاد این امپراتوری‌ها طبعاً آن چه هدف بود تأمین منافع اقتصادی ملل صاحب مستعمره بود. به قول برنارد شاو:
"هر موقع که کمپانی‌های اروپایی به تصرف منابع طبیعی سرزمین تازه‌ای احساس علاقه می‌کردند، دولت‌های آن‌ها تشخیص می‌دادند که باید برای استقرار مسیحیت در آن سرزمین دست به کار شوند!"
برای زوال این طرز فکر دو جنگ جهانی لازم بود که متأسفانه اولی ده میلیون نفر و دومی چهل میلیون نفر قربانی داد. هنگام پایان امپراتوری هلند، ملکه ویلهلمینا اظهار داشت:
"واقعیت این است که اکنون استعمار مرده است. آن چه امروز ملت‌های دنیا بدان نیازمندند، شیوهٔ نوینی در زیستن با یکدیگر و در کنار یکدیگر است"
این نظر منطقی را مسئولان درجه اول سازمان بین‌المللی و کشورهای جهان صنعتی نیز بارها تأئید کرده‌اند. آقای "ونس" وزیر امور خارجه امریکا در آخرین کنفرانس معروف به "شمال و جنوب" در پاریس به نام کشور خود اظهار داشت:
"برای جهان یک سیستم اقتصادی تازه لازم است که بر اساس انصاف و پیشرفت و مخصوصاً عدالت متکی باشد."
و آقای "والدهایم" دبیر کل سازمان اخیراً تذکر داد که:
"سالم سازی روابط اقتصادی کلیهٔ کشورها و ملت‌های جهان و طرح ریزی آیندهٔ انسان بر اساسی نو و از دیدگاه مصالح جهانی و همکاری جهانی، وظیفهٔ اصلی ما، برای نجات بشریت است."
دبیر کل سازمان ملل متحد در کتابی که اخیراً انتشار داده، این موضوع را به شکل جامع‌تر و روشن‌تری بدین صورت تشریح کرده است:

"اکثریت کشورهای جهان در اجرای توصیه‌های سازمان ملل متحد در بارهٔ تعدیل نظام اقتصادی کنونی دنیا شتاب دارند، اما ممالک ثروتمند در این مورد خیلی کمتر احساس فوریت می‌کنند. با این که خودشان قبول دارند که سیستم اقتصادی موجود جهانی، دیگر جوابگوی نیازهای اساسی عصر ما نیست. و بالاتر از آن قبول دارند که در زمینه‌های مختلفی چون مسائل پولی و تورمی این سیستم به زبان خود آنها نیز هست. من بارها برای مسئولان این ممالک توضیح داده‌ام که هدف کشورهای رو به توسعه، نابودی اقتصاد ممالک صنعتی نیست. بلکه پی‌ریزی بنیادهای تازه‌ای است که بر پایهٔ آنها منافع دراز مدت هر دو طرف به نحو بهتری بتواند تأمین شود. البته برای حل مسئله‌ای بدین حساسیت، بردباری و زمان لازم است. ولی ضرورت قطعی دارد که در این امر تسریع شود. در این باره پافشاری می‌کنم که با نادیده گرفتن یک مسئله نمی‌توان به حل آن امیدوار بود. زیرا تعلل و طفره همواره مترادف با تدبیر و مصلحت اندیشی نیست. به هر حال مسلم است که جز با همکاری جهانی در زمینهٔ اقتصادی، انتظار ثبات روابط کشورها در زمینهٔ سیاسی، توهمی بیش نیست."

مفهوم ادامهٔ نظام اقتصاد موجود جهان ادامهٔ تقسیم مردم روی زمین به دو دسته بسیار نابرابر است. این دورنمای نامطلوبی است که سه سال پیش رنه ماهو مدیر وقت سازمان یونسکو اندکی قبل از مرگ خود به صورت هشداری به جهان امروز فراروی ما گذاشت:
" ترقی علمی و صنعتی با کشیدن خطی به دور کرهٔ زمین از یک کشور صنعتی به کشور صنعتی دیگر، مناطق پهناوری از

جهان ما را به دست خاموشی و فراموشی سپرده است. در عصری که دانش بشری راه ستارگان را به روی ما می‌گشاید، چه گونه می‌توان پذیرفت که اکثریت مردم جهان اسیر ظلمت‌های اجدادی باشند؟ آیا ما واقعاً خواستار دو بشریت، بشریت کهکشان‌ها و بشریت غارها هستیم؟"

دبیر کل فعلی سازمان ملل متحد همین واقعیت را به صورت دیگری چنین تشریح کرده است:
"تعدیل نظام کنونی جهانی، هم ضرورت هم واقعیتی است که حل آن دارای اهمیتی حیاتی برای آیندهٔ بشر است. زیرا تمام مسائل دیگر، بسته به حل مسئله‌ای است که در مقیاس جهانی زندگی روزانه صدها میلیون مردم در دنیای فقیر و غنی بدان وابسته است. توجه بدین واقعیت اکنون جامعه جهانی را بر سر دو راهی سرنوشت قرار داده است.
حل مسئله بسته به پاسخ این پرسش است که آیا این جامعه بالاخره در راه عقل و تفاهم قدم بر خواهد داشت یا بالعکس در برابر ترس از تغییر و تحول عقب خواهد نشست؟"

این نابرابری مسلم را طبعاً نباید به حساب ناتوانی ذاتی ملل غیر "غربی" در زمینه تمدن و خلاقیت گذاشت. زیرا این نبوغ و خلاقیت در عموم ملت‌ها وجود دارد، منتها در نزد ملت‌های مختلف در دوران‌های خاصی از تاریخ جهان، به اوج تجلی خود رسیده است.
در کتابی به نام توسعه از راه دانش و تکنیک که اخیراً زیر نظر سازمان ملل متحد انتشار یافت نکتهٔ ظریفی از قول محققی به نام

پرفسور بلاکت ذکر شده است که شاید نقل آن در این جا جالب باشد. وی می‌گوید:
"اگر یک کیهانورد مریخی بین سال‌های ۳۰۰۰ تا ۵۰۰ پیش از میلاد مسیح به کرهٔ زمین فرود آمده بود، چنین نتیجه می‌گرفت که مردم خاورمیانه و نزدیک پیشرفته‌ترین مردم این جهان هستند و اگر چنین مسافری بین سال‌های ۵۰۰ پیش از میلاد و ۱۵۰۰ میلادی به کرهٔ ما می‌آمد. این نظر را در مورد مردم چین و هند می‌داد، زیرا آن چه عصر ظلمت اروپا به شمار می‌آید عصر طلایی چین و عصر شکوفایی دانش و اندیشهٔ هند است. این نشان می‌دهد که فکر عدم توانایی یک گروه از ملل جهان در مقابل یک گروه دیگر چه اندازه سخیف و مردود است."

شاید در این مورد نقل قسمتی از نامهٔ ناپلئون بناپارت به فتحعلی شاه قاجار نیز جالب باشد که در آن امپراتور فرانسه می‌گوید:
"زمانی که کورش بزرگ در ایران روش استواری را برای حکومت و نظام بنیاد نهاد که بعدها دیگر دولت‌های بزرگ جهان از آن سرمشق گرفتند، اجداد ما هنوز در جنگل‌ها و بیابان‌ها زندگی اولیه داشتند."

واقعیت این است که برتری کنونی جهان صنعتی با آن که حقاً مورد احترام و ستایش است، نمایندهٔ یک امتیاز طبیعی و مسلم که حق "سروری برای آن ایجاب کند"، نیست. بلکه فقط نمایندهٔ آن است که در دوران بخصوص کنونی از تاریخ جهان، این گروه ایفاء کنندهٔ نقشی است که پیش از آن ملل دیگری نیز در دوران خاص شکوفایی خود را ایفاء کرده‌اند.

اگر جهان ما با کوتاه بینی ولی بر اساس یک تکنولوژی مترقی بخواهد روزی از سلاح‌های مخرب دسته جمعی استفاده کند، از

دنیایی که از زیر خاکستر آن برخیزد کدام تمدن سر بر خواهد زد؟ شاید این رسالت را یکی از ممالک ظاهراً عقب افتاده فعلی ایفاء کند.

از نظر تحلیل تاریخی ممکن است تذکر این نکته لازم باشد که تمدن کنونی جهان صنعتی بیش از همهٔ تمدن‌های گذشته بر عامل قدرت مادی تکیه دارد و اساساً استفاده از همین قدرت مادی بود که توسعه و نفوذ جهانی اروپا را در عصر استعماری باعث شد. آن چه کشتی‌های جنگی و سربازان و گاه هم راهزنان دریایی اروپایی را بر ملت‌ها و سرزمین‌های پهناوری در سراسر جهان مسلط کرد، قدرت توپ‌های آنها بود که ملت‌های دیگر وسیلهٔ جوابگویی بدان‌ها را نداشتند. در این باره صاحب نظر فرانسوی روژه گارودی، که شهامت او در محکوم کردن تعبیرات یک جانبه و مغرضانهٔ تاریخ نویسان جهان غرب در مورد ایران و یونان و به طور کلی سیر تحول روابط تاریخی تمدن‌های شرق و غرب شایان ستایش است، در کتاب خودش به نام گفتگوی تمدن‌ها می‌نویسد:

> "... تاریخ واقعی تمدن غیر از تاریخ استیلا طلبی غرب استعماری است. زیرا این استیلا بیش از آن که زادهٔ برتری فرهنگی و مدنی باشد، حاصل استفادهٔ نظامی و تجاوزکارانه از قدرت تخریبی سلاح‌های زمینی و دریایی است."

***

ضرورت تعدیل نظام نامتعادل و غیر عادلانهٔ کنونی از همان فردای جنگ دوم و حتی پیش از آن که موج استعمار زدایی دههٔ شصت سازمان ملل را در بر گیرد، احساس شده بود. در مقدمهٔ منشور ملل متحد گفته شده است:

"ما ملت‌های عضو سازمان ملل متحد تصمیم خود را به تسـهیل ترقی اجتماعی و برقراری بهترین شرایط زندگی در محیط صلـح و تفاهم جهانی و ایجاد سازمان‌های بین‌المللی بـرای کمـک بـه ترقی اقتصادی و اجتماعی همهٔ ملت‌های جهان اعلام می‌داریم.

اعلامیهٔ جهانی حقوق بشر که اندکی بعـد توسـط سـازمان ملـل متحد تنظیم شد و همهٔ کشورهای عضو سازمان بر آن صحـه نـهادند، مفهوم این ترقی اجتماعی و اقتصادی همهٔ ملت‌هـا را مشـخص کـرده است. مادهٔ بیست و دو اعلامیه حاکی است که:

"هر انسانی به عنوان عضو جامعهٔ بشری، دارای حق برخـورداری از تأمین اجتماعی است. لازمهٔ این تأمین بهره‌گـیری او از کلیـهٔ حقوق اجتماعی و حقوق فرهنگی اسـت کـه مـلازم بـا شـرافت انسانی اوست. این نظر می‌بـاید از راه کوشـش ملـی و همکـاری بین‌المللی تأمین شود".

مادهٔ بیست و پنج اعلامیه تصریح می‌کند که:

"هر انسانی حق مسلم برای برخورداری از یک سـطح زنـدگـانی کافی بـه منظـور تـأمین تندرسـتی و رفـاه خـود و خـانواده‌اش، بخصوص در زمینهٔ غذا، پوشاک، مسکن، بهداشت و خدمات لازم اجتماعی را دارد".

ماده بیست و شش اعلامیه حاکی است که:

"هر انسانی حق برخورداری از آموزش دارد. آموزش بـاید لااقـل در موارد اولیه و اساسی رایگان باشد و آموزش فنـی و حرفـه‌ای تعمیم یابد".

مادهٔ بیست و هشت اعلامیه صراحت دارد که:

"هر انسانی حق دارد بخواهد که در زمینهٔ اجتماعی و در زمینهٔ بین‌المللی، نظمی برقرار باشد که حقوق و آزادی‌های مصرحه در این اعلامیه در آن به صورت کامل رعایت گردد".

بدین ترتیب منشور ملل متحد و اعلامیهٔ جهانی حقوق بشر به طور روشن و بی‌هیچ ابهامی برای هر فرد بشری این حق مسلم را پذیرفته است که از غذا، پوشاک، مسکن، بهداشت، آموزش، تأمین اجتماعی و حقوق اقتصادی در حد قابل قبولی برخوردار باشد و تأمین این حقوق در عین حال که از وظایف خاص هر کشور شمرده شده یک وظیفهٔ بین‌المللی نیز اعلام شده است که انجام آن مستلزم همکاری جهانی است. اعلامیه در این مورد صراحت دارد که:
"... باید در زمینهٔ بین‌المللی نظمی برقرار گردد که ضامن تأمین این حقوق باشد".

این اعلامیه توسط کشورهای بنیانگذار سازمان ملل متحد و بعد از آن توسط عموم کشورهای دیگری که به عضویت این سازمان در آمدند، امضاء شد و بدین ترتیب اجرای مفاد آن به صورت تعهدی ملی و قانونی برای همهٔ آنها درآمدند.

کشور ما به عنوان یکی از بنیانگذاران این سازمان از امضاء کنندگان اعلامیه‌ای بود که مواد آن پیشاپیش مورد تأئید ما قرار گرفته بود. زیرا خود من در سال‌های آخر جنگ دوم جهانی و مدتی پیش از ایجاد سازمان ملل متحد و تدوین اعلامیهٔ جهانی حقوق بشر همین اصول را درست به همین صورت یعنی ضرورت تأمین پنج اصل، غذا، پوشاک، مسکن، بهداشت و آموزش برای هر فرد ایرانی اعلام داشته بودم.

یک ربع قرن پس از تأسیس سازمان ملل متحد، در اعلامیه‌ای که به مناسبت بیست و پنجمین سالگرد ایجاد این سازمان توسط مجمع عمومی به اتفاق آراء صادر شد، این تعهد جهانی به صورت جامع‌تر و مشروح‌تری مورد تأکید قرار گرفت. مواد نه و ده این اعلامیه حاکی بود که:

"... صلح و امنیت و عدالت بین‌المللی مستلزم توسعهٔ اقتصادی و اجتماعی همهٔ ملت‌های جهان است و لازمهٔ چنین امری استقرار یک سیستم همکاری بین‌المللی بهتر و مؤثرتر برای پایان دادن به نابرابری‌های موجود و تأمین رفاه و آسایش برای عموم مردم دنیاست. کوشش‌های بین‌المللی برای همکاری اقتصادی و فنی می‌باید در سطحی انجام گیرد که متناسب با درجهٔ اهمیت خود این مسائل باشد. مساعی کشورهای سازمان ملل متحد برای تأمین ترقی اقتصادی و اجتماعی همهٔ ممالک در حال توسعه باید بیش از پیش تقویت و گسترش یابد. زیرا اقدامات جزیی یا نمایشی یا غیر قاطع، کافی برای نیل بدین هدف نیست. از زمره این اقدامات این است که کشورهای توسعه یافته و کشورهای در حال توسعه ترقیات علمی و فنی خود را در دسترس یکدیگر قرار دهند تا از این راه توسعهٔ اقتصادی تمام جامعهٔ بشری تسریع شود".

در ژانویهٔ سال ۱۹۵۲ سازمان ملل متحد اعلام کرد که:

"کشورهایی که به اندازهٔ کافی توسعه نیافته‌اند، حق دارند از ثروت‌های طبیعی خود با حاکمیت کامل بهره گیرند".

این حق در قطعنامهٔ دسامبر ۱۹۶۲ آن سازمان به صورت قاطع‌تری اعلام شد. داگ هامرشولد دبیر کل اسبق سازمان ملل متحد اندکی قبل از مرگ غم انگیز خود اظهار داشت:

"... وظیفهٔ همهٔ ما اعضای این سازمان جهانی این است که استقرار نظام بین‌المللی عادلانه‌تر و مطمئن‌تری را تحقـــق بخشیم."

در سال ۱۹۶۵ برنامه ملل متحد برای توسعه طرح ریزی شد که هدف آن تسهیل برنامه‌ریزی جهانی برای کوشش‌های مربوط به توسعه و تحول اقتصادی ملت‌های رو به رشد جهان از راه بهترین نحوه بهره‌گیری از منابع مادی و انسانی آنها بود. در سال ۱۹۷۱ دههٔ ۱۹۷۹- ۱۹۷۰ از طرف سازمان ملـــل دهـــهٔ "اســـتراتژی توســـعهٔ بین‌المللی" اعلام شد.

در اوایل سال ۱۹۷۴ ششمین اجلاسیهٔ فوق‌العاده مجمع عمومی سازمان ملل متحد اعلام داشت:

"... ضرورت فوری دارد که در مورد برقراری یک نظام اقتصادی نوین بین‌المللی بر اساس انصاف و مساوات و منـافع مشـترک و همبستگی و همکاری کلیهٔ کشورها، بدون توجه به سیستم‌های اقتصادی و اجتماعی آنها کوشش شود."

در مارس ۱۹۷۴ سازمان ملل به موجب قطعنامهٔ ۳۲۰۱ خود:

"برقراری یک نظام اقتصادی نوین جهانی را بر اساس کاســتن از نابرابری‌ها و از میان بردن بی‌عدالتی‌های کنونی، از راه کـاهش شکاف موجود بین کشورهای پیشرفته و کشورهای رو به توسـعه و تسریع در توسعهٔ اقتصادی و اجتماعی این کشــورها، (را) یـک ضرورت فوری و جهانی اعلام کرد."

در سپتامبر ۱۹۷۵ توافقنامه‌ای شامل امور مربوط به بازرگانی بین‌المللی، اصلاح وضع پولی جهان، استقرار و تقویت سازمان‌های زیر بنایی علمی و فنی کشورهای در حال توسعه، صنعتی شدن این کشورها، پیشرفت در امور کشاورزی و تغذیه آنها توسط سازمان ملل تنظیم شد.

به منظور تبادل نظر و اتخاذ تصمیم در باره اجرای این توصیه‌ها، دو کنفرانس "همکاری اقتصادی بین‌المللی" که اصطلاحاً "کنفرانس شمال و جنوب" نام گرفت، به ابتکار رئیس جمهوری فرانسه در پاریس تشکیل شد که مجموعهٔ کارهای کنفرانس نخستین هجده ماه به طول انجامید ولی این مساعی به هدف‌های خود نرسید و کنفرانس دوم نیز که در اوایل سال مسیحی ۱۹۷۷ تشکیل گردید، به نتیجه رضایت بخش‌تری دست نیافت. در پایان این کنفرانس اعلام شد که: "غالب پیشنهادهای مربوط به تغییر بنیادی سیستم اقتصادی بین‌المللی و پیشنهادهای مربوط به انجام اقدامات فوری در مورد مسائل فوری مورد هیچ توافقی قرار نگرفته و بدین ترتیب نتایج کار کنفرانس همکاری اقتصادی بین‌المللی در حد هدف‌هایی که برای یک برنامهٔ عمل جامع و عادلانه در راه برقراری نظام اقتصادی نوین بین‌المللی در نظر گرفته شده بود، نبوده است".

اخیراً گزارش تحقیقی جالبی از طرف سازمان ملل متحد به نام سال ۱۹۹۹، منتشر شد که توسط واسیلی لئونتیف برندهٔ جایزهٔ علمی نوبل تهیه شده است. در این گزارش بر اساس بررسی‌های دقیق مشخص شده است که در حال حاضر نسبت متوسط درآمد سرانه ملی گروه کشورهای صنعتی و ثروتمند به درآمد سرانه متوسط ملی بقیهٔ کشورها دوازده به یک است! و با روند فعلی به فرض آن هم که

برنامه‌های توسعهٔ سازمان ملل متحد برای سال‌های ۱۹۷۰ تـا ۱۹۷۹ به منظور تضمین حداقل رشد بـرای کشورهـای رو بـه توسعه طـی دهه‌های بعدی قرن حاضر در بهترین صورت آن ادامـه یـابد و آهنـگ رشد کشورهای پیشرفته نیز در این سال‌ها معادل دو دههٔ اخیر باشـد و از آن تجاوز نکند، این نسـبت دوازده بـه یـک در سـال ۲۰۰۰ هـم چنان به جای خود باقی خواهد بود!

در دیدی کوتاه مدت شاید توسعه نیـافتگی کنونـی بـیش از دو سوم جهان به سود کمتر از یک ثلث دیگر باشد. با ایـن همـه مصالح دراز مدت ممالک صنعتی اتخاذ سیاستی درست خلاف ایـن سیاسـت ضرورت دارد. زیرا نه فقط امنیت جامعه بشری (که آنان خود قسمتی از آن هستند) بلکه ثبات و رونق وضع اقتصادی خود آنها نیـز وابسـته به تفاهم و همکاری دنیای غنی و فقیر یا جهان پیشرفته و جـهان در حال توسعه است. هر قدر اقتصاد کشورهای اخیر توسـعه یـابد، طبعـاً مبادلات اقتصادی آنها نیز سـالم‌تر و قابل اطمینـان‌تر خواهـد شـد و خطرات انفجاری ناشی از ادامهٔ این وضع کاهش خواهد یافت. در ایـن راه کشورهای رو به توسعه طبعاً باید به وظایف و مسـئولیت‌هایی کـه به عهدهٔ آنهاست، کاملاً آشنا باشند و تصور نمی‌کنم هیچ یـک از ایـن کشورها توقع آن را داشته باشند که دیگران بدون دلیـل کـاری بـرای آنها انجام دهند. ولی این توقع را دارند که از طرف دنیای پیشرفته بـه صورتی عملی و واقعی و نه فقط به صورت تئوری یا در مقیاسـی غیـر کافی در پیشرفت این مساعی بدان‌ها کمک شـود. کمک‌هـای فنـی و مالی کشورهای ثروتمند بیش از هـر وقت دیگر بـرای جهان سـوم ضروری است. ولی این کار باید برای افزایش اثر بخشـی کوشـش‌های خود آنها صورت گیرد و نه برای جانشین شدن این کوشش‌ها. از ایـن

دیدگاه است که جامعهٔ جهانی باید شیوه‌ها و وسایل و هدف‌های خود را بازسازی کند.

همچنان که دبیر کل سازمان ملل متحد در کنفرانس سال ۱۹۷۶ ملل متحد در "نایروبی" اظهار داشت:

"... کاملاً منطقی و طبیعی است که از بین رفتن استعمار سیاسی از بین رفتن استعمار اقتصادی را نیز به همراه بیاورد"

زیرا فقط به این قیمت است که ممکن است یک همکاری ثمر بخش بر پایهٔ تساوی ملل غنی و فقیر برقرار شود و مسلماً آیندهٔ جهان در گرو چنین همکاری است.

دولت‌های عمدهٔ صنعتی می‌باید واقعیات جهان امروز را برای مردم خود تشریح کنند و خطری را که از ادامهٔ نامحدود شکاف موجود بین کشورهای غنی و فقیر متوجه جامعهٔ بشری است، بدان‌ها تفهیم نمایند.

به منظور رعایت کامل انصاف و حقیقت تذکر این نکته ضروری است که جهان پیشرفته اقدامات مثبت و ارزنده‌ای را نیز در این زمینه در کارنامهٔ خود دارد که نمونهٔ عالی آن‌ها، نقش بزرگ ایالات متحدهٔ امریکا در تعدیل نابسامانی‌ها و نیازهای حیاتی مناطق مختلف جهان بخصوص در سال‌های پس از جنگ جهانی دوم است. اجرای طرح معروف مارشال در اروپا و "اصل چهار" ترومن در مورد کمک به کشورهای در حال توسعه و شرکت وسیع امریکا در برنامهٔ UNRWA، برای کمک به پناهندگان فلسطینی و اقدامات فراوان بین‌المللی دیگر این کشور از راه تخصیص کمک‌های غذایی و دارویی و خیریه به کشورها و مناطق مختلف و متعدد جهان، مظاهری از این اقدامات است. برای توجه به وسعت این کمک‌ها کافی است تذکر داده شود

که در فاصلهٔ یک ربع قرن پس از پایان جنگ جهانی تا سال ۱۹۷۰ مقدار این کمک‌ها به صورت بلاعوض به یکصد و سی میلیارد دلار بالغ شد و چنین امری در تاریخ جهان بی‌سابقه است.

با اجرای طرح "مارشال" که از نظر کمیت و کیفیت آن در همکاری‌های جهانی بی‌نظیر است، امریکا طوری به اروپا کمک کرد که کشورهای جنگ زده و ویران شده این قاره توانستند در پرتو آن به سرعت به پیشرفتی بسیار بالاتر از پیش از جنگ جهانی دوم برسند و علت این موفقیت گذشته از ارقام فوق‌العاده زیاد کمک‌ها این بود که این کشورها صاحب تکنولوژی بودند.

اجرای "اصل چهار" به نوبهٔ خود تأثیر سازنده و مؤثری در وضع اقتصادی و اجتماعی کشورهای عقب مانده داشت. ولی از کمک بدین ممالک نتیجه چندان زیادی گرفته نشد. زیرا این کمک بیشتر جنبهٔ دستگیری داشت و با انتقال تکنولوژی همراه نبود.

تذکر طرح "کلمبو" که برای کمک‌های مشابه توسط انگلستان عملی شد و کمک‌های دیگری که از طرف کشورهای مختلف جهان صنعتی انجام گرفت، به نوبهٔ خود ضروری است. شاید یادآوری این نکته نیز بی‌مورد نباشد که کشور خود ما اکنون در زمرهٔ کشورهایی است که در حدود امکانات خود کمک‌های وسیعی به کشورهای دیگر به خصوص ممالک جهان سوم می‌کند.

مسائل اساسی جهان امروز

در ورای مسائل و بحران‌های سیاسی مختلف جهان ما مشکلات و مسائلی اساسی و دنیایی وجود دارد که مربوط به سرنوشت همهٔ جامعهٔ بشری است و طبعاً مواجهه با آنها نیز همکاری و کوششی را در سطح جهانی ایجاب می‌کند. این مسائل که امور مربوط به جمعیت، تغذیه، بهداشت، مسکن، آموزش و محیط زیست را شامل می‌شود، همان طور که پایه‌های انقلاب اجتماعی ایران است، از اصول بنیادی سازمان ملل متحد نیز به شمار می‌رود و لزوم تعدیل نابسامانی‌های کنونی در این زمینه‌ها از هدف‌های اصلی کوشش‌هایی است که در راه تعدیل نظام اقتصادی موجود جهان انجام می‌گیرد.

تقریباً در همهٔ این موارد کشور ما ایفای نقش انسانی و سازنده‌ای را در زمینهٔ دنیایی به عهده دارد و در برخی موارد از قبیل پیکار جهانی با بی‌سوادی و تعمیم آموزش حتی نوعی نقش رهبری را ایفاء می‌کند. همچنان که نقش ما در پیشنهاد تأسیس یک صندوق جهانی برای کمک به توسعهٔ ملت‌ها یک نقش فعال برای مواجهه با بسیاری از مشکلات جهانی است.

در توضیحات کوتاهی که در بارهٔ این مواد خواهم داد، نقل ارقام و آمارهای مختلف در حد ضروری لازم به نظر می‌رسد. زیرا زبان ارقام گویاترین زبان در مورد بیان واقعیت‌هاست.

***

اولین و مهم‌ترین مسئله‌ای که می‌باید بدان اشاره شود، مسئله جمعیت است. زیرا این امر نقش حیاتی درجه اولی را در سرنوشت همهٔ جامعهٔ بشری اعم از غنی یا فقیر به عهده دارد و مشکل انفجار جمعیت که برای نخستین بار به صورت مسئله حادی در برابر جامعه انسانی قرار گرفته است، مشکلی است که تمدن و آیندهٔ ما بدان وابسته است.

طبق محاسباتی که شده جمعیت دنیا که در دوران ما قبل تاریخ پنج تا ده میلیون نفر بیشتر نبوده، در دوران باستانی کلاسیک دویست تا سیصد میلیون نفر، در قرن هفدهم مسیحی پانصد میلیون نفر و در اواسط قرن گذشته یک میلیارد نفر بوده است. این رقم در کمتر از صد سال پیش به یک میلیارد و پانصد میلیون نفر، و در پنجاه سال پیش به دو میلیارد نفر، در سال ۱۹۶۰ به سه میلیارد نفر و در سال ۱۹۶۷ به چهار میلیارد نفر رسیده است و طبق برآوردهای مختلف در آخر قرن حاضر به حدود هفت میلیارد نفر خواهد رسید.

بدین ترتیب جمعیت جهان ابتدا در یک مدت دو هزار ساله دو برابر شده سپس در مدت دو قرن بعد در کمتر از یک قرن و بعد تنها در طول عمر یک نسل! این نکته شایان تذکر است که فقط در نیمهٔ دوم قرن حاضر افزایش جمعیت جهان بیش از هزار ساله گذشته بوده است.

بر اساس پیش‌بینی‌های کارشناسان در سال ۲۰۰۰ قارهٔ آسیا چهار میلیارد و سیصد میلیون نفر، اروپا (به اضافه اتحاد شوروی) یک میلیارد نفر، امریکا در حدود یک میلیارد نفر (ششصد و پنجاه میلیون نفر در امریکای لاتین و سیصد و سی میلیون نفر در امریکای شمالی)، افریقا ششصد و شصت میلیون نفر و اقیانوسیه سی میلیون نفر جمعیت خواهند داشت. دو کشور از کشورهای جهان، چین و

هند، هر کدام در آن هنگام دارای حداقل یک میلیارد نفر جمعیت خواهند بود.

آن چه در این محاسبات حائز اهمیت خاص است، تغییر نسبت فعلی جمعیت دنیای صنعتی و جهان سوم در پایان قرن حاضر است، زیرا برآوردها نشان می‌دهد که کشورهای در حال توسعه که اکنون بیش از دو سوم جمعیت جهان را دارند، در سال ۲۰۰۰۰ دارای بیش از سه چهارم این جمعیت و کشورهای پیشرفتهٔ کنونی که در سال ۱۹۲۰ سی و شش درصد جمعیت جهان را داشتند، در آن هنگام فقط صاحب کمی بیشتر از بیست درصد جمعیت آن خواهند بود.

بر روی هم تعداد مطلق جمعیت کشورهای در حال توسعه در پایان قرن بیستم حدود پنج میلیارد نفر و تعداد مطلق جمعیت کشورهای صنعتی امروز، کمتر از دو میلیارد نفر خواهد بود و بدین ترتیب فاصلهٔ موجود این دو گروه باز هم بیشتر خواهد شد. تازه این برآوردها نیز قطعی نیست. زیرا بر اساس سرشماری‌های غیر کامل صورت گرفته است. از بیست سال پیش بیش از نود درصد مردم جهان یک یا چند بار سرشماری شده‌اند، ولی این سرشماری‌ها فقط آنهایی را شامل شده است که اوراق شناسایی مشخص در دست داشته‌اند. یعنی دنیای پیشرفته را دقیقاً شامل شده، در صورتی که در مورد جهان سوم ناقص بوده است.

تازه‌ترین بررسی‌هایی که انجام گرفته است نشان می‌دهد که در حال حاضر روزانه بیش از دویست هزار نفر یعنی هر دقیقه یکصد و پنجاه نفر به جمعیت جهان اضافه می‌شود و این آهنگ در اواخر قرن به ساعتی یازده هزار نفر خواهد رسید. به طور کلی هر ساله جمعیت دنیا به نسبت دو درصد بالا می‌رود. شاید این نسبت در وهلهٔ اول زیاد به نظر نیاید. ولی محقق امریکایی Isaac Azimov حساب کرده است

که با چنین رشدی در مدتی حدود ۱۵۰۰ سال وزن آدم‌های دنیا معادل وزن خود کرهٔ زمین خواهد شد!

بدیهی است این رشد استثنایی مسائل دشوار و پیچیده‌ای را برای جامعهٔ جهانی پیش می‌آورد که حل آن‌ها نیز جز در مقیاس جهانی ممکن نیست. منطقاً نتیجهٔ این "انفجار جمعیت"، گذشته از آثار اجتماعی و انسانی آن، فشار روز افزون مصرف کنندگان به منابع طبیعی و به طور کلی به اقتصاد تولیدی، مخصوصاً اقتصاد کشاورزی است. زیرا هر فردی از این افراد حقاً انتظار دارد که غذا و پوشاک و مسکن او همراه دیگر نیازمندی‌های اساسی وی که زائیدهٔ تمدن و رفاه عصر حاضر است، تأمین شود. این عامل به خصوص برای جهان سوم که اقتصاد کشاورزی آن از هم اکنون از نظر تطبیق خود با تکنیک‌ها و شرایط جدید دچار اشکالات طاقت فرساست، فاجعه‌انگیز است.

***

مسئله جهانی مهم و حیاتی دیگر مسئلهٔ تغذیه است که مستقیماً با زندگی میلیاردها مردم روی زمین ارتباط دارد. طبق بررسی‌های سازمان خواربار جهانی FAO نیاز متوسط یک فرد انسان در روز ۲۵۰۰ کالری و ۴۰ گرم پروتئین است (این رقم در قاره‌ها و آب و هواهای مختلف اندکی بیشتر یا کمتر می‌شود) به موجب همین بررسی‌ها میزان کالری سرانهٔ موجود در سطح جهانی در صورتی که به صورت عادلانه‌ای میان همهٔ افراد بشر تقسیم شود، در همین حدود و میزان پروتئین سرانه بیش از یک برابر و نیم آن (در حدود ۶۵ گرم) است.

با این همه لااقل نیمی از مردم جهان دچار کمی تغذیه هستند و بیش از چهار صد و پنجاه میلیون نفر اصولاً در گرسنگی به سر می‌برند. برآوردهای نگران کننده این سازمان حاکی است که در صورت ادامهٔ این وضع از حالا تا سال ۲۰۰۰ پانصد میلیون نفر از مردم جهان محکوم به مرگ از گرسنگی خواهند بود. این برآوردها به خصوص در مورد کودکان جهان سوم وحشت‌انگیز است. زیرا نشان می‌دهد که اگر وضع به صورت کنونی ادامه یابد، در ربع قرن آینده از هشتصد میلیون کودک حدود دو سوم دچار بیماری یا ناتوانی ناشی از تغذیهٔ غیر کافی یا بدی تغذیه و کمبود کالری و پروتئین خواهند شد. نسبت مرگ و میر بچه‌های کوچک در کشورهای فقیر سه تا ده برابر کشورهای پیشرفته و در مورد کودکان بزرگ‌تر بسیار بیشتر خواهد بود و کودکان بالای پنج سال چهل درصد مرگ و میر جهانی کودکان را خواهند داشت. مرگ و میر بچه‌های یک تا چهار ساله در این جوامع هم اکنون بین ده تا پنجاه برابر رقم مشابه در امریکا و اروپا است.

همین آمار نشان می‌دهد که در حال حاضر بیش از صد میلیون کودک جهان سوم در سنین کمتر از پنج سال از بدی تغذیه رنج می‌برند و بیش از پانزده میلیون آنها از این بابت تلف می‌شوند. در این گروه سنی مرگ و میر یک چهارم رقم کلی جهانی است. بیش از سیصد میلیون کودک علایم رشد ناکافی و عقب افتادگی را نشان می‌دهند. بر اثر کمبود ویتامین A هر سال صدها هزار طفل کور می‌شوند و بررسی‌های دههٔ ۱۹۶۰ تا ۱۹۷۰ نشان داده که این امر باعث پنجاه تا شصت درصد کوری اطفال در سنین قبل از تحصیل بوده است. در افریقا کم خونی ناشی از کمبود آهن سی تا شصت درصد اطفال قبل از پانزده سال را شامل می‌شود. در آسیای جنوبی

این رقم بیش از پنجاه درصد است و بر روی هم هشتصد میلیون نفـر یعنی یک پنجم مردم جهان از کمبود آهن در تغذیه رنج می‌برند.

به طور کلی بیست و هشت درصد از مردم جهان روزانه بیـش از ۲۷۰۰ کالری در اختیار دارند و دوازده درصد بیـن ۲۲۰۰ تـا ۲۷۰۰ کالری مصرف می‌کنند و مصرف بقیه، یعنی شصت درصد مـردم دنیـا از ۲۲۰۰ کالری کمتر است. مقدار مصرف کالری در برخـی از نواحی آسیا و افریقا به زحمت از آن چه در اردوگاه‌های مرگ آلمان نازی بـه زندانیان داده می‌شد، تجاوز می‌کند.

گرسنگی عصر ما با همه عواقب و نتـایج آن نـه امکـان از میـان رفتن و نه حتی امکان کمتر شدن خواهد داشت، مگر آن که برای این کار بسیجی واقعی آن هم در سطح جهانی صورت گیرد. مسـئله ایـن نیست که کرۀ ما چقدر انسان را می‌تواند غذا بدهد، بلکه مسئله ایـن است که چگونه باید به هر حال هفت میلیارد نفر مردم جهان در سال ۲۰۰۰ تغذیه شوند؟

از دیدگاه مسـائل بهداشتـی کـه آن نیـز ماننـد مسـائل غذایـی مستقیماً با زندگی مردم جهان بستگی دارد، مشکلات موجـود دنیـای ما کمتر از موارد اساسی دیگر نیست. زیرا در وضع کنونی قسـمتی از مردم جهان از قسمت اعظم امکانات بهداشتی که تا بـه امـروز دانـش بشری در اختیار ما گذاشته است، محرومند. بـه عنوان نمونـه کـافی است تذکر داده شود که طبق آمار سازمان بهداشت جهـانی در حـال حاضر نسـبت مـرگ و میـر بـرای هـر یـک هـزار نفر در کشورهای اسکاندیناوی و کانادا و ژاپن حـدود ۷۰٪ در امریکـا و اروپـای غربـی ۱۰٪ ولی در بسیاری از کشورهای افریقا و آسیا تا میزان ۳۰٪ است.

پیشرفت‌های بهداشتی در جهان متوسط عمر افراد را تقریبـاً در همۀ دنیا بالا برده و رقم متوسط جهـانی آن را تنـها در بیسـت سـاله

اخیر از سی و سه سال به چهل و سه سال رسانیده است. با این همه در این مورد نیز تفاوت بسیار فاحشی میان ملل پیشرفته و کشورهای در حال توسعه وجود دارد. به طوری که حد متوسط عمر که اکنون در کشورهای اسکاندیناوی ۷۷ سال و در امریکا و اروپای غربی ۷۰ تا ۷۵ سال است. در افریقا و قسمت مهمی از آسیا و امریکای لاتین از ۴۰ سال تجاوز نمی‌کند و حتی در مورد چند کشور بین ۳۲ تا ۳۵ سال است.

صدها میلیون نفر از مردم این کشورها هنوز تقریباً به هیچ وجه دسترسی به خدمات پزشکی ندارند و در مواردی هم که این امکان وجود دارد حد آن بسیار ناچیز است. ارقام سازمان بهداشت جهانی حاکی است که در بسیاری از کشورهای افریقایی برای هر پنجاه هزار نفر ۱۰ پزشک و حتی کمتر وجود دارد.

در کتابی که چندی پیش به نام میعاد در ۱۹۸۰ با همکاری سازمان ملل متحد انتشار یافت به نقل از ارقام سازمان بهداشت جهانی گزارش شده است که در حال حاضر تعداد مبتلایان به بیماری تراخم در جهان حدود پانصد میلیون نفر است که تقریباً همهٔ آنها تعلق به دنیای سوم دارند و هر ساله عدهٔ زیادی از آنان از این بیماری کور می‌شوند. از بیست میلیون مسلول ۸۰٪ و از ده میلیون جذامی ۹۰٪ در دنیای سوم به سر می‌برند. سازمان بهداشت جهانی شمارهٔ کسانی را که دچار بیماری‌های ناشی از آب تصفیه نشده و آلوده هستند، پانصد میلیون نفر برآورد کرده است که طبعاً همهٔ آنها به کشورهای توسعه نیافته تعلق دارند.

***

مسئله مسکن که یکی دیگر از حقوق اساسی بشری است، به نوبهٔ خود از مهم‌ترین مسائل جهان ماست. در یک بررسی بانک جهانی در سال ۱۹۷۵ مشخص شده است که در شش شهری که به عنوان نمونه مورد بررسی قرار گرفته‌اند یک تا دو ثلث از مردم امکان پرداخت پول ارزان‌ترین مسکن ممکن را نداشته‌اند. این نسبت به ترتیب برای هنگ کنگ ۳۵٪، برای بوگوتا ۴۷٪، برای مکزیکو۵۵٪، برای مدرس و احمد آباد و نایروبی ۶۵٪ بوده است.

همین بررسی حاکی است که ۸۵٪ خانواده‌ها در مناطق پهناوری از آسیای جنوبی و جنوب شرقی، افریقا، امریکای لاتین و حتی اروپای جنوبی (در مقیاس کمتر) استطاعت خرید یک واحد مسکونی را برای خود ندارند. طبق آماری که با تأئید دولت هند منتشر شده، در آن کشور نسبت خانواده‌هایی که جمعاً در یک اطاق به سر می‌برند در روستاها ۳۴٪ و در شهرها ۴۴٪ است. در چهار شهر از پر جمعیت‌ترین شهرهای این کشور این رقم ۶۷٪ و در کلکته ۷۰٪ است.

حساب شده است که با روند فعلی و ادامهٔ وضع اقتصادی نابسامان کنونی جهان سوم به زودی ۸۰٪ مردم شهرنشین و بی‌بضاعت این کشورها که جمعاً بیش از نیمی از جمعیت شهرنشین دنیا را تشکیل می‌دهند، ناگزیر خواهند بود در زاغه‌ها زندگی کنند. یعنی در پناگاه‌هایی که فاقد حداقل روشنی و حرارت و بهداشت و به طریق اولی حداقل ورزش و تفریح و سواد است.

***

وضع ناگوار و غم‌انگیز بی‌سوادی در جهان امروز ما و محرومیت وحشتناکی که توده‌های عظیمی از مردم دنیا از این بابت با آن دست

به گریبانند، یکی دیگر از نابسامانی‌های اساسی جامعهٔ بشری است. به قول یکی از استادان دانشگاه پاریس: "سرمایهٔ آموزش، سرمایه‌ای است که بدترین نحوه توزیع را در جهان کنونی دارد".

یازده سال پیش مدیر کل وقت یونسکو با امیدی که جریان موفقیت‌آمیز کنگرهٔ جهانی پیکار با بیسوادی در تهران در دل او و دیگر شرکت کنندگان این کنگره برانگیخته بود، اعلام داشت که: "اگر وسایل کار فراهم شود، بلای بیسوادی در طول عمر یک نسل، از جهان ریشه کن خواهد شد."

متأسفانه آقای رنه ماهور در پایان عمر خود این امید را از دست داد و مدیر کل فعلی یونسکو نیز در سالروز جهانی پیکار با بی‌سوادی در چند ماه پیش، آینده را در این زمینه تاریک‌تر از آن چه تصور می‌شود، توصیف کرد.

ارقام یونسکو در این مورد خیلی گویا است. این ارقام به روشنی نشان می‌دهد که پس از ده سال تعداد بی‌سوادان جهان به جای آن که کاسته شود، افزایش یافته است!

بر اساس برآوردهای یونسکو انتظار می‌رود رقم بزرگسالان دنیا، یعنی افراد پانزده سال به بالا از دو هزار و دویست و هشتاد و هفت میلیون نفر در سال ۱۹۷۲ به دو هزار و هشتصد و بیست و سه میلیون نفر در سال ۱۹۸۰ بالغ شود. با این که طبق پیش‌بینی‌ها در این مدت نسبت بی‌سوادی بزرگسالان که در سال ۱۹۷۰ معادل ۳۴/۲٪ بوده، در سال ۱۹۸۰ به ۲۹٪ کاهش خواهد یافت. معهذا افزایش سریع جمعیت باعث خواهد شد که قدر مطلق شمارهٔ بزرگسالان بی‌سواد جهان در همین مدت از هفتصد و هشتاد و سه میلیون نفر به هشتصد و بیست میلیون نفر بالا رود.

طبق برآوردهایی که شده، از سال ۱۹۶۰ تا پایان قرن حاضر تعداد نوجوانان پنج تا چهارده ساله در افریقا و کشورهای عرب دو برابر، در آمریکای لاتین ۲/۶ برابر و در آسیا و اقیانوسه ۳ برابر خواهد شد. ولی نسبت رشد تعداد دانش آموزان جهان که در دههٔ شصت ۴٪ بود، در پنج سالهٔ اول دههٔ هفتاد از ۳٪ پائین‌تر آمده است. به طور کلی ۳۸٪ کودکان و نوجوانان شش تا یازده ساله در کشورهای جهان سوم هنوز به مدرسه نمی‌روند. در کشورهای متعددی، امروزه بیش از ۸۰٪ زنان و بیش از ۶۰٪ مردان بی‌سوادند. زنان تقریباً دو ثلثِ هشتصد میلیون بی‌سواد جهان را تشکیل می‌دهند.

در سی و ششمین کنفرانس بین‌المللی آموزش که در شهریور ماه سال جاری در ژنو تشکیل شد، اعلام شد که نه تنها در حال حاضر از هر سه نفر بزرگسال جهان یک نفر از نعمت خواندن و نوشتن محروم است، بلکه در جوامع متعددی تعداد مهمی از بی‌سوادان را اختصاصاً در قشرهای جوان آنها می‌توان یافت. به طوری که در صورت ادامهٔ این وضع، رقم کودکان شش تا یازده ساله‌ای که به کلی از سواد و آموزش بی‌بهره می‌مانند در سال ۱۹۸۵ در کشورهای جهان سوم به حدود یکصد و سی و چهار میلیون نفر (نود میلیون نفر در آسیا، سی و پنج میلیون نفر در افریقا، نُه میلیون نفر در امریکای لاتین) خواهد رسید.

برای خود من موضوع مبارزه جهانی با بی‌سوادی با یک خاطرهٔ تلخ و غم‌انگیز شخصی همراه است. یازده سال پیش به هنگام برگزاری کنگرهٔ جهانی پیکار با بی‌سوادی در تهران، در نطق افتتاحیهٔ خود با استمداد از نیک اندیشی و واقع بینی همهٔ کشورها و ملت‌ها، آن هم برای هدفی در بالاترین سطح معنوی و اخلاقی جهانی، پیشنهاد کردم که هر کشوری معادل هزینهٔ نظامی یک روز خود را

برای پیشبرد این تلاش بشر دوستانه در اختیار سازمان یونسکو بگذارد. حسابِ ساده و منطقی من این بود که اگر چنین اقدامی از طرف همهٔ کشورها صورت گیرد، در معادلات نظامی آنها تغییری حاصل نخواهد شد. ولی مسلماً در معادلهٔ جهل و دانش در جهان دگرگونی شگرفی حاصل خواهد شد.

در آن موقع این پیشنهاد مورد ستایش و تأئید کنگره قرار گرفت، ولی در عمل هیچ پاسخ مثبتی بدان داده نشد. یک محاسبهٔ ساده کافی است نشان دهد که اگر چنین اقدامی صورت می‌گرفت، سرمایهٔ کافی برای از میان بردن بی‌سوادی به کار می‌افتاد و نتایج چنین سرمایه‌گذاری تمام نسل‌های آینده را در بر می‌گرفت.

وضع بی‌سوادی در جهان طبعاً ارتباط مستقیم با شرایط اقتصادی و اجتماعی نامساعد کشورهای جهان سوم دارد. این کشورها عموماً کوشش فراوانی در راه مبارزه با این آفت اجتماعی خود به کار می‌برند که گاه بسیار سنگین‌تر از حدی است که سطح درآمد کلی آنها اجازه می‌دهد. و با این وصف، نیازمندی‌های فراوان همه جا بر نتایج این کوشش‌ها غلبه دارد. طبق حساب‌های یونسکو افزایش هزینه‌های آموزشی جهان سوم تقریباً سه برابر سریع‌تر از رشد درآمد ملی آنها در دههٔ ۱۹۵۰ بوده و از ۱۹۶۰ به بعد نرخ رشد این هزینه‌ها بیش از دو برابر نرخ رشد درآمد ملی بالا رفته است. یکی از مشکلات اصولی جهان سوم در این راه کمبود کادر آموزنده است. در این مورد حساب شده است که برای حداقل پاسخ گویی بدین نیاز، افریقا به دویست و چهل و هفت هزار و امریکای لاتین به چهار صد و چهل و پنج هزار و آسیا به هفتصد و پنج هزار آموزگار اضافی احتیاج دارد.

***

مسائل ناشی از محیط زیست یکی دیگر از مهم‌ترین مسائلی است که امروزه جهان بشری با آن مواجهه است.

خراب کردن و آلوده کردن محیط زیست که در گذشته به علت محدویت عوامل و شرایط آن اصولاً مسئله قابل طرحی نبود، امروزه با توسعهٔ بی‌سابقه صنعت و مصرف روزافزون انرژی و بهره‌برداری افراطی از منابع طبیعی به صورت مسئله‌ای درآمده است که مستقیماً با سرنوشت بشریت ارتباط دارد. بنابر این هر گونه راه حل آن نیز الزاماً باید جنبهٔ جهانی داشته باشد. شاید انهدام تعادل نباتی جهان یکی از مهم‌ترین عوامل عدم تعادل محیط زیست باشد. کنفرانس سازمان ملل متحد در بارهٔ صحراها که در شهریور ماه امسال در نایروبی تشکیل شد و در آن گزارش کار دو سالهٔ پانصد کارشناس و محقق بین‌المللی در بارهٔ جنبه‌های مختلف وضع جنگل‌ها و مراتع و صحراهای جهان مورد بررسی قرار گرفت، تأکید کرد که در سراسر جهان به خصوص در طول منطقهٔ معروف به کمربند فقر که در دنیای سوم قرار دارد، انهدام منظم و مستمر پوشش گیاهی به حد نگران کننده‌ای رسیده است. در مناطق استوایی و پیرامون آنها که همواره به فراوانی پوشش سبز شهرت داشتند، جنگل‌ها به سرعت تبدیل به صحرا می‌شوند، به طوری که از آغاز قرن حاضر در برخی نقاط ۳۰٪ این پوشش نباتی و گاه بیشتر از آن از میان رفته است. به گفتهٔ یکی از کارشناسان این کنفرانس:

"سرطان تازه‌ای به صورت صحرا، یک سوم از تمام زمین‌های جهان را بیمار کرده است. در نیمهٔ اول قرن بیستم ششصد و پنجاه هزار کیلومتر مربع از اراضی جنگلی و مراتع جنوب صحرای افریقا توسط این سرطان بلعیده شده‌اند. وقتی که زمین بدین ترتیب قشر حامی خود را از دست بدهد باد و باران نیز

وظیفهٔ خویش را در عقیم کردن آن انجام می‌دهند و آنگاه نوبت استقرار همیشگی به پایان می‌رسید.

متأسفانه این واقعیت که نسبت افزایش جمعیت جهانی بیش از نسبت رشد درختان تازه است، باعث کاهش منظم سطح جنگل‌های جهان می‌شود. تصاویری کـه ماهواره‌ها از جزیرهٔ جـادو در اندونـزی گرفته‌اند، به خوبی نشان می‌دهد که در این جزیره که در تمام تـاریخ خود از پر جنگل‌ترین نواحی روی زمین بود، اکنـون پوشـش جنگلی فقط ۱۲٪ از مساحت را شامل می‌شود.

از نظر آلودگی دریاها و رودخانه‌های جهان نیز وضع بهتر از ایـن نیست. کنفرانس بین‌المللی دریای مدیترانه که اخیراً در شهر "نیــس" فرانسه تشکیل شد، وضع ایـن دریـا را کـه شـانزده کشور اروپـایی و آسیایی و افریقایی پیرامون آن قـرار دارنـد، از نظـر آلـودگی "کـاملاً بحرانی" توصیف کـرد. پرنس رینـیر موناکو، چنـدی پیـش در یـک سخنرانی رادیو تلویزیونی اظهار داشت:

"نود درصد آب‌های آلوده به انواع فضولات صنعتی و مـواد مضر شیمیایی از کشورهای ساحلی مدیترانه بدون هیچ تصفیهٔ قبلـی به این دریا می‌ریزند. اگر مدیترانـه تـاکنون توانسـته است ایـن آلودگی‌ها را هضم کند، اکنون دیگر از این حیث به نقطهٔ اشبـاع رسیده است و اگر بگذاریم وضع به همین صورت ادامه یـابد، آن وقت خیال می‌کنم مدیترانهٔ ما محکوم به مرگ باشد."

در امریکـا رودخانـهٔ دیـترویت کـه دریـاچـهٔ "اریـه" را مشروب می‌کند، هر روز بیش از بیست و پنج میلیون متر مکعب مـواد آلـوده بدین دریاچه می‌ریزد. همین وضع را دریاچهٔ بایکال در شوروی دارد.

اخیراً اعلام شد که هفتاد و پنج نوع ماهی که در آب‌های رود ولگا زندگی می‌کنند، بر اثر آلودگی آب این رودخانه که ناشی از فضولات مراکز متعدد صنعتی و شیمیایی واقع در دو سوی این رودخانه است، در خطر انقراض کامل هستند. فاجعهٔ بزرگتر این است که رودهای ولگا و اورال دو رود بسیار بزرگ شوروی که مجموعاً ۵۶۲۵ کیلومتر طول دارند، به دریای بستهٔ خزر می‌ریزند که به نوبهٔ خود به خاطر فراوانی مواد آلوده در آستانهٔ مرگ قرار گرفته است. کارشناسان دریاهای مدیترانه و خزر و بالتیک را مناطقی اعلام داشته‌اند که اگر سریعاً اقدامی برای نجات آنها صورت نگیرد، بر اثر آلودگی محکوم به از دست دادن آثار حیات خواهند بود.

بحران تمدن

ضرورت تغییر نظام اقتصادی موجود جهان واقعیتی است که از دیدگاه "تئوری" توسط همهٔ سازمان‌های صلاحیت‌دار بین‌المللی و بسیاری از مقامات جهان صنعتی مورد تأئید قرار گرفته است. تعداد کتاب‌ها، بررسی‌ها، پژوهش‌ها، مقاله‌ها و متون کنفرانس‌ها که در این باره چه از طرف سازمان ملل متحد و مؤسسات وابسته بدان، چه از جانب مراکز پژوهشی ملی و بین‌المللی و کارشناسان امور اجتماعی و اقتصادی و استادان دانشگاه‌ها و چه توسط وسایل ارتباط جمعی جهان غرب در سال‌های اخیر به چاپ رسیده است، آن قدر زیاد است که مجموعهٔ آنها یکی از مهم‌ترین آرشیوهای عصر حاضر را تشکیل می‌دهد.

اگر به نتیجه‌گیری‌های اکثریت قریب به اتفاق این بررسی‌ها توجه کنیم، باید به حل سریع مسئله‌ای که در بارهٔ پاسخ آن بدین اندازه اتفاق نظر وجود دارد، اطمینان داشته باشیم. با این همه می‌بینیم که این توافق زبانی تاکنون در میدان عمل جز نتیجه‌ای بسیار محدود نداشته است و با روند فعلی کارها امید زیادی به خارج شدن وضع از این بن‌بست در آینده نیز نمی‌توان داشت.

علت اساسی این اشکال را باید در وضع اجتماعی و اقتصادی نا سالمی جست که امروزه بسیاری از جوامع پیشرفته اسیر آنند و اگر این جوامع نمی‌توانند در تعدیل این نابسامانی با قاطعیت لازم اقدام کنند، به خاطر این است که روحیه حاکم بر آنها غالباً فقط روحیهٔ

حفظ تنعم و رفاهِ افراطی موجود و عدم آمادگی افراد برای گذشت از منافع خصوصی شخصی، در برابر مصالح اجتماعی است.

نویسندهٔ سرشناس فرانسوی ریموند آرون، این وضع را در کتاب خودش به نام "شکوائیه‌ای بر اروپای منحط، که اخیراً انتشار یافته است، چنین توصیف می‌کند:

"... روش بسیاری از مردم ما در برابر اجتماع خود این است که از آن همه چیز را بخواهند ولی بدان هیچ چیز ندهند یا لااقل هیچ چیزی را ندهند که بتواند آنان را از لذت‌های ناچیز محروم کند و مستلزم فداکاری و گذشتی باشد... سازمان‌های دسته جمعی یا صنفی که دائماً توقعاتشان در میدان‌های بزرگ با تظاهرات پر سر و صدا طنین افکن است، توجه به هیچ چیز را جز تحصیل منافع آنی و کوتاه مدت کسانی که بدان‌ها رأی داده‌اند، ضروری نمی‌دانند. بدین ترتیب تمدن لذت طلبی با فاصله گرفتن روزافزون از آینده‌نگری و یا بی‌علاقگی به هر چیزی به جز "نفع امروز" حکمِ محکومیت خود را به زوال امضاء کرده است."

اشکال اینجاست که غالباً به علت تفوق اقتصادی و تکنولـوژیـک جهان صنعتی، زیان‌های ناشی از این اقتصادهای نا سـالم بـه حسـاب جوامع دیگر جهان پرداخت می‌شود. در تحلیل جـالبی از ایـن وضع، صاحب نظر معاصر دیگر فرانسوی "روژه گارودی" کـه قبلاً از او نقـل قول کردم، می‌نویسد:

"جوامع صنعتی حاضر به صرف نظر کردن از منافعی نیستند که بدانان اجازه می‌دهد مانند دوران استعماری، جوامــع دیگـر را از یک طرف بـه عنـوان انبـار ذخیـره کـارگـر ارزان قیمـت بـرای شرکت‌های چند ملیتی و در عین حال بـه عنـوان تهیـه کننـدهٔ

مواد اولیه ارزان و از طرف دیگر به عنوان مشتریان عالی برای خرید تورم ناشی از اقتصاد نا سالم آنها (که بسیار کریمانه‌تر از تکنولوژی آنان صادر می‌شود) مورد بهره برداری قرار دهند".

این روال اجتماعی نامطلوب در عین حال زمینه را برای افزایش قدرت عوامل دیگری که باز هم بیشتر باعث عدم سلامت وضع اقتصادی جوامع غنی صنعتی و در نتیجه عدم سلامت اقتصاد جهانی می‌شوند، فراهم می‌سازد. یکی از این عوامل نفوذ کارتل‌های اقتصادی نیرومندی است که غالباً حکم دولتی را در دولت دارند و برای توسعهٔ منافع خود حد و مرزی نمی‌شناسند. در این باره تاکنون بررسی‌های فراوان شده و کتاب‌ها و گزارش‌های بسیار انتشار یافته و سخنرانی‌های متعددی ایراد شده است که یکی از تازه‌ترین آنها سخنان اخیر پرزیدنت کارتر در مورد کوشش‌های کارتل نفتی برای جلوگیری از تصویب برنامهٔ صرفه جویی انرژی دولت امریکاست.

یک مظهر دیگر این سلطه منافع شرکت‌های اقتصادی بر سیاست جهان غرب، وجود شرکت‌های معروف چند ملیتی است که فعالیت آنها اساساً حاکمیت ملی دولت‌ها را به طور روزافزونی تهدید می‌کند. طبق پیش‌بینی‌های مختلف این شرکت‌ها در چند سال آینده در حدود ۳۰٪ تولید تمام جهان (غیر از بلوک شرق) را به خود اختصاص خواهند داد و شبکهٔ اطلاعاتی خود را خواهند داشت که از کنترل دولت‌ها خارج خواهد بود.

جالب این است که در این میان مدافعان واقعی سلامت اقتصاد جوامع صنعتی را در اردوگاه دوستان بی‌غرض آنان می‌توان یافت و نه در اردوی خودشان. هشدار بزرگ در بارهٔ لزوم خودداری از هدر دادن ماده اصیل و نجیب و پایان یافتنی نفت برای مصارف زندگی روزمره و اختصاص آن به مصارفی با ارزش‌تر و کوشش در پیدا کردن جانشینی

برای این مادهٔ حیاتی نخستین بار توسط خود من داده شد و می‌بینیم که اکنون زمامداران مسئول جهان غرب، آن چه را که من چهار سال پیش از این در این باره گفتم، کلمه به کلمه تکرار می‌کنند. هشدارها و تذکرات مکرر من و دیگران در بارهٔ لزوم تعدیل نابسامانی اقتصادی جهان صنعتی نیز که به خاطر دفاع از مصالح واقعی این جوامع و دفاع از سلامت اقتصاد جهانی صورت گرفته و می‌گیرد، باز از جانب دوستان واقعی آنان می‌آید.

من این هشدارها را غالباً در زمینه‌های اجتماعی و فرهنگی هم به جوامع پیشرفته غرب داده‌ام. درست به همین جهت که به سلامت و قدرت آنها علاقمند هستم، نه آن که خواهان سقوطشان باشم. زیرا منطق ما همواره این است که باید دست در دست یکدیگر برای نجات جهان خودمان بکوشیم، نه آن که بر جدایی‌ها و ستیزه‌جویی‌ها بیفزائیم. ما پیوسته اعلام کرده‌ایم که مطلقاً خواهان سقوط جهان صنعتی نیستیم. زیرا خود ما روز به روز بیشتر به این جهان تعلق می‌یابیم و با سقوط آن ما نیز از میان خواهیم رفت. معهذا با تأسف شاهد آن هستیم که بارها این تذکر ما شاید به خاطر مسئولیت‌هایی که قبول آن ایجاب می‌کند، نادیده گرفته شده است.

راه آینده

پس از توضیحاتی که در بارهٔ وضع جهان امروز و فردا و عوامل مثبت و منفی حاکم بر آن دادم، اینک موقع آن است که از این توضیحات نتیجه‌گیری کنم.

همهٔ این تحلیل‌ها و تجزیه‌ها در این واقعیت خلاصه می‌شود که جامعهٔ جهانی امروز ما وارث بسیاری از شرایط تبعیض‌آمیز و غیر عادلانهٔ مادی و اجتماعی گذشته است که ادامهٔ آنها نه با شرافت و اصالت بشری سازگار است و نه با نیازهای حیاتی و الزامی جامعهٔ کنونی جهان تطابق دارد. استقرار چنین وضعی دنیای ما را دستخوش نابسامانی‌ها و آشفتگی‌های ژرفی کرده، باعث شده است تا جامعهٔ جهانی، درست در شرایطی که پیشرفت دانش و تکنولوژی می‌تواند این جامعه را از بالاترین حد رفاه و ترقی تمام تاریخ بشری برخوردار سازد، خود را با خطر دو دستگی همه جانبه‌ای که امکان بالقوه نابودی جامعهٔ انسانی و همهٔ دستاوردهای آن را در پی دارد، مواجه بیند و حتی در غیر این فرض نیز سنگینی محرومیت‌ها و رنج‌ها، زندگی را برای قسمت اعظم از مردم این جامعه به صورتی غیر قابل تحمل درآورد.

برای حل این مشکل اساسی جامعهٔ بشری ضروری است که نظام موجود اقتصاد جهانی که اجزاء مختلف آن حاصل سوابق گوناگون و غالباً ناهمآهنگ گذشته و بی‌عدالتی‌ها و تبعیضات فراوان است، با توجه به الزامات و نیازهای جهان نوین تعدیل گردد و به صورتی صحیح‌تر در راه تأمین شرایط اجتماعی و اقتصادی عادلانه‌تر و منصفانه‌تری برای همهٔ جوامع به کار گرفته شود.

از چنین دیدگاهی ضروری است آن موازینی که به عنوان حقوق مسلم و انکار ناپذیر در داخله کشورها و جوامع مورد قبول و رعایت است در صحنهٔ جهانی نیز به همان اندازه مورد قبول و رعایت قرار گیرد، نه آن که طبق یک مثل معروف اروپایی:"آن چه در آن سوی پیرنه حقیقت است، در این سوی آن خلاف باشد."

چنان که در آغاز این فصل اشاره کردم، وضع جامعه جهانی از نظر منطقی تصویری از آن وضعی است که در داخل یک جامعه وجود دارد و موقعیت ملت‌های غنی و فقیر نیز در سطح جهانی مشابه موقعیت طبقات مختلف در داخلهٔ یک کشور است. اگر آدمی در همه جای دنیا آدمی است و اگر طبق تمام موازین اخلاقی و منطقی و طبق منشور سازمان جهانی ملل، حقوق انسانی برای همهٔ افراد از هر نژاد و هر جنس و هر ملت یکسان است، در این صورت نحوه مقررات و اصول بنیادی حاکم بر سرنوشت آنها نیز باید یکسان باشد. ولو آن که سایر مقررات و ضوابط به اقتضای روحیات و شرایط خاص ملی با یک‌دیگر تفاوت داشته باشند.

***

بارها خود را با این پرسش بی‌پاسخ رو به رو می‌یابم که آیندهٔ دنیای ما چه خواهد بود؟ آیا کوتاه نظری و خودخواهی ما سرانجام این تمدن درخشان غنی و زیبا را که نسل‌های بی‌شمار بشری با کوشش و تلاش پی‌گیر، با شهامت و پایداری، با ایمان و فداکاری، با آرمان‌ها و اندیشه‌های بزرگ، با دانش و خلاقیت، با امید و اعتماد، قدم به قدم ساخته و پرداخته‌اند، به دست ویرانی خواهد سپرد؟ آیا جهان انسانی هم چنان راه خود را به سوی کمال ادامه خواهد داد یا

با همهٔ دستاوردها و آفریده‌های خویش به دست خویش نابود خواهـد شد؟ آیا بالاخره عقل و منطق به نمایندگی نبوغ و اصالت انسانی رهبرِ سرنوشتِ ما خواهد بود یا بالعکس، نیروهای مهار نشدهٔ غرایز و امیالی که امروزه با قدرت موحش سـلاح‌های ویرانگر نـیز مجـهز شـده‌اند، جامعهٔ انسانی را با بر پا کردن یک جهنم اتمی و یا با خراب کردن بنیادهای استوار دیرینه آن بالمره نابود خواهند کرد یا لااقل به دوران توحش باز خواهند گرداند؟ آیا از دیدگاه فلسفی و فکری ایران کـهن- که شاید عالی‌ترین جلوه‌گاه این معمـای بـزرگ سرنوشت اسـت- در مرحلهٔ نهایی، پیروزی با فروغ ایزدی یا بـا تـاریکی اهریمنـی خواهـد بود؟

بگذارید مانند همهٔ نیک‌اندیشان و همهٔ واقع بینان جـهان، همـهٔ آنهایی که به بقای جامعهٔ بشری و تمدنی که این جامعه آفریده است، پای بندند، آرزو کنیم که دنیای آینده، دنیای همزیسـتی و همکاری زندگی بخش همهٔ ملت‌ها و همهٔ مردمان باشد. دنیایی باشد که در آن همه با هم کار کنند و نیروهای مشتـرک را در راه تحقق هدف‌هـای مشترک به کار برند. دنیایی که در آن خرده حساب‌ها، خودخواهی‌ها، پیش‌داوری‌ها، غرایز مهار نشده و کوتاه بینی‌های خطرناک جای خـود را به تفاهم و جهان بینی و آینده نگری داده باشند. دنیایی کـه در آن روح عدالت طلبی و احترام به شرافت انسانی مورد قبول و احترام همه زادگان بشر باشد. دنیایی که منابع خداداد آن، بـا توجـه بـه منـافع و حقوق مشروع همه جامعه بشری بـهره بـرداری شـوند و بـه صورتـی عادلانه‌تر توزیع گردند تا حاصل آن از میـان رفتـن فقـر و جـهل و بیماری و گرسنگی و تبعیضات گوناگون باشد و صلح و ثبـات چنیـن جهانی ضامن اعتلای بشر به سوی آینده‌ای باشـد کـه گذشتـه‌ای پـر تلاش و پر از فداکاری و شهامت او را شایستهٔ آن ساخته است.

برای دنیای پیشرفته ما، توجه اساسی بدین گفتهٔ معروف کـانت ضروری است که، انسان وسیله نیست، بلکه هدف است! باید همهٔ مـا این احساس را داشته باشیم که جامعهٔ بشری برای آن سـاخته نشـده است که در آن آدمی در خدمت اقتصاد باشد، بلکه این اقتصاد است که باید در خدمت انسان به کار گرفته شود.

چندی پیش طی مصاحبـه‌ای گفتـم و در ایـن جـا تکـرار آن را مناسب می‌دانم که دنیا در حال ادغام است و منافع تمام کشورها روز به روز بیشـتر بـه یکدیگـر وابسـته می‌شـود. ایـن واقعیـت را کسی نمی‌تواند نپذیرد. بنابر این دلیلی نـدارد کـه در برابـر آن ایسـتادگی کنیم. هدف غایی تمدن انسان ایجاد یک همکاری مثبت جهانی است که در پرتو آن بتـوان نابرابری‌هـای کنونی ملت‌هـا را از میـان بـرد و تناقضاتی را که مایهٔ اصلی کشمکش‌ها و دشمنی‌های آنهاست، مرتفـع ساخت. آن چه باید قبل از هر چیز بپذیریم، بیهودگی و حتی حماقت جنگ و ستیز میان خودمان است، زیرا این راه هیچ کس را بـه جـایی نخواهد رسانید. وقتی کـه انسـان پـوچی جنـگ بـا همنوعـان خـود را دریابد، به ناچار خواهد فهمید که جـز همکـاری مسالمت‌آمیـز میـان تمام ملت‌ها راهی برای زیستن وجود ندارد.

آرزو کنیم که در سال ۲۰۰۰ دنیـای مـا دنیـای مشـارکت و نـه دنیای درگیر اصطکاک باشد. اگر به تنش زدایی و همزیسـتی معتقـد باشیم، باید بپذیریم که جز یک جهان نمی‌تواند وجـود داشـته باشـد. فوری‌ترین و مهم‌ترین وظیفهٔ چنین دنیایی شتاب بخشیدن به عمران و سازندگی در سطح جهانی است. چنین روشی سیاست تازه‌ای را بـر پایهٔ صلح و همکاری حاکم بـر صحنـهٔ سرنوشـت گیتـی می‌کنـد کـه درست نقطهٔ مقابل سیاست قدیمی جنگ سرد ویرانگری است. جهان سال ۲۰۰۰ باید یک دنیای واحـد باشـد کـه زادگـان بشـر در آن در

چارچوب یک مشارکت بین‌المللی با اطمینــان و تفـاهم در کنــار هـم زندگی کنند.

میل دارم این آرزوی قلبی خودم را با آرزوی تحقق پیــش بینــی امید بخش بشر دوستی بزرگ به نام "ویکتور هوگو" تکمیل کنـم کـه صد و سی سال پیش گفت:

"روزی خواهد رسید که همهٔ مردم جهان ما مردمی برخــوردار از فروغ تمدن خواهند بود. در آن روز این رؤیای دل‌پذیر و جاودانهٔ اندیشه بشری سرانجام تحقق خواهد یافت که همــهٔ آدمیــان بــه صورت مردمی آزاد و آگاه، کشوری به نام دنیــا و ملتــی بــه نــام بشریت داشته باشند."

بخش دوم

ایران در عصر انقلاب

در دنیایی که دورنمایی از آن را با جنبه‌های مثبت و منفی بنیادی آن توصیف کردم، کشور ما بزرگترین آزمایش تاریخ خویش را در راه دستیابی به "تمدن بزرگ" آغاز کرده است.

توضیحات صفحات گذشته از آن جهت ضرورت داشت که چنان که قبلاً گفتم می‌باید ملت ایران به درستی با وضع جهان خود و با شرایط و عوامل گوناگونی که بر آن حکم فرماست، آشنا باشد تا بتواند به مقتضای سیاست کلی انقلاب ایران که گام برداشتن در پیشاپیشِ حوادث است، در جریان تلاش سازندهٔ خویش با آگاهی کامل آماده رویارویی با مشکلات و مسائل گوناگونی باشد که خواه ناخواه در این راه در پیش خواهد داشت.

بر اساس چنین آگاهی انقلاب ایران نه تنها انقلابی پیروز است، بلکه اصولاً محکوم به پیروزی است. زیرا این انقلاب سرنوشت ساز است که در عین آینده نگری پیوندی ناگستنی با گذشته دارد و همراه با بهره‌گیری از دستاوردهای دانش و فن بشری، از ارزش‌های اصیل و جاودانی و میراث کهن خویش مایه می‌گیرد. ما فردای شکوه‌مند ایران را بر اساس انقلاب امروز آن پی‌ریزی کرده‌ایم و ایمان داریم که از این راه ملت ایران نه تنها آیندهٔ خود را تضمین می‌کند، بلکه ایفای سهم خویش را در بهبود وضع جهانی نیز- تا آن جا که مربوط به این کشور و ملت است- آگاهانه می‌پذیرد. احساس ما این

است که اصول فکری و عملی این انقلاب نه تنها پاسخگوی نیازهای اساسی جامعهٔ ایرانی است، بلکه می‌تواند پاسخگوی بسیاری از نیازهای مشابه در دیگر جوامع جهان نیز باشد. با این همه هیچ اصراری به اراده سرمشق به دیگران نداریم. زیرا عقیده داریم که هر ملتی در انتخاب راه خویش و یافتن پاسخ‌های لازم به مسائل خاص خود بر اساس اصول و شیوه‌هایی که آنها را برای خویش مناسب‌تر تشخیص می‌دهد، صلاحیت و اختیار کامل دارد.

***

انقلاب ایران یک ضرورت تاریخی بود. برای این که جامعهٔ ایرانی را از صورتی قرون وسطایی به صورت یک جامعهٔ پیشرو و کوشای جهان امروز در آورد. همچنان که کودتای سوم اسفند ۲۴۷۹ [۱۲۹۹ خورشیدی] ضرورتی تاریخی بود. برای این که اصولاً کشور مستقلی به نام ایران در روی نقشهٔ دنیا باقی بماند. بدون چنین کودتایی اساساً از وجود جامعه‌ای حاکم بر سرنوشت خود در این سرزمین اثری نمی‌ماند. ولی بدون انقلاب اجتماعی ایران نیز این جامعه امکانی برای جبران عقب ماندگی همه جانبهٔ خویش از جهان مترقی نمی‌یافت. بنیانگذاری کشوری نو به نام ایران عصر جدید و پی‌ریزی جامعه‌ای نو به نام جامعهٔ پیشرو و انقلابی ایران، دو شرط الزامی برای انتقال تاریخی ملت ما از مرحلهٔ انحطاط به سر منزل پر شکوه "تمدن بزرگ" بود.

طبق برنامه‌ها و پیش‌بینی‌های ما جامعهٔ ایرانی در آخرین دههٔ قرن بیستم به سال ۲۵۵۰ [خورشیدی ۱۳۷۰] پا به دوران این تمدن خواهد گذاشت و با این حساب راهپیمایی تاریخی ملت ایران از

تاریکی به روشنایی و از انحطاط به عظمت، تنها مستلزم گذشت دو ثلث یک قرن، یعنی کمتر از حد متوسط طبیعی عمر یک نسل بوده است. برای یک ایرانی که در روزهای پیش از اسفند ۲۴۷۹ [۱۲۹۹ خورشیدی] در یکی از بدبخت‌ترین و ضعیف‌ترین کشورهای جهان دیده به هستی گشوده، امکان آن وجود دارد که در همین به عنوان یکی از سعادت‌مندترین و پیشرفته‌ترین ممالک دنیا، چشم از جهان فرو بندد.

برای درک بهتر شرایط و عواملی که انقلاب شاه و ملت را در جامعهٔ ایران به وجود آورد، مروری کلی در چگونگی تحول ایران نوین ضروری است. سیر انحطاط تدریجی ولی منظم و بی‌وقفه‌ای که در همه شئون مادی و معنوی حیات ملی ما از آغاز قرن نوزدهم مسیحی شروع شد، تا بعد از جنگ جهانی اول ادامه یافت. در تمام این دوران صد و بیست ساله، ملت ایران مانند یک بیمار مالاریایی نیروی حیاتی خود را ذره ذره از دست داد و هر روز از روز پیش نزارتر و بی‌رمق‌تر شد. به طوری که در پایان نخستین جنگ جهانی دیگر به جز پوست و استخوانی از این بیمار نمانده بود. فاجعهٔ بزرگتر این بود که این تاریک‌ترین دوران انحطاط تاریخ ایران با پر بارترین دوران جهش علمی و اقتصادی جهان غرب و آغاز عصر جدید صنعتی آن مقارن بود و بدین ترتیب هر روز که سپری می‌شد به صورتی نومید کننده فاصلهٔ کشور ما را با ممالک پیشرو غرب بیشتر می‌کرد.

دورنمای وضع ایران در آخرین سال‌های آن دوران تصویر واقعی کابوس وحشتناکی است که شاید حتی نقاشان هنر مدرن نیز که متخصص تجسم آشفتگی‌ها هستند، آن چنان که باید قادر به ارائهٔ آن نباشند. در آن هنگام تقریباً هیچ یک از عناصر سازنده جامعهٔ ایرانی

چه در صورت مادی و چه در چهرهٔ اجتماعی آن نبود که نشان شوم این انحطاط بر آن هویدا نباشد.

از نظر سیاسی مدت‌ها بود که دیگر ایران جز به صورتی تشریفاتی کشوری مستقل به حساب نمی‌آمد. نفوذ دائمی و روزافزون سیاست‌های خارجی و مسابقهٔ آنها در تحصیل منافع بیشتر به سود خود و به زیان ملت ایران در سال ۱۹۰۷ به قرارداد تقسیم ایران به دو منطقهٔ نفوذ روس و انگلیس و در سال ۱۹۱۹ به قرارداد تحت‌الحمایگی ایران توسط انگلستان منجر شده بود. دولت‌های مرکزی چنان ضعیف و متزلزل بودند که حتی در داخل پایتخت کشور نیز قدرت اعمال اختیارات قانونی خویش را نداشتند. در فاصلهٔ پانزده سالهٔ آغاز مشروطیت تا سوم اسفند ۲۴۷۹ [۱۲۹۹ خورشیدی] پنجاه و یک کابینه به روی کار آمد که در سی و سه مورد عمر آنها کمتر از ۱۰۰ روز بود و در چند مورد عمر برخی از آنها حتی به یک هفته هم نرسید.

ارتش و ژاندارمری و پلیس تقریباً وجود خارجی نداشت و بالطبع از امنیت داخلی و خارجی نیز خبری نبود. نیروی نظامی ایران از مشتی سرباز تعلیم نیافته تشکیل می‌شد که در بسیاری موارد معاش خود و خانوادهٔ خویش را از تخم مرغ فروشی یا هیزم شکنی و امثال آن تأمین می‌کردند و بابت حقوق خود، آن هم فقط در مواقعی که چنین امکانی برای دولت وجود داشت، آجر و خشت دریافت می‌داشتند. در ارتش ایران بیش از چند توپ کهنه و چند صد تفنگ مندرس وجود نداشت و روحیهٔ افراد آن نیز در حد اعلای ضعف بود. نیروی قزاق در فرمان افسران روس بود و "پلیس جنوب" که به دست انگلیس‌ها تأسیس شده بود فقط از رؤسای انگلیسی خود دستور می‌گرفت. وقتی که در جنگ جهانی اول با وجود اعلام بی‌طرفی

ایران، این کشور میدان تاخت و تاز روسیه و انگلستان و عثمانی قرار گرفت، تنها نیروی مسلحی که در مملکت وجود نداشت نیروی نظامی خود ایران بود! از نظر امنیت داخلی اختیار راه‌های کشور در دست راهزنان یا عشایر یاغی و اختیار شهرها در دست اوباش یا به اصطلاح چاقو کشان محله‌ها بود. برای رفتن از تهران به مشهد تنها طریق مطمئن مسافرت از راه روسیه بود. بدین ترتیب که مسافران می‌بایست از بابلسر که در آن هنگام به صورت مبدأ این سفر "مشهد سر" نام داشت، دریای خزر را با کشتی‌های مسافری روسی طی کنند و از راه ترکستان روس به مشهد بروند! برای رفتن به خوزستان نیز می‌بایست از راه عثمانی به بین‌النهرین و از آن جا به این منطقه رفت. در سایر راه‌های کشور وضع به هیچ وجه از این بهتر نبود و قتل و غارت مسافران از امور جاری و روزمرهٔ مملکت محسوب می‌شد. در داخل شهرها روال کار طوری بود که حتی در پایتخت کشور مردم پس از غروب آفتاب جرأت بیرون آمدن از خانهٔ خود را نداشتند، زیرا نه تنها اشرار و اوباش، بلکه حتی خود گزمه‌ها و داروغه‌ها نیز خطری برای آنها بودند.

عدم امنیت منحصر به جنبهٔ مادی آن نبود، بلکه از امنیت قضایی و طبعاً از امنیت اجتماعی نیز نشانی دیده نمی‌شد. قانون، کاپیتولاسیون، اتباع خارجی را تحت حمایت خویش داشت و سرنوشت مردم خود ایران نیز نه در محاکم صلاحیت‌دار، که وجود خارجی نداشت، بلکه به میل و ارادهٔ خان‌های عشایری یا اربابان و ملاکان و اشراف و "حکام شرع" که غالباً قانون شرع برای آنان فقط مفهوم دفاع از منافع خصوصی یا دسته جمعی خودشان را داشت، تعیین می‌شد. تنها قانونی که با قاطعیت اجرا می‌شد، قانون تعدی و اجحاف زورمندان نسبت به ضعیفان بود. امنیت اجتماعی حتی به

صورت عنوان سادهٔ آن اصولاً برای مردم ایران ناشناخته بود. در رژیم فئودالی، خان خانی، حد اعلای اختلاف طبقاتی، فقدان قدرت قضایی و بی‌اطلاعی عمومی از حقوق حقهٔ خود، طبعاً انتظار عدالت اجتماعی را حتی در ابتدایی‌ترین و محدودترین صورت آن نمی‌شد داشت.

از نظر اقتصادی، ایران یکی از ضعیف‌ترین کشورهای جهان بود. منابع اساسی ثروت مملکت به موجب امتیازهایی که پادشاهان قاجار به بیگانگان داده بودند، از دسترس ملی خارج شده بود. امتیاز نفت در دست انگلیس‌ها و امتیاز شیلات و امتیازات تجارتی متعدد دیگر در دست روس‌ها بود و حق نشر اسکناس را بانک انگلیس و تا حدی نیز بانک روس در دست داشتند. وضع مالیهٔ مملکت بر اثر فقر عمومی و رکود اقتصادی و عدم امکان وصول مالیات‌ها چنان بود که گاه دولت برای تأمین هزینهٔ شام یا ناهار یک میهمان خارجی ناچار بود پول لازم را از کسبهٔ محل قرض کند. کشاورزی و صنعت ایران وضعی کاملاً قرون وسطایی داشت و بازرگانی آن نیز از همین حد خارج نبود. بهداشت مملکت حتی از وضع قرون وسطایی نیز عقب‌تر بود. فقدان ابتدایی‌ترین شرایط بهداشت عمومی، رواج خانمان سوز مالاریا و حصبه و تراخم و بیماری‌های "بومی" متعدد دیگر که هر چند بار موج‌های وحشتناک وبا و طاعون مزید بر آن می‌شد و قحطی‌هایی که از ترکیب خشکسالی‌ها با بدی وضع کشاورزی و عدم وجود راه‌های ارتباطی پیش می‌آمد، چنان دست مرگ و میر را باز گذاشته بود که حد متوسط عمر افراد به سی سال نیز نمی‌رسید. تلفات کودکان یکی از بالاترین سطوح را در تمام جهان داشت و بدی تغذیه توأم با بدی سایر شرایط بهداشتی زندگی، نژاد ایرانی را که روزگاری نمونه‌ای از نیرومندی و توانایی بود، به سرعت به صورت نژادی فرسوده، ناتوان، بی‌رمق و بیمار در می‌آورد.

به مقتضای آن که فقر و بیماری هرگــز از جـهل جـدا نیسـتند، وضع آموزش و فرهنگ کشور نیز در سـطحی بـود کـه شـاید از نظـر پائین بودن، معادلی در تاریخ ایران نداشت. نسبت با سـوادان احتمـالاً به ۱٪ کل جمعیت نمی‌رسید. مدارس فقط مکتب‌خانه‌هایی بود که بـا روش تدریس قرون وسطایی اداره می‌شد. تنها یک دبیرستان بــه نـام دارالفنون در پایتخت وجود داشت و از مراکز آموزش عالی طبعاً اثـری نبود. زنان و دختران جز به صورت خیلی استثنایی و خصوصی، راهـی به دانش نداشتند. زیرا در آن زمان اصولاً زن جزیی واقعــی از جامعـهٔ ایران محسوب نمی‌شد و نــه تنـها از حـق آمـوزش، بلکـه از بسـیاری حقوق اجتماعی دیگر که ملازم با شرافت انسانی او بود، محروم بود.

مظاهر رایج تمدن مــادی غـرب کـه در آن هنگـام نـه فقـط در کشورهای پیشرفته اروپـا و امریکـا، بلکـه در عثمـانی و هنـد و دیگـر همسایگان ایران نیز تا حد زیادی تعمیم یافته بــود، در ایـران تقریبـاً ناشناس بود. راه آهن، راه شوسه، اتومبیل، برق، تلفن یا وجود نداشـت و یا کاملاً در حکم یک تجمل بود.

همهٔ این کمبودهای مــادی و معنـوی بـا فراوانـی کـامل فسـاد، ارتشاء، دروغ، نفاق، تفرقه، تریاک و انـواع خرافـات همـراه بـود. اینـها عناصر یک استراتژی کلی با هدف تثبیت عقب مـاندگـی ملـت ایـران بودند کــه در اجـرای آن، سیاسـت‌های اسـتعماری خـارجی و منـافع مشترک مقامات حاکمهٔ کشور و خان‌ها و بسیاری از ثروتمندان بزرگ به طور عمد و جهل و ناتوانی و بی‌خبری مردم به صورتــی غـیر ارادی دست به هم داده بودند. نیروهای ارتجاعی که مثل همیشه و همه جـا با هر تحول مثبتــی در وضع اجتمـاع مخـالفت دارنـد، امکـان عمـل نامحدود داشتند. نوکری بیگانه و سرسپردگی به قدرت‌های "صـاحب"

و جاسوسی برای خارجی، تدریجاً به صورت مزیتی در آمده بود و هـر کسی نمی‌توانست به آسانی افتخار آن را داشته باشد.

مجموع این عوامل بدبختی و ضعـف و پریشـانی، تکرار پیاپی تحقیرها و شکست‌های ملی، رواج روزافزون بیـدادگری و تبعیض و دروغ، فساد و پستی دستگاه حاکمه، قدرت بی‌چون و چرای بیگانگان و سرسپردگان آنان، سرانجام آن نتیجه‌ای را به بـار آورده بـود کـه از دیدگاه استعماری کمال مطلوب برای تضمین اسارت یک کشور اسـت و "احساس حقارت" نام دارد. با تعمیم چنین احساسی، هر ملتـی بـه آسانی غرور ملـی و عـزت نفـس و شـرافت انسانی خـود را از دسـت می‌دهد و در نتیجه هر ظلمی را که بدو وارد شود، به صورت خواسـت سرنوشت، بدون ابراز واکنشی می‌پذیرد. وقتی که یک اجتمـاع بدیـن مرحلۀ روانی پا گذارد، زوال آن قطعی و اجتناب ناپذیر اسـت. درسـت مانند قطعی بودن مرگ بیماری که اصولاً ارادۀ زنده ماندن را از دست داده باشد.

* * *

این تصویر کلی دورنمای وضع ایران در شب سوم اسـفند ۲۴۷۹ [۱۲۹۹ خورشیدی] بود که مقدر بود همراه با سپیده‌دم آن، ایران نــو زندگی خویش را آغاز کند.

می‌توان در عالم اندیشه در نظر مجسـم کـرد کـه در آن بـامداد سرنوشت، تاریخ ایران از ورای سال‌ها و قرن‌های گذشته خـود شـاهد چه فاجعه‌ای، آن هم با چه ابعادی و در چه مقیاسـی بـود کـه شـاید حتی برای خود این تاریخ که قدم به قدم با آن همراه بود، باور کردنی نبود!

کشوری که در آن بامداد به صورت گوشه‌ای خاموش و تاریک از جهان پر جوش و خروش قرن بیستم در برابر دیدگان تاریخ بود، همان سرزمینی بود که روزگاری فروغ اندیشهٔ آفرینندهٔ مردم آن تاریکی‌ها را به پیکار می‌طلبید و آن ویرانه‌ای که جولانگاه ناتوانی و فساد بود، همان مرز و بومی بود که تمدن و فرهنگی با تار و پود زرین نیرومندی و پاکی در آن پا گرفته بود. این مردمی که گویی همهٔ نیروهای اهریمنی دست به هم داده بودند تا آنان را به پذیرش زبونی و پریشانی وا دارند، بنیان‌گذاران همان کاخ استوار تمدن آریایی بودند که در آن جز شکوه سرفرازی و آفرینندگی راهی نداشت.

این دگرگونی شگرف، این فراز و نشیب باور نکردنی، بی‌گمان فاجعه‌ای بسیار بزرگ بود و با این همه از نظرگاه تاریخ فرمان مرگ این ملت نبود. زیرا این ملتی است که اصولا نمی‌تواند بمیرد و ارزش‌های جاودان روح و اندیشه آن نیز نمی‌تواند حتی در بدترین شرایط، نیروی زندگی خویش را از یاد ببرد.

بدین ترتیب بود که یک بار دیگر معجزه آسا تاریخ ایران ورق خورد و دوران تازه‌ای در حیات ملی ما آغاز شد.

این دوران از نخستین روز خود مظهر تلاشی پی‌گیر و بی‌وقفه در دو راه هم‌آهنگ شد: یکی راه سازندگی مادی کشور، یعنی امور عمرانی و صنعت و اقتصاد و پیشرفت‌های علمی و فنی و دیگری راه رستاخیز روحی و اخلاقی ملی، یعنی طرد همهٔ عناصر فکری منفی و ویران گذشته و پی‌ریزی زیر بنای روحی تازه‌ای که صرفاً بر سازندگی و آفرینندگی استوار باشد.

پیشرفت‌های سالیان نخستین این تلاش طبعاً نمی‌توانست آهنگی تند داشته باشد، زیرا این سازندگی از صفر و حتی از پایه‌هایی منفی آغاز شده بود. یک دوران آشفته دوازده ساله نیز که از اواسط

جنگ جهانی دوم شروع شد و جریان حوادث جهان آن را به ما تحمیل کرد، قسمت اعظم از آن چه را هم که انجام شده بود، نقش بر آب کرد.

آشفتگی و پریشانی همه جانبه‌ای که این جنگ تحمیلی برای ما به ارمغان آورد اصولاً موجودیت ملی ما را در خطر نابودی قرار داد. ورشکستگی اقتصادی، نا امنی و هرج و مرج، فعالیت خانه برانداز ستون پنجم بیگانگان، اعمال نفوذ آشکار خارجی در کوچک‌ترین امور کشور و سرانجام کوشش برای تجربهٔ آذربایجان که تا سر حد موفقیت رسید و پیشنهادهای محرمانه برنر و بوین، وزیران خارجهٔ امریکا و انگلستان در مسکو به استالین و مولوتف در مورد ایجاد سه بخش خودمختار آذربایجان و کردستان و خوزستان در ایران که استالین در ادامهٔ سیاست خود مبنی بر استیلا بر تمام ایران آنها را نپذیرفت، همه از مظاهر اهریمنی این دوران بود. شاید تلخ‌ترین قسمت این ماجرای شوم، نقشی بود که سر سپردگان ایرانی قدرت‌های بیگانه در اجرای این نقشه‌ها، که نوع تازه‌ای از نقشه سال ۱۹۰۷ در تقسیم ایران بود، به عهده داشتند. در اجرای این نقش، نه تنها حزب توده علناً عامل تجزیهٔ آذربایجان و دیگر مناطق بود، بلکه حزب ایران نیز که ادعای ملی بودن داشت، با پیشه‌وری، مأمور رسمی اجرای این نقشه در آذربایجان ائتلاف کرد و جالب این است که در طول این ماجرا کمترین صدای اعتراضی از مصدق و دستیاران او، که بعداً آن همه ادعای وطن پرستی و دفاع از منافع ملی کردند، بر نخاست و اصلاً معلوم نبود که این عده کجا هستند. زیرا اربابان خارجی در آن هنگام چنین دستوری بدانان نداده بودند. در عوض در آخرین روزهای حکومت مصدق، جبههٔ ملی و حزب توده عملاً یکی شدند، زیرا در آن موقع خواست این اربابان چنین بود. این سازش شوم، در هر زمان و

به هر ترتیب که اتفاق بیفتد، جز بازتابی از سازش سیاست‌های خارجی علیه منافع ایران نیست.

با قیام ۲۸ امرداد ۲۵۱۲ [۱۳۳۲ خورشیدی] وضع کشور بار دیگر به مجرای صحیح خود بازگشت و مقدمات دوران جهش بزرگ فراهم گردید. در این دوران هر دو برنامۀ سازندگی مادی و سازندگی معنوی کشور با آهنگی که شاید قاطع‌تر از آن ممکن نبود، ادامه یافت و طبعاً ادامه نیز خواهد یافت تا پیوستن این دو مسیر در اوج نیرو و شکوه‌شان، پیام‌آور آغاز عصر تمدن بزرگ ایران گردد.

***

این سیر بی‌وقفه ایران نوین در راه پیشرفت چنان که گفته شد با قیام ملی ۲۸ امرداد ۲۵۱۲ [۱۳۳۲ خورشیدی] آغاز شد و از ششم بهمن ۲۵۲۱ شاهنشاهی [۱۳۴۱ خورشیدی] پا به مرحلۀ قاطع خود گذاشت. رستاخیز ۲۸ امرداد ملت ما را که در مسیر رویدادی تحمیلی، از راه اصلی خود دور می‌شد، به مسیر اصیل و تاریخی خودش باز گردانید و انقلاب ششم بهمن مرحلۀ تازه‌ای را در این مسیر فراروی ملت ایران گذاشت. مدت کوتاهی که از آن تاریخ می‌گذرد کافی بوده است تا اساس نظام کهنه شده جامعۀ ایرانی را که به هیچ رو با مقتضیات عصر نو سازگار نبود، به کلی دگرگون کند و همراه با پی‌ریزی نظامی نوین و مترقی تمام آثار و مظاهر منفی و مخرب گذشته را از میان بر دارد و عوامل مثبت و سازنده‌ای را که پدید آورندۀ ایران نو هستند، جایگزین آنها سازد.

انقلاب بنیادی ایران که هرگز متوقف نمی‌شود و به همین جهت شش اصل نخستین آن اکنون به نوزده اصل رسیده است، در مدت

پانزده سال کشور ما را از نظر ضوابط پیشرفته اجتماعی در صفوف مقدم کشورهای مترقی جهان قرار داد. دموکراسی پیشرو سیاسی با دموکراسی اقتصادی و اقتصاد دموکراتیک ترکیب شد و عدالت اجتماعی عدالت قضایی را تکمیل کرد. وحدت ملی به صورتی قاطع اعاده گردید و تفرقه و پراکندگی جای خود را به پیوستگی استوار ملی داد. امنیت در نیرومندترین مفهوم آن به کشور بازگشت. نیروی دفاعی ما بدل به یکی از مجهزترین ارتش‌های جهان شد. نهضت سازندگی و آبادانی شرق تا غرب و شمال تا جنوب مملکت را فرا گرفت. صنعت و کشاورزی و بازرگانی کشور چنان رونق یافت که رشد اقتصادی سالانه ایران در اولین مقام جهانی قرار گرفت. سیستم فئودالی و مالکیت‌های بزرگ جای خود را به مالکیت کشاورزان آزاد و تعاونی‌های کشاورزی و شرکت‌های سهامی زراعی داد. کارگران ایران مشمول مترقی‌ترین قوانین کارگری جهان شدند. هم صاحب سهم کارخانه و هم به اشکال مختلف تا ۲۰٪ سهیم در منافع کارخانه گردیدند. پوشش آموزش و پرورش جامعهٔ ایرانی را در بر گرفت و جهاد پیکار با بی‌سوادی تا دور افتاده‌ترین روستاهای کشور گسترش یافت. زنان ایرانی با برخورداری از حقوق کاملاً مساوی با مردان پا به صحنهٔ اجتماع ایران گذاشتند. شبکهٔ پیشرفته بهداشت در خدمت سراسر شهرها و روستاها در آمد. منابع اساسی ثروت مملکت از راه ملی شدن در اختیار همهٔ مردم قرار گرفت و حاکمیت کامل و مطلق ملی بر منافع اقتصاد مملکت برقرار شد. ارتجاع و بیگانه پرستی برای همیشه سرکوب گردید و همراه آن دفتر خرافات و فساد نیز بسته شد. فرهنگ ملی شکوفایی خود را بازیافت و ارزش‌های جاودانی تمدن ایران دیگر باره به درخشش در آمد. اصل عدم تمرکز و مشارکت عمومی اساس نظم اجتماعی ایران نوین قرار گرفت.

دولت‌های لرزان و ناتوان جای خود را به دولت‌های پایدار و مجری نیرومند قوانین دادند. سازمان حزبی پیشرو و مجهز رستاخیز ملت ایران، به صورت یک حزب مترقی و فعال به وجود آمد. سیاست مستقل ملی ایران همراه با تضمین منافع بین‌المللی کشور، حیثیت و مقام جهانی ما را به عالی‌ترین سطح بالا برد و در پرتو همهٔ این پیروزی‌ها، احساس حقارت، شوم و ویرانگر، جای خود را به غرور ملی، به سر بلندی و اعتماد، به ارادهٔ سازندگی و آفرینندگی، به بلند پروازی و آینده نگری داد.

ایران امروز

جامعهٔ نوین ایران که از پانزده سال پیش پی ریزی شده است بر سه پایهٔ نظام شاهنشاهی، قانون اساسی و انقلاب شاه و ملت استوار است و هر یک از این سه رکن بنیادی، شئون مختلفی از حیات ملی و از سیر تکامل جامعهٔ ایرانی را رهبری می‌کند.

نظام شاهنشاهی ایران ضامن استواری وحدت ملی، قاطعیت قدرت فرماندهی، نیرومندی نظامی، استقلال سیاسی و نقش بارز جهانی کشور ماست. قانون اساسی ایران ناظر بر نظم دموکراتیک کشور و ضامن حقوق مدنی و سیاسی و قضایی همهٔ افراد ایرانی است. انقلاب شاه و ملت، زیر بنای تحول اجتماعی و اقتصادی همه جانبه‌ای است که از راه استقرار و گسترش عدالت اجتماعی و دموکراسی اقتصادی و اقتصاد دموکراتیک، مسیر پیشرفت جامعهٔ نوین ایرانی را تعیین و هدایت می‌کند.

مهم‌ترین خصیصهٔ این انقلاب این است که از هیچ چیز به جز مصالح ملی و ارزش‌های ایرانی و نیازهای اجتماعی جامعهٔ ایران مایه نگرفته و در طراحی اصول آن هیچ ایدئولوژی بیگانه ملاک کار نبوده است. زیرا از نظر انقلاب ما ایدئولوژی یک کالای وارداتی نیست و اصولی که به نام کاپیتالیسم و سوسیالیسم و مارکسیسم و ده‌ها "ایسم" دیگر در جوامع مختلف جهان به مقتضای شرایط و روحیات و یا نیازهای خاص آن جوامع وضع شده‌اند، نمی‌توانند جوابگوی نیازها و روحیات و شرایط کشور ما نیز باشند. برای ما قابل تصور و قابل قبول نیست که یک جامعه مانند حیوانات آزمایشگاهی که برای درک اثر داروهای ساخت لابراتورها مورد امتحان قرار می‌گیرند، مورد

آزمایش سیستم‌ها و مرام‌های پیش ساختهٔ سیاسی یا اجتماعی و یا اقتصادی قرار گیرد. وانگهی اصالت اندیشهٔ ایرانی در زمینهٔ ارائه راه حل ایرانی برای مسائل ایرانی، اصولاً نیازی به افکار وارداتی ندارد.

انقلاب ایران با برخورداری از همین امتیاز اساسی که خود را در چهار دیواری هیچ اصول خشک و ثابت مرامی محصور نکرده است، از آغاز نیرویی پر تحرک و پویا بوده است. یعنی جنبشی بوده است که پیشروی آن وقفه بردار نیست و نمی‌تواند نقطه‌ای را به نام نقطهٔ کمال بشناسد و در مرحله‌ای معین پایان مسئولیت تاریخی خود را اعلام کند. اصول این انقلاب جز در ارکان بنیادی آن همواره آماده توسعه و تکامل و حتی دگرگونی است تا در هر صورت و به هر هنگام بتواند بهترین پاسخگوی مصالح و نیازهای جامعهٔ ایرانی باشد. طراحی این اصول در جنبهٔ کاملاً انقلابی آنها با واقع بینی یعنی درک آگاهانهٔ نیازهای اساسی جامعهٔ نوین ایران و پیدا کردن راه‌های مشخص و قاطع برای جوابگویی بدین نیازها توأم بوده است. بدین جهت اجرای اصول انقلاب غالباً مستلزم دگرگونی‌هایی ژرف و اصولی در ساختمان کهن اجتماعی ایران بود. آن چه در مورد اصلاحات ارضی و امور کار و کارگری و منابع طبیعی و نظایر آن در کشور ما انجام گرفت، با حفظ روح دموکراتیک این اصلاحات، جنبه‌ای چنان انقلابی داشت که تحقق آن حتی در ابعادی بسیار محدودتر در کشورهای متعدد جهان با همهٔ کوشش‌هایی که در این راه صورت گرفت، ممکن نگردید.

وجه امتیاز خاص این انقلاب این بود که به خلاف سایر انقلاب‌ها، از طرف یک اقلیت به اکثریت تحمیل نشد، بلکه درست به عکس، اکثریتی بزرگ آن را به اقلیتی کوچک ولی متنفذ تحمیل کرد. این امر از راه اعلام آزادانهٔ رأی اکثریت تحقق پذیرفت و با مشارکت همان اکثریت شکل گرفت و ادامه یافت. بدین ترتیب

دموکراسی سیاسی یعنی حکومت اکثریت بر اساس ارادهٔ اکثریت، از همان آغاز جزء بنیادی انقلاب ایران بود، نه آن که اصلی باشد که در ابتدا به خاطر مصلحت انقلاب، نفی شود تا بعداً موقع مطرح شدن آن برسد.

روح و فلسفهٔ این انقلاب این بود که هم‌آهنگ با اجرای برنامه‌های وسیع اقتصادی و افزایش روزافزون ثروت و درآمد ملی بیشترین تعداد ممکن از افراد مملکت در بهترین شرایط ممکن از این پیشرفت بهره‌مند گردند، بی‌آن که از این راه به حقوق و آزادی‌های فردی آنان لطمه‌ای وارد آید. تحقق این هدف ایجاب می‌کرد که دموکراسی سیاسی به جای آن که مانند گذشته به اقلیت محدودی منحصر شود و وسیله‌ای برای استثمار اکثریت گردد، از راه ترکیب با دموکراسی اقتصادی و با اقتصاد دموکراتیک از یک استخوان بندی محکم و سالم اقتصادی و اجتماعی برخوردار شود و همین طور هم شد. یعنی بزرگ‌ترین جهش صنعتی و اقتصادی تاریخ ایران و همهٔ دستاوردهای شگرف آن با وضع و اجرای مترقی‌ترین قوانین کار و کشاورزی و دیگر قوانین مربوط به سایر اصول انقلاب هم زمان گردید. با پایان دوران استثمار فرد توسط فرد، نظام اجتماعی کشور بر پایه‌ای کاملاً سالم استوار شد و این سلامت اجتماع را اجرای اصول آموزشی، بهداشتی، عمرانی، قضایی و اداری انقلاب در همهٔ زمینه‌ها تکمیل کرد.

اکنون دموکراسی سیاسی و اجتماعی و اقتصادی ایران بر پایهٔ این نظم نوین استوار است و به همین جهت می‌توانیم آن را یک دموکراسی کاملاً سالم بنامیم. این دموکراسی همانند ایدئولوژی پی ریزی نشده است، بلکه صرفاً از شرایط و مقتضیات مادی و معنوی جامعهٔ ایرانی مایه گرفته است. به همین دلیل جای شگفتی نیست

اگر بعضی از ضوابط آن مورد پسند افراد یا گروه‌های مختلفی از دیگر نقاط جهان قرار نگرفته باشد.

در دموکراسی ما آزادی کامل فردی با نظم و انضباط کامل اجتماعی توأم است. هر فرد ایرانی از پیشرفته‌ترین حقوق سیاسی و اقتصادی و اجتماعی برخوردار است. ولی متعهد است که همین حقوق را برای دیگران نیز به طور کامل محترم شمارد. در دموکراسی ایرانی امکان هر تلاش سالم و سازنده و بهره‌گیری مشروع از دستاوردهای آن برای هر فردی به حداکثر وجود دارد. ولی امکان نادرستی و ثقلب و استثمار وجود ندارد. امنیت هر کسی تضمین شده است. اما اجازهٔ تخطی به امنیت دیگران نیز به کسی داده نمی‌شد. دموکراسی ایران، دموکراسی آزادی‌ها و حقوق مشروع سیاسی و اقتصادی و اجتماعی است، اما دموکراسی هرج و مرج نیست. به طریق اولی دموکراسی خراب‌کاری و احیاناً خیانت نیز نیست.

مفهوم این گفته این است که در ایران امروز اخلال و کارشکنی در پیشرفت امور کشور قابل قبول و قابل گذشت نیست. بنابر این عده‌ای فریب خورده یا مغرض و یا دیوانه، از آن قماش افرادی که در بسیاری از کشورهای پیشرفته نیز وجود دارند و متأسفانه یک نوع "بین‌الملل خراب‌کاری" را تشکیل می‌دهند، در این کشور پروانهٔ کار ندارند. این افراد که یا فطرتاً نادان و بی‌منطق هستند، یا با شستشوی مغزی گمراه شده‌اند و یا بیماری روانی دارند، به بهانهٔ "ایدئولوژی"های احمقانه‌ای مانند مارکسیسم اسلامی، که درک جنبهٔ مضحک چنین ترکیب غیر ممکنی حتی برای یک کودک دبستانی نیز آسان است، بر ضد وطن خودشان، و طبعاً به نفع دیگران، دست به خراب‌کاری و گاه آدم کشی می‌زنند و اخلال در هر کوشش مثبت و سازنده‌ای را "وظیفه قهرمانی" خویش می‌شمارند. البته تلاش‌های

این افراد، خواه احمقانه و خواه خائنانه، در مقابل نیرومندی و پویایی نظام پیشرو و سازندهٔ کنونی کشور، به قدری بی اثر است که هیچ نگرانی واقعی را ایجاد نمی‌کند، ولی وجود چنین افرادی که در بیست و پنج سالگی رفتار بچه‌های دو سه ساله را داشته باشند، برای جامعه‌ای که شاهد روئیدن چنین علف‌های هرزه‌ای است، خود به خود مایهٔ تأسف است.

این دموکراسی پیشرو ولی با انضباط در عین آن که اجازهٔ خرابکاری و خیانت به کسی نمی‌دهد، اجازهٔ تلاش‌های ارتجاعی و قهقرائی نیز نمی‌دهد. زیرا که زیان منفی بافی و کارشکنی در سیر پیشرفت اجتماع کمتر از زیان خیانت و خرابکاری نیست و در پیشگاه مصالح واقعی ملت ایران، پیروان این هر دو راه به یک اندازه گناه دارند. جالب این است که به همین دلیل تقریباً همیشه بین این دو قطب مخالف یک "اتحاد نامقدس" شوم پدید می‌آید که تنها انگیزهٔ وجودی آن اشتراک منافع در جلوگیری از پیشرفت سالم جامعه است. و همین منافع مشترک است که ترکیب نامتجانس و باور نکردنی "مارکسیسم اسلامی" را میان منکران وجود خداوند و طرفداران ادعایی اصول مذهبی به وجود می‌آورد. هر چند که "آزادی خواهی انقلابی" دستهٔ اول همان قدر از آزادی واقعی و از انقلاب اصیل فاصله دارد که "مسلمانی" مورد ادعای دستهٔ دوم از روح و معنی اسلام به دور است!

***

ما اکنون در پیشبرد برنامه‌های سازندگی صنعتی و اقتصادی و اجتماعی کشور خویش، اتکاء اساسی به درآمدهای نفتی خود داریم

که در حال حاضر به حدود بیست و سه میلیارد دلار در سال بالغ می‌شود ولی طبق برآوردهایی که به عمل آمده است منابع نفتی ایران بین ۲۰ تا ۳۰ سال دیگر به پایان خواهد رسید و در آن هنگام کشور ما در حدود شصت و پنج میلیون نفر جمعیت خواهد داشت. مفهوم این سخن این است که در آن موقع ما با قیمت‌های ثابت امروز دو برابر درآمد کنونی نفت را لازم خواهیم داشت تا وضع موجود را حفظ کنیم. ولی هدف ما طبعاً حفظ سطح زندگی کنونی نیست و مسلماً می‌خواهیم سطح زندگی ملی را بالاتر ببریم و این درست موقعی خواهد بود که نفت ما تمام شده است.

با آهنگ رشد جمعیت کشور ما ناچار خواهیم بود در آینده‌ای بسیار نزدیک هر ساله دست کم یک میلیون شغل تازه ایجاد کنیم. تصدی هر یک از این مشاغل، مستلزم بازدهی کار است. زیرا گسترش برنامه‌های سازندگی کشور و فوریت آنها طوری است که اجازهٔ سهل‌انگاری و کندی را در انجام هیچ وظیفه‌ای به هیچ فرد ایرانی نمی‌دهد. توجه کامل بدین مسئولیت و آمادگی همه جانبه برای ایفای آن شرط اساسی تصدی هر شغلی از جانب هر جوان ایرانی است.

تذکر این نکته نیز لازم است که تضمین پیشرفت ما نه تنها یک وظیفهٔ ملی است، بلکه در عین حال وظیفه‌ای است که جامعهٔ ما در صحنهٔ جهانی به عهده دارد. موقعیت جغرافیایی خاص ایران چنان حساس و حیاتی است که اگر ما در مدتی معین به سطح معینی از ترقی نرسیم، ممکن است ثبات و استحکام همهٔ این منطقه از جهان در معرض تهدید قرار گیرد. ما با پیروی از دید دنیایی خود و بر اساس رسالت بشری خویش در برابر تاریخ و آیندهٔ خودمان و تمام

جهان در این باره متعهد هستیم و این الزام زمان است که سیر درنگ ناپذیر ما را به سوی پیشرفت ایجاب می‌کند.

***

انقلاب فراگیر و همه جانبه‌ای که به صورت بزرگ‌ترین تحول اجتماعی ایران از پانزده سال پیش در این کشور آغاز شد، بر پایهٔ ایفای همین رسالت ملی و رسالت جهانی طرح ریزی و اجرا گردید. این انقلابی بود که شرایط ناسالم اجتماعی را که مانع هر کار مثبت و سازنده بود، از میان برد و زمینه‌ای سالم برای بروز آزادانهٔ همهٔ استعدادها و امکانات و برخورداری شرافتمندانه و عادلانهٔ عموم افراد ملت ایران از حاصل کار و دسترنج خویش فراهم ساخت.

با این انقلاب کار برای همیشه جنبهٔ استثماری خود را در جامعهٔ ایرانی از دست داد و شرافت ذاتی و انسانی هر فرد در هر شغل تثبیت شد. هر ایرانی خود را عمیقاً انسان شایسته‌ای احساس کرد که در عین برخورداری از همهٔ مواهب عدالت اجتماعی، حقوق بشری و آزادی‌های فردی او نیز پای برجا مانده است.

انقلاب ایران، دموکراسی سیاسی را که ضامن حقوق افراد بر اساس قانون اساسی است، با برخورداری عمومی از حقوق پیشرفتهٔ اجتماعی و اقتصادی تکمیل کرد. فلسفهٔ اقتصاد دموکراتیک و دموکراسی اقتصادی ما بر این دو اصل اساسی تکیه داشت که از یک سو بیشترین تعداد ممکن از افراد مملکت از رفاه مادی بزرگ بهره‌مند شوند و از سوی دیگر در عین این بهره‌وری حقوق فردی همهٔ آنها اعم از کشاورز و کارگر و صاحبان مشاغل اداری یا خصوصی و مدیران و روشنفکران و به طور کلی تمام افرادی که در ساختن ایران آباد و

پیشرفتهٔ فردا سهیم هستند، محفوظ بماند و مطلقاً راهی برای استثمار کسانی که شرافتمندانه کار می‌کنند، وجود نداشته باشد.

در تأمین این اصل کلی تجدید نظری اساسی و انقلابی در معیارها و موازینی که جامعهٔ ایرانی در وضع کهنه شده و عقب مانده این اجتماع بر آنها متکی بود، انجام گرفت و بنیاد نوین این جامعه بر پایه‌ای نهاده شد که پنج اصل کلی عدالت اجتماعی یعنی برخورداری همهٔ افراد جامعه از حد ضروری غذا، پوشاک، مسکن، بهداشت و آموزش را تضمین کند و حداقل درآمد فردی را به میزانی برساند که او را به تأمین این نیازهای اساسی خود و خانواده‌اش قادر سازد.

مفهوم دموکراسی در اصیل‌ترین صورت آن و در مفهوم لغوی این کلمه از وضع مردم کوچه و بازار سرچشمه می‌گیرد. این مردم کاملاً حق دارند که همراه با حقوق سیاسی خود برای حقوق اقتصادی و اجتماعی خویش نیز تضمین بگیرند. زیرا برای انسانی که با گرسنگی و فقر و بیماری و جهل دست به گریبان است، آزادی سیاسی یک نوع تجمل بیش نیست.

بر این اساس بود که دموکراسی اجتماعی و دموکراسی اقتصادی و اقتصاد دموکراتیک ایران تحقق یافت و اصلاحات بنیانی به صورت دو پایهٔ اصلی انقلاب ایران در زمینهٔ مالکیت ارضی و در زمینهٔ امور کار و کارگری صورت گرفت. از طرف دیگر مفهوم دموکراسی اجتماعی این بود که آن مواهب طبیعی که انسان در تولیدشان دخالتی نداشته و کوششی نکرده است، از قبیل جنگل‌ها، مراتع، آب‌ها و رودخانه‌ها و مواد معدنی اساسی مانند آهن و مس و نفت و نظایر آن، در تملک خصوصی نباشد. بلکه به نفع پیشرفت و رفاه همهٔ جامعه مورد بهره‌برداری قرار گیرند.

در ضمن دموکراسی اقتصادی و اقتصاد دموکراتیک ایجاب می‌کرد که دولت به عنوان نماینده و مدافع جامعه در هم‌آهنگی و ادارهٔ تولید ملی نقشی اساسی ایفاء کند. نظام نوین جامعهٔ ایرانی، سرمایه‌داری صرف را رد می‌کرد و در عین حال نقش مولد بخش خصوصی را در رشته‌های صنعت و بازرگانی و کشاورزی و سایر زمینه‌های تولیدی نه تنها محفوظ نگاه می‌داشت، بلکه مورد حمایت و تشویق قرار می‌داد. زیرا مفهوم دموکراسی اقتصادی در ایران پیشرو امروز این است که در چهارچوب رعایت قوانین حاکم بر شرایط کار و اقتصاد، به تعداد هر چه بیشتری کارفرمای مستقل، اجازهٔ ادارهٔ مؤسسات تولیدی و بازرگانی را بدهد.

همهٔ اینها اصولی بود که طرح ریزی مواد مختلف انقلاب شاه و ملت مورد توجه قرار گرفت و در هر مورد با وضع و اجرای یک یا چند اصل از اصول انقلاب بدین نیازهای حیاتی جامعهٔ ایرانی پاسخ داده شد.

***

طرح ریزی این انقلاب کاری ناگهانی یا شتاب‌آمیز نبود. بلکه این طرحی بود که در طول سالیان دراز در روح و اندیشهٔ من مایه گرفته بود. تجارب تلخ و عبرت‌انگیز سال‌های ملالت بار پس از جنگ، بررسی تحولات جهانی، تحلیل و تجزیهٔ مرام‌ها و تئوری‌های مختلفی که در دیگر جوامع مورد آزمایش قرار گرفته بود، تعمق در اصول و موازین استوار تمدن و فرهنگ ایرانی، همهٔ اینها در من این اعتقاد راسخ را پدید آورده بود که تجدید حیات جامعهٔ ایرانی، نیازمند یک

دگرگونی بنیادی و انقلابی در تمام جهات اجتماعی و اقتصادی این جامعه است.

این درست همان کاری بود که انجام گرفت و نظیر آن چه از نظر کمیت و چه از لحاظ کیفیت در تاریخ ایران سابقه نداشت، انقلابی بود که برخلاف بسیار انقلاب‌های دیگر همهٔ طبقات و افراد یک جامعه از آن بهره‌مند شدند. ثمرات این انقلاب مالک و کشاورز، کارفرما و کارگر، شهری و روستایی، جوان و پیر، زن و مرد، مادر و کودک، روشنفکر و بی‌سواد و به طور کلی فرد فرد افراد ایران را در بر گرفت و از همین جهت بود که مشارکت وسیع و همه جانبهٔ مردم در تمام سطوح پیشرفت مادی و معنوی مملکت به صورت وجه مشخص این انقلاب در آمد.

این مشارکت، تعهد عمومی مردم مملکت به ویژه نسل جوان به جهاد برای بازسازی کشور است و این گویاترین جنبهٔ اصالت این نهضتی است که علیرغم ماهیت انقلابی آن تمام اصلاحات و تحولاتش در چهارچوب حفظ آزادی‌های فردی و اجتماعی صورت گرفته است.

وجه ممیز دیگر این انقلاب این است که در اصول مختلف آن، که اکنون شمارهٔ آنها به نوزده رسیده است، به تمام مسائل انسانی، اجتماعی، اقتصادی، قضایی، صنعتی، کشاورزی، فرهنگی و غیره توجه شده است. راز این ماهیت فراگیر در این است که انقلاب شاه و ملت، انقلابی مستمر و پویا و برخوردار از تحرک و از نوجویی دائم است. هر نظر سازنده و مثبت و مکمل انقلاب که ارائه شود و واقعاً مفید تشخیص داده شود، حتی اگر مستلزم تعویض یا تعدیل اصولی از انقلاب، به غیر از اصول بنیادی آن باشد، از طرف من پذیرفته می‌شود. زیرا این انقلابی است که باید همیشه چند قدم از

پیش‌آمدهای آینده جلوتر باشد تا هیچ حادثه غیر منتظره و هیچ تحول و تغییر سیاسی یا اجتماعی و یا اقتصادی این مملکت را غافل گیر نکند. حتی موردی هم پیش نیاید که ما قبلاً آن را پیش‌بینی نکرده و در بارهٔ آن تصمیم لازم نگرفته باشیم.

انعطاف پذیری انقلاب ما راهگشای پیروزی آن است. زیرا تجربه به ما نشان داده است که هر تحول انقلابی دیگری وقتی که در چهارچوب انعطاف ناپذیری اصول ثابت، به هر صورت و در هر ترکیب محصور شده باشد، پس از مدتی خود به خود قابلیت هماهنگی خویش را با الزامات و نیازهایی که پیش می‌آید، از دست می‌دهد و دیگر نمی‌تواند پاسخگوی شرایط تازهٔ آن اجتماع باشد.

یک خصیصهٔ بنیادی دیگر انقلاب ما، تطبیق دائم آن با ارزش‌ها و مواریث مدنی و فرهنگی خاص ایرانی است. شاید این امتیاز حاصل بلوغی باشد که در نهاد ایرانیان وجود دارد و بدانان امکان می‌دهد که از کلیهٔ پیشرفت‌های علمی و صنعتی جهان مترقی برای برخورداری از رفاه مادی و دست‌آوردهای زندگی نوین استفاده کنند، بی‌آنکه روح خویش را در اختیار شیطان تکنولوژی قرار دهند و بی‌آنکه به دام آن گمراهی و سرگشتگی غم‌انگیزی بیفتند که امروزه دامنگیر نسل جوان بسیاری از جوامع دیگر جهان شده است و از آن عادتاً به صورت شکاف نسل‌ها، نام می‌برند. هر چند که چنین مسئله‌ای برای ما ناآشناست، زیرا با سازمان اجتماعی سنتی و حاضر ما سازگار نیست.

امیدوارم در آینده نیز بتوانیم هم‌چنان با حفظ فضائل و ارزش‌های تمدن ایرانی با اتکاء به هویت ملی خود و با پشتوانهٔ غنای روحی و میراث فرهنگی خویش، از انحرافات و سرگشتگی‌های نسل جوان خود جلوگیری کنیم. این امر مستلزم حفظ پیوند استوار انقلاب ما با تمدن و فرهنگ ملی است. این امتیازی است که وارثان تمدن‌ها

و فرهنگ‌های اصیل دارند و اگر ما پیام پر شکوه و معنوی این میراث کهن را همواره در گوش داشته باشیم، هم چنان توازن پیشرفت‌های همه جانبه مادی را با ارزش‌های انسانی و اخلاقی جامعهٔ ایرانی حفظ خواهیم کرد.

***

وقتی که اصول انقلاب ایران توسط من اعلام شد، جنبهٔ دگرگون کننده و بنیادی آن حتی بسیاری از کسانی را که در نیک اندیشی و صداقت‌شان تردیدی نبود، به هراس افکند. برخی از مشاوران من خیرخواهانه متذکر شدند که اتخاذ چنین راه حل‌های انقلابی کشور را به تباهی خواهد کشید و نیروی سازندگی و ابتکارات ثمر بخش را از میان خواهد برد. گروهی از اقتصاددانان نیز پیش‌بینی کردند که به زودی سرمایه‌ها از کشور فرار خواهند کرد و سرمایه‌گذاری در امور تولیدی متوقف خواهد شد. برخی هم که این بار چندان حسن نیت نداشتند، غیبگویی کردند که ایران به سوی کمونیسم خواهد رفت. ولی آن چه در عمل روی داد درست عکس همهٔ این پیش‌بینی‌ها و غیبگویی‌ها بود. ایران از راه انقلاب به سوی ورشکستگی نرفت، بلکه به سوی شکوفایی اقتصادی بی‌سابقه‌ای رفت که پویایی آن حتی نو اندیش‌ترین کارشناسان اقتصاد جهان را به شگفتی افکند. نه تنها سرمایه‌های داخلی فرار نکرد، بلکه سرمایه‌گذاری‌های وسیع خارجی نیر بر آنها افزوده شد. تهران که روزگاری بیرون از هر فهرست جهانی فعالیت‌های اقتصادی بود، به صورت یکی از پر جوش و خروش‌ترین مراکز دنیایی این فعالیت در آمد. عصر صنعتی به مفهوم امروزی آن در ایران آغاز شد و به موازات آن با تغییر نظام کهن زمینداری و

استقرار تعاونی‌های زراعی و کشاورزی، عصر کشاورزی مکانیزه نیز شروع گردید.

اکنون اقتصاد ما بر اساس واقع‌بینی و آینده‌نگری روز به روز استوارتر و سالم‌تر می‌شود و بر پایهٔ این اقتصاد تندرست و شکوفا، ایرانی تازه به وجود می‌آید که در آن تمام مزایای دانش و تمدنی پیشرفته به برکت یک نظام مترقی اجتماعی و اقتصادی در دسترس همهٔ افراد ملت قرار می‌گیرد.

از آغاز انقلاب تا به امروز رقم تولید ناخالص ملی به قیمت‌های جاری از حدود ۳۴۰ میلیارد ریال به ۵۶۸۲ میلیارد ریال رسیده، یعنی تنها در عرض پانزده سال، این تولید بیش از شانزده برابر شده است. حجم پس‌انداز ملی که معیار سلامت وضع اقتصاد عمومی است، از ۴۵ میلیارد ریال به ۱۵۰۹ میلیارد ریال افزایش یافته است. نسبت رشد سالانهٔ اقتصاد کشور ما که سال‌هاست به صورت بالاترین میزان رشد اقتصادی جهان در صدر فهرست بین‌المللی جای دارد، در حال حاضر ۱۳/۸ است و درآمد سرانهٔ متوسط که در سال آغاز انقلاب ۱۷۴ دلار بود، به ۲۲۲۰ دلار در نیمهٔ اول سال جاری بالغ گردیده است.

کشور ما که تا سال ۱۹۷۳ اصولاً در فهرست بیست کشور ثروتمند مورد مطالعهٔ صندوق بین‌المللی پول نبود، از سال ۱۹۷۴ مقام سیزدهم را در این فهرست به دست آورده است. در تعیین حدود جهات پیشرفت صنعتی، از یک طرف ما امکانات طبیعی، انسانی، مالی و فنی خود را در نظر داریم و از طرف دیگر متوجه اتخاذ تازه‌ترین روش‌های علمی و صنعتی با توجه به مقتضیات بازارهای جهان هستیم و به شیوهٔ همیشگی خویش، در این راه، خود را در زنجیر

هیچ مکتب اقتصادی که با نیازمندهای ملی و با توسعهٔ اقتصـادی مـا ناسازگار باشد، پای‌بند نمی‌کنیم.

امروز ما می‌توانیم تـازه‌ترین تکنولـوژی و علـوم عصـر حـاضر را جذب کنیم. کشور ما اکنون مرحلهٔ صنایع سبک را پشت سر گذاشته و به دنیای شگفت‌انگیز صنـایع سنگین پا نهاده است. گذشته از صنعت نفت، صنعت ذوب آهن ایران که ستون فقرات صنایع دیگـر محسوب می‌شود، منظماً رو به گسترش است. صنایع پتروشیمی ایران در مرحله‌ای است که می‌توان آن را در خاورمیانه بی‌رقیب خوانـد و از نظر جهانی در سطوح اول دانست. مجتمع‌های صنعتی و شیمیائی مـا پیوسته وسیع‌تر می‌شـود. صنایـع بـزرگ مسـی و آلومینیـوم نیـز در آستانهٔ جهش و توسعهٔ فوق‌العاده‌ای است و ذخایر شناخته شدهٔ عظیم این منابع و نیز منابع سنگ آهن مرغوب و منابع ذغـال سنـگ کـه ذخیره برآورده شدهٔ آن در کویر مرکزی بین ۳۰ تـا ۴۰ میلیـارد تـن است، پشتوانهٔ مطمئنی برای این گسترش صنعتی است. مسلم اسـت که در آینده منابع دیگری نیز کشف خواهد شد.

اکنون صنعت پیشروترین بخش اقتصادی ماسـت. کارخانـه‌هـای تازه، به سرعت تأسیس می‌شود و تولید محصولات گوناگـون فلـزی و معدنی، مواد شیمیایی و دارویـی، فراورده‌هـای پتروشـیمی، کالاهـای الکتریکی و الکترونیکی، وسایل حمل و نقـل، وسایل ارتبـاطی، مـواد غذایی و محصولات متعدد دیگر، همه ساله حد نصاب تازه‌ای به دست می‌آورد. در کنار این تولیدات، صنایع سنتی و دسـتی مـا نیـز چـه از حیث کمیت و چه از لحاظ کیفیت در حال پیشرفت است و اگـر در این مورد مشکلاتی پیش آید، باید در رفع آنها کوشش شود.

صنایع داخلی، از صنایع سبک گرفته تا صنایع سـنگین، اکنـون عموماً در حال رشد سریع است. به طور مثال صنعت اتومبیـل سـازی

ایران از بدو ایجاد خود، از رشد متوسط سالانه ۲۱٪ یعنی بیش از رشد متوسط اقتصادی کشور برخوردار بوده است و این صنعت اکنون بازارهای خوبی در بیش از ده کشور اروپایی و آسیایی و افریقایی دارد. با سیر پیشرفت صنایع ایران، هر روز بر تعداد واحدهای صنایع نو بنیاد افزوده می‌شود. به طوری که تنها طی ده سال، علاوه بر صدها واحد کوچک صنعتی، بیش از یکصد واحد بزرگ صنعتی و تولیدی تأسیس شده است.

با گسترش صنایع بزرگ و کوچک شهرهای صنعتی متعددی در نقاط مختلف کشور ایجاد شده‌اند یا در حال ایجاد هستند که مجموع آنها عملاً تمام مملکت را در بر می‌گیرد. محور صنعتی تهران-اصفهان، طی سال‌های آینده به صورت یکی از بزرگ‌ترین مراکز تولید صنعتی آسیا در خواهد آمد.

چنین جهش استثنایی الزاماً مسائل و مشکلات استثنایی نیز برای اقتصاد کشور به وجود آورده است که از نظر ماهیت به کلی با مسائل جامعهٔ گذشته ایران متفاوت است. زیرا مسائلی است که تنها در چنین مرحلهٔ پیشرفته‌ای از توسعهٔ اقتصادی و اجتماعی کشور می‌تواند مطرح شود. کمبود کشش بنادر و جاده‌ها و فرودگاه‌ها، کمبود کادر متخصص، کمبود کارگر، از جمله این مسائل است.

دو مسئلهٔ حاد و اساسی نیز به صورت مهم‌ترین مسائل اقتصادی امروز و فردای کشور در برابر ماست و آن آب و انرژی است. محدویت آب همواره در کشور ما مسئله‌ای بوده، ولی طبعاً هیچ وقت، ابعادی مانند امروز نداشته است. چه در زمینهٔ کشاورزی، چه در امر صنعت و چه در مورد نیازهای روزمرهٔ عمومی، کمبود آب و لزوم صرفه جویی در مصرف آن، از راه بهره‌گیری از کلیهٔ وسائل علمی و فنی و از راه استفاده دوباره از آن، از حیاتی‌ترین مسائل مملکت است. این سرمایهٔ

ملی که اکنون بر اساس اصل دهم انقلاب در خدمت تمام ملت ایران قرار دارد، می‌باید با حداکثر هشیاری و واقع‌بینی به مصرف برسد تا حتی یک قطره از این مادهٔ حیات بخش، از نظر اقتصاد کشور به هدر نرود.

مورد انرژی نیز که در مبحث مربوط به نفت به طور مشروح‌تر در بارهٔ آن گفتگو خواهد شد از حیاتی‌ترین مسائل آیندهٔ ما و اصولاً آیندهٔ تمام جهان است. اقتصاد ما در عین برخوردای از درآمد کنونی نفت، می‌باید از هم اکنون کمال توجه و کوشش را در امر تأمین انرژی جانشین آن، به هنگام پایان یافتن این منبع جهانی مبذول دارد و این کاری است که طبعاً ما آن را مانند همهٔ موارد دیگری که به آینده‌نگری ارتباط دارد، با هشیاری کامل در مد نظر و اقدام داریم.

هر برنامه‌ریزی اقتصادی باید بر اساس تصویر دراز مدت توسعهٔ ایران، از دیدگاه اقتصادی و اجتماعی و سیاسی انجام گیرد و چنین تصویری از نظر آرمانی، در تمام مراحل تعیین هدف‌ها، خط مشی‌ها، سیاست‌ها، تهیهٔ پیشنهادها و تنظیم برنامه‌ها، از اصول انقلاب الهام می‌گیرد. مشارکت مردم در سطح ملی و محلی، در ادارهٔ امور مربوط به خود، توجه به استراتژی بلند مدت توسعهٔ ملی و تجهیز همه جانبهٔ ملی، از اصول رشد و توسعهٔ آینده اقتصاد ایران، با در نظر گرفتن همهٔ ضرورت‌های اجتماعی و اقتصادی است.

***

موفقیت کامل انقلاب طبعاً از آغاز مستلزم اجرای هم زمان و هم‌آهنگ اصول مختلف آن بود. زیرا اجرای جداگانهٔ یک یا چند اصل، هر قدر هم دقیق و جامع بود، نمی‌توانست به تنهایی نتیجهٔ مطلوب را

عاید کند. مثلاً لازم بود تحقق اصل اصلاحات ارضی با تحقق اصول دیگری از انقلاب در زمینه‌های بهداشتی و آبادانی و نوسازی و آموزشی و تشکیل خانه‌های انصاف و برقراری بیمه‌های اجتماعی در روستاها همراه باشد تا کشاورز آزاد و خانوادهٔ او بتوانند در پرتو نظام جدید از همهٔ آن مواهبی که لازمهٔ حقوق اجتماعی و انسانی افراد آزاد هستند، برخوردار شوند. همین وضع در مورد کارگر ایرانی، رأی دهندهٔ ایرانی، کارمند ایرانی و به طور کلی هر فرد ایرانی، در هر شغل و مقام که از مواهب انقلاب بهره‌مند می‌شد، وجود داشت. بدین جهت بود که جهش انقلاب ایران در آن واحد، در همهٔ جبهه‌ها آغاز گردید و در همهٔ جبهه‌ها نیز به صورتی هم‌آهنگ پیش رفت.

صفحات این فصل از کتاب به یک مرور کلی در اصول نوزده گانهٔ انقلاب به عنوان زیربنای اجتماعی و فلسفی "تمدن بزرگ" اختصاص یافته است. البته در مورد آمار و ارقام مشروح مربوط به هر یک از این اصول هر خوانندهٔ علاقه‌مند می‌تواند به سازمان‌ها و مراجع صلاحیت‌دار مراجعه کند. مضافاً به این که در زمینهٔ نُه اصل اول در کتاب "انقلاب سفید" نیز به تفضیل سخن رفته است.

این مرور کلی طبعاً نمایانگر همهٔ پیشرفت‌های مملکت در دوران حاضر نیست، بلکه در آن فقط به توضیح تحولاتی اکتفا شده است که با "انقلاب شاه و ملت" و آثار اجتماعی آن ارتباط دارد. سه مبحث مربوط به حزب رستاخیز ملت ایران، نفت و سیاست مستقل ملی نیز، از این نظر بدین فهرست افزوده شده است که تحولات این هر سه رشته ارتباط مستقیم با شرایطی دارد که تحقق اصول انقلاب، به وجود آورده است.

اصلاحات ارضی و کشاورزی

اصلاحات ارضی در یک مرحلهٔ مقدماتی و سه مرحلهٔ اصلی انجام گرفت. مرحلهٔ مقدماتی واگذاری املاک سلطنتی ایران به کشاورزان بود که طبق فرمانی که در هفتم بهمن ماه ۲۵۰۹ [۱۳۲۹ خورشیدی] از جانب من صادر شد، انجام پذیرفت. چند سال بعد، یعنی در سال ۲۵۱۴ [۱۳۳۴ خورشیدی] قانون فروش خالص‌جات دولتی به موقع اجرا گذاشته شد. از سال ۲۵۱۶ [۱۳۳۶ خورشیدی] این وظیفه به بانک عمران و تعاون روستایی که پنج سال پیش از آن به همین منظور تأسیس شده بود، واگذار شد و بدین ترتیب تا هنگام اعلام اصول انقلاب ایران، زمین‌های هزار و چهار صد قریه با سطح ۲۰۰ هزار هکتار، میانِ بیش از ۴۲۰۰۰ کشاورز تقسیم گردید.

این مرحلهٔ مقدماتی کوششی از جانب من در راه تعدیل نظام کهن زمین‌داری در ایران بود که به همین آزمایش محدود ماند و مورد پیروی مالکان دیگر قرار نگرفت. زیرا در آن زمان مصدق جلو تقسیم اراضی خود را گرفت تا وقتی که با اعلام اصول انقلاب و تصویب قاطع ملی، این آزمایش به صورت نخستین اصل منشور، در سطحی ملی به معرض اجرا در آمد و تحقق پیروزمندانهٔ آن به توده‌های عظیم کشاورزان ایرانی، امکان آن را داد که از بهره‌کشی استثماری مالکان بزرگ به در آیند و با استفاده از آزادی‌ها و امکاناتی که برای آنان به وجود آمده بود، در بالاترین سطح تولید ملی، مشارکت جویند. اجرای قاطع اصل اصلاحات ارضی، از یک طرف

افزایش عملکرد و تولید کشاورزی را باعث شد و از طرف دیگر توزیع عادلانهٔ درآمد حاصله از این افزایش را در میان کشاورزان تأمین کرد.

در مرحلهٔ اول اصلاحات ارضی، تمام زمین‌هایی که مالکان در آنها بیش از یک ده داشتند، به قیمت عادلانه خریداری و به کشاورزانی که روی همان زمین‌ها کار می‌کردند، به اقساط پانزده ساله فروخته شد.

در مرحلهٔ دوم، مالکان موظف شدند که یا ملک مزروعی خود را برای سی سال به کشاورزان اجارهٔ نقدی بدهند و یا آن را با توافق بدانان بفروشند. بدین ترتیب حداکثر مالکیت ارضی طبق ضوابطی که برحسب نواحی مختلف فرق می‌کرد، تقلیل یافت. به موجب این مرحله از قانون، املاک موقوفه عام نیز بر حسب عایدات آنها به اجارهٔ دراز مدت ۹۹ ساله به کشاورزان واگذار گردید و در مورد موقوفات خاص، متولیان ملزم به فروش آنها به دولت و تقسیم آنها بین زارعین شدند.

در مرحلهٔ سوم، مالکانی که ملک خود را اجاره داده بودند، به موجب قانون موظف به فروش آن به کشاورزان با تراضی یا تقسیم به نسبت بهرهٔ مالکانه مرسوم در محل شدند. در نتیجه تمام کشاورزان صاحب زمین گردیدند.

پس از اجرای مراحل سه گانهٔ اصلاحات ارضی زمان سازندگی روستاها از راه اجرای برنامه‌های وسیعی که چهرهٔ کشاورزی ایران را به کلی دگرگون کرد، فرا رسید. این برنامه‌ها افزایش اراضی زیر کشت، بالا بردن میزان برداشت محصول از واحد سطح، استفاده از روش‌های تازه و پیشرفتهٔ کشاورزی، توسعه و تقویت شبکهٔ شرکت‌ها و تعاونی‌های روستایی، نشکیل شرکت‌های سهامی زراعی، ادغام شرکت‌های تعاونی روستایی کوچک و مجاور در یکدیگر، تعاونی

کردن تولید و یکپارچگی اراضی در منطقهٔ عمل شرکت‌های تعاونی روستایی، تأسیس خانه‌های فرهنگ روستایی، اجرای قانون بیمه‌های اجتماعی روستائیان و سرانجام گسترش اصل یازدهم انقلاب در مورد نوسازی و عمران شهرها و روستاهای کشور را برای تسریع در آهنگ پیشرفت و رشد کشاورزی شامل می‌شد.

به موجب آمارگیری سال ۲۵۲۵ [۱۳۴۵ خورشیدی] تعداد روستاهای ایران ۶۶,۷۴۵ ده یا قریه در سطوح مختلف اعلام شد که طبق قانون اصلاح امور اجتماعی و عمران دهات، مشمول خدمات نوسازی می‌شوند. این خدمات، راه‌سازی، آب آشامیدنی، تأسیسات بهداشتی و خدمات پزشکی، حمام، مدرسه، کتابخانه، برق، پست و تلگراف و تلفن، فروشگاههای تعاونی، خانه‌های فرهنگ روستایی، مرکز آموزش حرفه‌ای، بانک، خانه‌های سازمانی و خانه‌های مسکونی را شامل می‌شود و بدین ترتیب بالمآل همهٔ خدماتی که تاکنون در اختیار شهروندان قرار گرفته است، در اختیار جامعهٔ روستایی و کشاورزان نیز قرار می‌گیرد.

با اجرای سومین مرحلهٔ اصلاحات ارضی دیگر هیچ گونه مالکی که عده‌ای کشاورز برای او کار کنند، در مملکت باقی نمانده است و اکنون تنها مالکانی که وجود دارند. کسانی هستند که روی زمین‌های خود با استفاده از ماشین‌آلات کشاورزی و با استخدام کارگر کشاورز، کار می‌کنند. با پایان عصر ارباب و رعیتی، امروز هر کسی زمین را فقط برای خودش کشت می‌کند.

ولی بر اساس این شرایط جدید، منافع کشاورزان ایجاب می‌کند که کار آنها نه به صورت فردی و خصوصی، بلکه به صورت شرکت در واحدهای اقتصادی کشاورزی انجام گیرد. زیرا بهره‌گیری از زمین در سطح و کیفیت لازم مستلزم برخورداری از سرمایهٔ کافی و وسائل

کشاورزی مکانیزه و استفاده از تخصص‌های فنی و حرفه‌ای است که فقط سازمان‌های دسته جمعی کشاورزی مانند شرکت‌های سهامی زراعی، امکان آن را دارند. در این شرکت‌ها که ما ایجاد و توسعهٔ آن‌ها را تشویق می‌کنیم مالکان این اراضی با زمین‌های خود وارد شرکت می‌شوند و به جای زمین خویش سهام دریافت می‌دارند. در حالی که زمین در مالکیت آن‌ها باقی می‌ماند. منتها نمی‌توانند زمین تازه‌ای بخرند یا بفروشند و فقط می‌توانند سهام خود را خرید و فروش کنند. این خرید و فروش نیز منحصراً میان سهامداران عملی می‌شود و کسی نمی‌تواند از خارج وارد شرکت شود و سهام خریداری کند. ضمناً با درگذشت این افراد، وراث آنان، وراث زمین نمی‌شوند. بلکه وراث سهام می‌شوند. بدین ترتیب شرکت با چند هزار هکتار زمین خود دست نخورده باقی می‌ماند و چنین مقدار زمینی می‌تواند با اجرای طرح‌های کوتاه مدت و بلند مدت به منظور استفاده از شرایط و امکانات کشاورزی مدرن مورد حداکثر بهره‌برداری قرار گیرد. این امر مالکیتی است که هم انفرادی است و هم دسته جمعی. در این سیستم بدون این که مالکیت بزرگی وجود داشته باشد، کشاورزان در یک واحد وسیع کار می‌کنند و در پایان سال از یک طرف به نسبت سهام خود سود دریافت می‌دارند و از طرف دیگر بابت کاری که کرده‌اند، دستمزد می‌گیرند.

برای کمک به اجرای برنامه‌ها بانک اعتبارات کشاورزی تأسیس شده است که نزدیک به دویست شعبه در سراسر کشور دارد. این بانک نه فقط به تعاونی‌ها و اتحادیه‌های کشاورزی وام می‌دهد، بلکه به کشاورزان نیز به طور انفرادی کمک می‌کند.

به عنوان ترازنامهٔ اجرای مراحل سه گانه اصلاحات ارضی در دوران پانزده سالهٔ انقلاب، می‌توان ارقام ذیل را ذکر کرد:

تشکیل ۲,۸۷۱ شرکت تعاونی روستایی در حوزهٔ عمل ۴۵,۸۹۱ روستا با عضویت قریب ۲,۸۰۰,۰۰۰ نفر تشکیل ۱۴۷ اتحادیهٔ روستایی با ۲,۸۵۵ شرکت عضو، تشکیل ۸۹ شرکت سهانی زراعی در ۸۱۶ روستا و مزرعه با مساحت ۴۰۰,۰۰۰ هکتار زمین که بیش از ۳۰۰,۰۰۰ نفر از کشاورزان و خانواده‌های آنان از مزایای آن استفاده می‌کنند، تشکیل ۳۵ شرکت تعاونی تولید روستایی به منظور یکپارچه شدن اراضی مزروعی کشاورزان و در جهت امکان بهره‌برداری از منابع آب و خاک و تسطیح اراضی مزروعی و سایر تأسیسات عمرانی و زیربنایی در ۲۱۴ روستا و مزرعه با مساحت ۸۸,۰۰۰ هکتار و با بیش از ۵۷,۰۰۰ نفر عضو، تأسیس ۱۰۲۲ خانهٔ فرهنگ روستایی که بیش از دو میلیون نفر روستایی از امکانات و وسایل آنها استفاده می‌کنند و ۷۴۹ مهد کودک که در آنها قریب ۲۵,۰۰۰ نفر از کودکان روستایی سه تا شش ساله از تعلیمات کودکستانی و یک عده غذای روزانه بهره‌مند می‌شوند.

تشکیل شرکت‌های سهامی زراعی و دیگر شرکت‌های کشاورزی روستایی، نتایج بسیار رضایت بخشی در بر داشته است که از مهم‌ترین آنها دسترسی کشاورزان به انواع بذرهای اصلاح شده و کود شیمیایی و سموم دفع آفات و ماشین‌های کشاورزی، تغییرات لازم در نوع زراعت و جایگزین ساختن محصولات جدید با بازار بهتر به جای محصولات درجهٔ دوم، آموزش‌های زراعی و حرفه‌ای، افزایش سطح کشت به علت استفاده از اراضی ملی و اراضی بایر و موات و مسلوب‌المنفعه، فعالیت‌های تعاونی با حذف واسطه‌ها، فراهم آوردن موجبات تعمیم بیمه‌های اجتماعی روستائیان و بالا بردن سطح اطلاعات عمومی و توسعهٔ امکانات پرورش استعدادهای آنان است.

***

چند اصل دیگر از اصول نوزده گانهٔ انقلاب ایران که اصول سوم، ششم، هفتم، و هشتم منشور انقلاب را تشکیل می‌دهند، از نزدیک با اصل اصلاحات ارضی ارتباط دارند. اجرای اصل سوم، یعنی فروش سهام کارخانه‌های دولتی به عنوان پشتوانهٔ اصلاحات ارضی، دو منظور اساسی تأمین کرد. از یک طرف سهام کارخانه‌های دولتی به جای پول نقد و اوراق قرضه به مالکان بزرگ، بابت بهای املاک خریداری شده از آنان واگذار شد و این امر از رکود سرمایه‌ها یا سرمایه‌گذاری در معاملات غیر سالم جلوگیری کرد. از طرف دیگر فروش سهام کارخانه‌ها باعث شد که این واحدها به صورت شرکت‌های سهامی درآیند و همهٔ طبقات اعم از سرمایه‌دار و بازرگان و کارگر و کشاورز و کارمند دولت و غیره، بتوانند در صورت تمایل در آنها سهیم گردند و بدین ترتیب در عین تحصیل عواید، مستقیماً در توسعهٔ صنعتی و امور تولیدی و اقتصادی مملکت شرکت کنند. عملاً این تحول باعث شد که ارزش سهام این کارخانه‌ها بالا رفت و چرخ‌های آنها بهتر به کار افتاد و سود بیشتری از این راه عاید سهام داران گردید.

با اجرای این اصل از انقلاب، به غیر از صنایع ملی از قبیل راه‌آهن، نیرو، اسلحه و نظایر آنها که طبعاً در تصاحب دولتی باقی ماندند، پنجاه و پنج کارخانهٔ قند و نساجی و سیمان و مواد غذایی و پنبه و ابریشم بافی و غیره، تبدیل به شرکت‌های سهامی شدند و "شرکت کارخانه‌های ایران" را تشکیل دادند که سهام آنها از طریق بانک کشاورزی در معرض فروش گذاشته شد. ارزش این سهام در سطحی پائین نگاه داشته شد و حداقل سود سالانهٔ آن در میزان ۶٪ تضمین گردید تا همهٔ افراد با درآمد متوسط و کم، بتوانند آنها را خریداری کنند. کارخانه‌های مشمول این طرح در عمل، مدرن‌تر و مجهزتر شدند و از این راه صنعتی شدن ایران در دو راه موازی، یعنی

تأسیس صنایع در بخشی دولتی و حفظ سرمایه‌گذاری بخش خصوصی، تکامل یافت. بدین ترتیب قسمت اعظم کارخانه‌های دولتی به مردم فروخته شد و آن قسمت از این کارخانه‌ها نیز که در اختیار سازمان گسترش و نوسازی صنایع ایران قرار گرفته است، در حال نوسازی است تا سهام آنها در اجرای اصل سیزدهم انقلاب به عموم عرضه گردد.

اصول ششم و هفتم و هشتم انقلاب که فعالیت سپاهیان انقلاب را در سه زمینه دانش و بهداشت و آبادانی شامل می‌شود نیز تا حد زیادی با اصل اصلاحات ارضی مربوط است. زیرا اجرای برنامه‌های کار این سپاهیان که بعداً به صورت مشروح‌تر بدان‌ها اشاره می‌شود، نقش بسیار مؤثر و سازنده‌ای در به سازی روستاها و تعمیم بهداشت در آنها و سواد آموزی و پرورش فکری روستائیان و کشاورزان دارد. اجرای برنامه‌های بررسی آفات و بیماری‌های گیاهی و برنامه‌های دام پروری و دام پزشکی و غیره نیز، سهم مهمی در بالا رفتن سطح زندگی کشاورزان و روستائیان ایران داشته است و دارد.

طبق آمارهای دولتی رشد مداوم و ممتد تولیدات کشاورزی ایران، در دوران پانزده سالهٔ اجرای برنامه‌های اصلاحات ارضی تا به امروز، از حد متوسط ۵٪ در سال بیشتر بوده است و با بررسی‌هایی که برای مشخص کردن قطب‌های کشاورزی مکانیزه انجام می‌گیرد، به حفظ این آهنگ، کمک خواهد شد.

منابع طبیعی

اصول دوم و دهم انقلاب ناظر بر ملی شدن جنگل‌ها و مراتع و آب‌های ایران است. این ملی شدن نتیجهٔ منطقی این برداشت فلسفی است که عوامل ثروتی که ابتکار و زحمت انسان در ایجاد آنها سهمی نداشته است، نباید در استفادهٔ انحصاری افراد معینی قرار گیرند. بلکه باید سرمایهٔ مشترک همهٔ افراد ملت محسوب شوند و بهره‌برداری از آنها نیز به نفع تمام مملکت انجام گیرد.

بر این اساس، جنگل‌های کشور که آنها را "معادن طلای سبز" لقب داده‌اند و مراتع و اندکی بعد منابع آب کشور، ملی اعلام شدند و همراه با این اعلام برنامه‌های وسیعی در مورد هر کدام از آنها تنظیم گردید و به مورد اجرا در آمد. در حدود ۱۲۰ میلیون هکتار جنگل‌ها و مراتع کشور به منظور بهره‌برداری ملی در اختیار دولت‌ها قرار گرفت و این بهره‌برداری بر اساس طرح‌های عملی و منطبق با موازین اقتصادی آغاز شد. به موازات این امر، در مساحتی معادل ۲۸٬۰۰۰ هکتار اقدام به ایجاد جنگل‌های مصنوعی شد و بیش از ۵۰٬۰۰۰ هکتار فضای سبز در اطراف شهرهای بزرگ ایجاد گردید و پارک‌های جنگلی متعددی در مناطق مختلف کشور به وجود آمد. برنامه‌های وسیعی در مورد احیاء منابع جنگلی و حفاظت خاک و مهار کردن شن‌های روان و جلوگیری از پر شدن مخازن سدها و ممانعت از پیشرفت کویر و سپس عقب راندن آن از راه نهال‌کاری کویری، مورد اجرا قرار گرفت.

برنامه‌های مشابهی در مورد مراتع و چراگاه‌های کشور و به کار گرفتن شیوه‌های نوین پیشرفتهٔ مرتع‌داری از طریق مطالعه و شناخت منابع گیاهی، پژوهش‌های اقلیمی، گردآوری نمونه‌های نباتی و بررسی تولید بالقوه مراتع موجود طرح و اجرا شد. اجرای این دو رشته برنامه مستلزم تربیت کادر متخصص ورزیده و تأسیس مؤسسات تحقیقاتی ویژه و تجهیز دستگاه‌های اجرایی از نظر نیروی علمی و فنی بود که همهٔ آنها تاکنون نتایج رضایت بخشی داشته است. نیروی محافظ منابع طبیعی، جنگل‌ها و مراتع کشور، اکنون متجاوز از ۴٬۰۰۰ نفر است.

آخرین آمار رسمی حاکی است که تا پایان ۲۵۳۵ [۱۳۵۵ خورشیدی] طرح‌های جنگل‌داری ۶۱۵٬۰۰۰ هکتار از ۱٬۳۰۰٬۰۰۰ هکتار جنگل‌های قابل بهره‌برداری شمال کشور را شامل شده است. کلیهٔ عملیات بهره‌برداری و حفاظت و حمایت از جنگل‌ها و مراتع کشور زیر مراقبت و نظارت مستقیم دولت انجام می‌شود. همچنین این آمار نشان می‌دهد که تا آخر سال گذشته نزدیک ۳۹٬۰۰۰ هکتار در کشور جنگل‌کاری شده و در زمینهٔ تثبیت شن‌های روان، مساحتی بالغ بر ۸۰۰٬۰۰۰ هکتار مورد نهال‌کاری و بذرکاری قرار گرفته است. علاوه بر میلیون‌ها نهالی که تاکنون کاشته شده است، در ظرف چند سال آینده، متجاوز از ۵۰ میلیون نهال تازه کشت خواهد شد و برای جبران درخت‌هایی که به منظور تأمین بیش از یک میلیون متر مکعب چوب و دویست تن ذغال مورد نیاز کشور سالانه بریده می‌شود، در بازسازی جنگل‌ها، اقدامات کافی انجام خواهد گرفت.

با بودن تقریباً ۱۲۰ میلیون هکتار جنگل و مرتع در اختیار دولت علاوه بر فراهم شدن امکانات اجرای برنامه‌های عمرانی و ایجاد یا احیای جنگل‌ها و پارک‌ها، اراضی زیادی نیز به صورت بلاعوض

برای ایجاد بیمارستان‌ها، درمانگاه‌ها، آموزشگاه‌ها، راه‌های ارتباطی و مواصلاتی، ورزشگاه‌ها، اردوگاه‌های جهان گردی پلاژها و شهرک‌ها، در اختیار سازمان‌های دولتی و خصوصی و شهرداری گذاشته شده است.

***

منبع دیگری از ثروت طبیعی مملکت که طبق اصول انقلاب ملی اعلام شد، آب‌های کشور بود. این اعلام بر اساس اصل دهم انقلاب در امرداد ماه ۲۵۲۷ [۱۳۴۷ خورشیدی] انجام گرفت و به موجب آن کلیهٔ آب‌های دریاچه‌ها و رودخانه‌ها و نهرها و جویبارها و دره‌ها و برکه‌ها و چشمه‌ها و آب‌های معدنی و آب‌های زیرزمینی، ثروت ملی به شمار آمد.

مسئلهٔ آب از آغاز تاریخ ایران یکی از مسائل حیاتی و اساسی این سرزمین و یکی از مهم‌ترین عوامل محدود کنندهٔ توسعهٔ اقتصادی بوده است. به طوری که نه فقط این عامل بر اقتصاد ملی اثر گذاشته، بلکه تمام بافت تمدن و فرهنگ ایرانی، تحت تأثیر آن قرار گرفته است. بسیاری از معتقدات مذهبی و اندیشه‌های فلسفی ایران کهن و بسیاری از سنن و مواریث ملی ما از مبارزه‌ای سرچشمه می‌گیرد که تقریباً به طور دائم میان مردم این سرزمین با خشکسالی و کم آبی در جریان است و ضرورت پای مردم در این مبارزه ارزش‌های ویژه‌ای را برای خصایص و اندیشه‌های میهنی به وجود آورده است. نقش آب در زندگی و در اقتصاد ملت ایران به قدری حیاتی است که داریوش شاهنشاه هخامنشی در سنگ نوشتهٔ معروف خود، خشکسالی را

همراه با دشمن و دروغ، یکی از سه بلای بزرگی می‌شمارد که می‌باید خداوند کشورش را از آنها در امان دارد.

در چنین شرایطی که با توجه به توسعهٔ فوق‌العادهٔ کشاورزی و صنعت ایران و در عین حال افزایش استفادهٔ افراد از آب بر اثر پیشرفت‌های اقتصادی و بهداشتی، ضرورت حفظ هر قطرهٔ آب در کشور، هر روز بیشتر احساس می‌شد. قسمت مهمی از آب‌های مملکت بدون آن که مورد استفاده قرار گیرد، به هدر می‌رفت و از آن بدتر گاه از این راه مرداب‌هایی به وجود می‌آمد که پرورشگاه پشهٔ مالاریا و عوامل بیماری‌های عفونی دیگر بود. با اعلام و اجرای اصل دهم انقلاب در حل این مسئله دیرینه نیز مانند موارد دیگر به صورتی اصولی و قاطع اقدام گردید.

شاید ذکر چند رقم کلی برای توجه به اهمیت حیاتی اشتراک و همکاری کامل ملی در جلوگیری از هدر رفتن حتی یک قطره آب لازم باشد. مقدار کلی ریزش‌های جوی در ایران، بسته به خشکسالی یا فراوانی باران در سال‌های مختلف بین ۲۸۰ تا ۵۲۰ میلیارد متر مکعب در سال است که متوسط سالانهٔ آن ۳۷۸ میلیارد متر مکعب می‌شود. با توجه به مساحت کشور این مقدار به طور متوسط معادل ۲۳۱ میلی متر بارندگی سالانه است و این رقم در مقایسه با حد متوسط بارندگی سالانه کرهٔ زمین که ۸۶۰ میلیمتر است، از یک سوم این حد نیز کمتر است.

از آب‌های حاصل از نزولات آسمانی ۲۷۵ میلیارد متر مکعب یعنی حدود ۷۳٪ آنها از طریق جنگل‌ها و مراتع و دیم‌زارهای کشور به مصرف می‌رسد و ۲۷٪ بقیه که معادل ۱۰۳ میلیارد متر مکعب می‌شود، به صورت منابع آب سطحی (رودخانه‌ها) و منابع زیرزمینی، در دسترس افراد قرار می‌گیرد. در وضع موجود معادل ۶۶/۸ میلیارد

متر مکعب در سال برای تأمین ۲۶/۲ میلیارد متر مکعب شامل مقادیر آب برگشتی و منابع استفاده نشده، به صورت جریان‌های سطحی و زیرزمینی به طرف دریای خزر و خلیج فارس و حوضچه‌های داخلی و خارجی جریان می‌یابد و از دسترس خارج می‌گردد.

مهم‌ترین مشکلات طبیعی در امر آبیاری ایران گذشته از کمی میزان نزولات جوی، عبارتند از: توزیع نامتناسب زمانی و مکانی این ریزش‌ها، بالا بودن تبخیر بر اثر زیادی تعداد روزهای آفتابی و وزش بادهای موسمی، نامناسب بودن وضع زمین، شور شدن آب‌های شیرین در نتیجهٔ عبور آنها از خاک‌ها و طبقات نمکی، فاصلهٔ زیاد منابع آب از محل‌های مصرف. از این گذشته مشکلات انسانی نیر در امر بهره‌برداری صحیح از منابع آب وجود دارد که مهم‌ترین آنها هدر رفتن آب در کشاورزی سنتی، کمبود آمار و اطلاعات، زیادی وسعت کشور و کمبود کادر ورزیده و متخصص است.

در اصل دهم انقلاب ایران کلیهٔ جنبه‌های اقتصادی، کشاورزی، امکانات علمی توسعهٔ امور آبادانی، جلوگیری از سودجویی خصوصی در مورد این مادهٔ حیاتی و اعمال مدیریت صحیح در اداره و حل مسائل و مشکلات مربوط به آن، مورد توجه قرار گرفت. آب‌های سطحی رودخانه‌ها و دشت‌های عمده آبرفتی کشور، از نظر شناسایی آب‌های زیرزمینی بررسی شد. به علاوه از شش سال پیش، در باره امکان استفاده از آب‌های موجود در تشکیلات آهکی زیرزمینی، تحقیقات وسیعی انجام گرفته که به نتایج رضایت بخشی منجر شده است.

در جهت مهار کردن آب‌های سطحی، هشت سد ساخته و بدین ترتیب با احتساب پنج سدی که بعد از ۲۸ امرداد ۲۵۱۲ [۱۳۳۲ خورشیدی] ساخته شده بود، تعداد سدهای مخزنی ایران به ۱۳

رسیده است. با احداث این سدها و شبکه‌های نوین آبیاری کـه در پائین دست آنها ساخته شد، کشـاورزی نوین پایه‌گذاری گردیـد و کشاورزی سنتی در زمین‌های زیرکشت پائین این سدها، بـه صـورت کشاورزی جدید در آمد و اراضی تازه‌ای به زیر کشـت رفـت. ایـن ۱۳ سد با ظرفیت تقریبی ۱۳ میلیارد متر مکعب می‌تواننـد در حـدود ۸۰۰,۰۰۰ هکتار زمین را به طور منظم آبیاری کنند که نزدیـک بـه نیمی از آن اراضی زیر کشت قبلی است که با روش‌های سـنتی و بـه طور نامنظم آبیاری می‌شد و نیم دیگر زمین‌هایی است که تازه به زیر کشت می‌رود. این سدها علاوه بر تأمین آب قادرند ۱,۸۰۴,۰۰۰ کیلـو وات برق تولید کنند. پنج سد مخزنـی دیگـر هـم اکنـون در دسـت ساختمان است که با احداث و تکمیل آنها ۱۲۷,۰۰۰ هکتار زمین بـه طور منظم آبیاری خواهد شد و ۹۷,۰۰۰ کیلو وات به قدرت برق آبـی کشور افزوده خواهد گشت. ساختمان چهار سد دیگر در دست مطالعه است. لازم به تذکر است که به منظور انحراف آب به داخل زمین‌ها در سطحی بالاتر از سطح رودخانه‌ها تاکنون ۲۸ سد انحرافی ساخته شده است.

با توجه به افزایش جمعیت ایران و توسعۀ اقتصادی و اجتمـاعی کشور، استفادۀ صحیح از منـابع آب، طبعـاً روز بـه روز اهمیـت حیاتی‌تری پیدا می‌کند. فعالیت‌هـای وسـیع کشـاورزی کـه نتیجـۀ منطقی اصلاحات ارضی و نظام جدید کشاورزی ایـران اسـت و ایجـاد صنایع ذوب آهن و پتروشیمی و توسعۀ صنعت برق، نیاز روزافزون بـه آب و ارزش همـه جانبـه آن را در برنامـه‌هـای توسـعۀ اقتصـادی و اجتماعی محسوس‌تر کرده است، به خصوص با توجـه بـه ایـن کـه از منابع آب و سدهای ایران می‌تـوان در حـدود ۵۰ میلیـارد کیلـو وات ساعت انرژی برق تهیه کرد.

بر اساس مطالعاتی که در قالب برنامهٔ جامع آب کشور شده است، با امکانات توسعهٔ سطح زیر کشت کشور، در ارتباط با بهره‌برداری بیشتر از منابع آب در دوران بیست سالهٔ آینده مشروط بر آن که طرح‌های پیش‌بنیی شده به موقع به مرحلهٔ اجرا گذارده شوند، سطح زیر کشت آبی از ۳/۷ میلیون هکتار در وضع موجود افزایش فراوان خواهد یافت و امکان آن هست که تا ۱۵ میلیون هکتار آبیاری شود.

اگر چه در مجموع، منابع موجود آب کشور در مقایسه با نیازهای فعلی و آینده مقدار قابل ملاحظه‌ای است، ولی نکته‌ای که از نظر توسعهٔ آیندهٔ سطح زیر کشت آبی کشور، حائز اهمیت است، توزیع نامتناسب مکانی منابع آب و خاک است، زیرا در پاره‌ای مناطق، آب در مقایسه با سطح قابل کشت، بیش از نیازها بوده و در مناطق دیگر کمبودهایی وجود دارد. هر چند با اجرای طرح‌های انتقال آب از یک حوضه به یک حوضهٔ دیگر تا حدودی کمبود منابع جبران خواهد شد. ولی در بیشتر موارد، به علت فواصل زیاد انتقال و موانع طبیعی، اجرای طرح‌های انتقال بین حوضه‌ای از نظر فنی و اقتصادی امکان پذیر نخواهد بود. به هر حال تعیین حد نهایی توسعهٔ سطح زیر کشت آبی کشور باید بر مبنای بررسی چگونگی توزیع آب و خاک نسبت به هم انجام گیرد و این بررسی هم اکنون در جریان است.

***

مسئلهٔ آب تا حد زیادی با موضوع برق نیز مربوط است. زیرا سدهای مختلف از منابع اساسی تهیهٔ برق آبی هستند. با ایجاد یک

شبکهٔ پیوسته برای انتقال نیرو از مراکز عمدهٔ تولید بـه مراکـز عمـدهٔ مصرف به نسبت نیازمندی هر منطقه نیروی لازم تأمین خواهد شد.

برای انتقال نیروی برق تولید شده در نیروگاه‌های بزرگ حرارتی و نیروگاه‌های بـرق آبـی، بـه مراکـز عمـدهٔ کشور بـه وسـیلهٔ شـبکهٔ سراسری برق و با خطوط انتقال فشار قوی و فوق فشار قوی، در حال حاضر مراکز تولید و مصرف در استان‌ها و مناطـق تـهران، خوزستان، غرب کشور، مازندران، گیلان و آذربایجان بـه هـم متصل شـده‌اند. خطوط انتقال منطقه‌ای جنوب شرقی و خراسان نیز مورد بهره‌برداری است و انتظار می‌رود تا پایان ششم عمرانی، کلیهٔ مراکز عمدهٔ تولید و مصرف به هم اتصال یابند.

ظرفیت کل نیروگاه‌های نصب شدهٔ کشور کـه در آغـاز انقـلاب ۸۵۰ مگاوات بود در حال حاضـر بـه بیـش از ۷۵۰۰ مگـاوات و مقدار تولید کل آنها در همین مدت از ۲٬۳۳۸ میلیون کیلو وات سـاعت، بـه بیش از ۲۰ میلیارد کیلو وات ساعت رسیده است. تولید سرانهٔ برق که در آخر برنامهٔ سوم عمرانی ۱۵۴ کیلو وات ساعت بود، در پایان برنامهٔ ششم به حدود ۱۵۰۰ کیلو وات ساعت بالغ خواهد شد.

به تدریج که نیروگاه‌های بزرگ در سراسر کشور ایجاد شوند، بـا توجه به وسعت مملکت و فواصل زیاد شهرها بـا مراکـز تولید، طـرح خطوط انتقال با ولتاژهای خیلی زیاد ضرورت می‌یابد. در ایـن مـورد بهره‌برداری از خطوط انتقال نیروی برق ۴۰۰ کیلـو واتـی آغـاز شـده است و پیش‌بینی شده است که مطالعات لازم برای استفاده از خطوط انتقال ۷۵۰ کیلو واتی و خطـوط انتقـال جریـان مستقیم نیز انجام گیرد.

در عین حال، با توجه به پایان پذیری منـابع فسیلی کـه نفت مهم‌ترین آنهاست و امکانات کاربرد انحصاری ایـن منـابع در صنایع

پتروشیمی، برنامهٔ دراز مدت انرژی کشور طرح ریزی شده است. در این برنامه به منظور صرفه جویی در مصرف منابع فسیلی، نقش مهمی برای انرژی هسته‌ای در الگوی انرژی کشور در نظر گرفته شده و به علاوه استفاده از انرژی سدها و پمپ‌های ذخیره‌ای و سایر انواع انرژی‌های نو شناخته از قبیل انرژی خورشیدی و ژئو ترمال و انرژی باد و جزر و مد دریا و هیدروژن و غیره مورد تأکید خاص واقع شده است.

با در نظر گرفتن ارزش واقعی نفت و موقعیت آتی آن در بازارهای جهان در برنامه‌ریزی تولید برق، در نظر گرفته شده است که با استفاده از انرژی هسته‌ای نسبت به نصب و بهره‌بردای از نیروگاه‌های اتمی و نیز از کلیهٔ امکانات و ظرفیت‌های قابل حصول انرژی آبی رودخانه‌های کشور، به ویژه رود کارون حداکثر استفاده برای تولید برق به عمل آید. در حال حاضر دو نیروگاه برق اتمی توسط سازمان انرژی اتمی ایران، در دست ساختمان است که بهره‌برداری از آنها با ظرفیت ۲۴۰۰ مگاوات تا چند سال دیگر آغاز خواهد شد و مقدمات ایجاد چند نیروگاه اتمی دیگر نیز فراهم شده است.

امور کار و کارگری

دو اصل چهارم و سیزدهم انقلاب مربوط بـه کـار و کـارگـری و واحدهای صنعتی و تولیدی کشور است. ایـن دو اصـل مـانند اصـل اصلاحات ارضی و دیگر اصول مربوط بدان، از ارگان انقـلاب ایـران بـه شمار می‌رود.

اعلام و اجرای اصل چهارم یعنی سهیم کردن کارگران در منـافع کارگاه‌های صنعتی و تولیدی، سرآغاز عصـر تـازه‌ای در قلمـرو کـار و صنعت در ایران بود. اجرای قانون سـهیم کـردن کـارگـران در منـافع کارگاه‌های تولیدی و صنعتی با استقرار نظام منطقی در روابط کارگـر و کارفرما، زمینهٔ مساعدی برای ایجـاد واحدهـای تولیـدی و صنعتـی بزرگ ایجاد کرد. با گشـایش کارخانـه‌های عظیـم ذوب آهـن و ابـزار ماشینی و آلومینوم و تراکتور سازی و مجتمع‌های پتروشیمی و دیگـر صنایع بزرگ، نیروی شاغل در بخش صنعت از مرز یـک میلیـون نفـر گذشت. هـم چنیـن افزایـش شـایان توجـهی در تعـداد مهندسـان و تکنسین‌ها و کارگران ماهر حاصل شد.

در شرایط تازه طبق قانونی، از کارفرمایـان واحدهـای تولیـدی و صنعتی خواسته شد که پیمان‌هایی جامع بـا کـارگـران بـا توجـه بـه دستمزد، تولید، انگیزهٔ کار و عوامل مختلـف دیگـر، امضـاء کننـد. بـر اساس پیمان‌های دسته جمعی مربوط به سـهیم شـدن کـارگـران در منافع کارگاه‌ها که بر پایـهٔ بـهره‌وری منعقـد شـده اسـت، روش‌هـای افزایش تولید و کاهش ضایعات و توجه به بهره‌وری کارگـران، مـلاک عمل قرار گرفته و حق‌السهم کارگران بـه نسبت مشارکت و مـیزان

کارآیی آنان در فعالیت‌های تولیدی کارگاه مربوط، پرداخت شده است. تنها در سال گذشته ۵۳۰٬۰۰۰ نفر از کارگران بخش دولتی و بخش خصوصی با دریافت حدود ۱۲ میلیارد ریال، در منافع کارگاه‌های صنعتی و تولیدی سهیم شده‌اند. رقم کلی سود ویژه‌ای که به کارگران کشور پرداخت شده، در طول چهارده سال ۱۲۸ برابر شده است.

سیاست کار بر سه اصل کلی مبتنی است.

۱- سیاست اشتغال، با این هدف که هر کارگر ایرانی اولاً بتواند از یک شغل مولد برخوردار شود. ثانیاً از یک حمایت منطقی در زمینهٔ ثبات شغلی بهره‌مند باشد. بدین معنی که در مقابل از دست دادن کار تأمین کافی داشته باشد و در صورتی که کار خود را به علتی از دست بدهد، تا سر حد امکان وسائل ادامهٔ کار برای وی در شغل دیگری فراهم گردد. به همین منظور شبکهٔ وسیع مراکز کاریابی و اشتغال ایجاد شده است که تعداد آنها اکنون به یکصد مرکز رسیده است و تا پایان برنامهٔ عمرانی ششم، این رقم به دویست و پنجاه بالغ خواهد شد. در صورتی که با همهٔ اینها موردی پیش بیاید که کارگر بدون تقصیر و به طور غیر ارادی برای مدتی بیکار بماند، بیمهٔ بیکاری از او حمایت خواهد کرد.

۲- سیاست مزد، که بر اساس آن حداقل مزد کارگر ساده با توجه به نیازهای ضروری و هزینهٔ زندگی برای مناطق و صنایع مختلف کشور هر سال یک بار تعیین می‌شود. به علاوه یک نظام مزدی در کارگاه بر اساس وظایف و ارزش هر شغل و شرایط احراز آن برقرار می‌گردد. نظام طبقه بندی مشاغل در کارگاه‌ها ماهیت اجباری خاص دارد و از این نظر یک ابتکار خاص و جالب در سیاست مزد است.

۳- سیاست بهره‌وری، که به موجب آن عامل بهره‌وری بیش از پیش، در تعیین یا افزایش مزد کارگران مورد نظر قرار می‌گیرد و کوشش می‌شود که بین این دو رابطهٔ مستقیم برقرار گردد. زیرا پیشرفت اقتصادی ایران ایجاب می‌کند که صنایع ما از نظر بهره‌وری در سطح رقابت با کشورهای پیشرفتهٔ صنعتی قرار گیرند. از طرف دیگر افزایش بهره‌وری کارگران به ازدیاد درآمد و ارتقاء سطح زندگی آنان کمک می‌کند. بررسی انگیزه‌های افزایش بهره‌وری نزد کارگران نشان داده است که یکی از مهم‌ترین این انگیزه‌ها ایجاد ارتباط بین مزد و بهره‌وری است. بدین معنی که پرداخت دستمزد بر حسب نتایج کار صورت گیرد و در نتیجه با افزایش بهره‌وری کارگر، دستمزد وی نیز افزایش یابد. در عین حال فرصت‌هایی که برای کارگران ایرانی در زمینهٔ آموزش حرفه‌ای و افزایش مهارت فراهم شده است، امکان ارتقاء کارگر را از یک طبقه شغلی به طبقهٔ شغلی بالاتر و در نتیجه افزایش دستمزد وی را تأمین می‌کند. آموزش حرفه‌ای کوتاه مدت، در چهارچوب اصل دوازدهم انقلاب، یعنی انقلاب آموزشی انجام می‌گیرد و هدف کلی آن تجهیز منابع نیروی کار و رفع کمبود کارگر ماهر و نیمه ماهر در کشور است. جوانانی که بی‌داشتن تخصص یا بدون اتمام تحصیلات حرفه‌ای وارد بازار کار می‌شوند و کارگران شاغل برای فراگرفتن تخصص‌های مورد نیاز و افزایش مهارت و کارگردانی که به منظور تغییر رشتهٔ کار خود لزوماً باید مهارت‌های جدید کسب کنند، افرادی هستند که از این کارآموزی برخوردار می‌شوند.

در تمام این موارد حق افراد نسبت به آموزش و ایجاد این فرصت برای آنان که در هر وضع و شرایطی بتوانند از این حق استفاده کنند، در نظر گرفته شده است جوانانی که فرصت

برخورداری از هیچ نوع آموزش حرفه‌ای را نداشته باشند، می‌توانند با استفاده از این حقی که به آنان داده شده است، در مراکز کارآموزی مهارتی را که برای آن استعداد دارند، فرا گیرند.

کارگرانی که دارای مهارت هستند نیز برای ارتقاء به مقام و رتبه‌ای بالاتر در کارگاه خود، می‌توانند در مراکز کارآموزی برای افزایش مهارت خویش تحت آموزش قرار گیرند. اگر در برخی از صنایع نیروی کار اضافی و در بخش‌های دیگر کمبود نیروی کار وجود داشته باشد، کارگران اضافی با فرا گرفتن مهارت‌های مورد نیاز در بخش‌های اخیر می‌توانند مجدداً به کار مشغول شوند.

عامل بسیار مهمی که در همهٔ این موارد دخالت دارد و مستقیماً در تنظیم قراردادهای دسته جمعی سهیم شدن کارگران در سود کارخانه‌ها مؤثر است، گفت و شنود مستمر در کارخانه‌ها و کارگاه‌ها است. با این گفت و شنودها کارگر به خوبی می‌داند که در کارخانهٔ او چه می‌گذرد و از آن چه در سایر کارخانه‌ها و در محیط کار می‌گذرد نیز آگاه است. زیرا بدون چنین آگاهی نمی‌تواند در امر بستن قراردادها و دریافت ۲۰٪ سود اظهار نظر کند. اکنون نیز که در شرایط جدید خود او صاحب سهم کارخانه می‌شود به علت تشکیل مجمع عمومی صاحبان سهام و توضیحاتی که باید در این مجمع داده شود، بر جریان کار اطلاع می‌یابد و می‌تواند به طور مستقیم یا غیر مستقیم در بارهٔ آن اظهار نظر کند. در عین حال وزارت کار طبق وظایف خود با کارگران به طور دائم تماس دارد. یعنی بین کارگر و دولت گفت و شنود منظم برقرار است.

همهٔ این مقررات و ضوابط متکی بر اصل حسن رابطه میان دو عامل اصلی تولید یعنی کار و سرمایه است که شرط تحقق آن ایجاد محیطی سرشار از صداقت و اعتماد و همکاری است. بر همین اساس

بود که مقررات سهیم کردن کارگران در منافع کارگاه‌های صنعتی و تولیدی بر پایهٔ حفظ و حمایت از سرمایه و در عین حال بر پایهٔ حفظ و حمایت از نیروی کار و مشارکت آنان در دست‌آوردهای کارشان استوار گردید. چنین حمایتی در عین حال با برقراری ضوابط صحیح اقتصاد صنعتی، محیط سالمی برای گسترش صنایع فراهم کرد و در نتیجه تحقق این اصل از انقلاب به صورت انگیزهٔ همکاری کارفرما و کارگر در راه تولید بیشتر و بهتر و در عین حال اهرم استواری برای توزیع عادلانهٔ سود این تلاش مشترک در آمد.

***

با همهٔ اینها کوشش انقلابی در زمینهٔ کار و مشارکت کارگران و در عین حال کشاورزان و سایر مردم کشور در دست‌آوردهای توسعهٔ اقتصادی و اجتماعی مملکت، در اجرای اصل چهارم انقلاب خلاصه نشد. زیرا در دو سال پیش اصل دیگری به عنوان سیزدهمین اصل انقلاب اعلام شد که گسترش مالکیت واحدهای صنعتی و تولیدی نام داشت و مسلماً اعلام این اصل نقطهٔ عطفی در تحول صنعتی کشور و عامل اساسی یک دگرگونی عمیق در روابط اقتصادی و اجتماعی ملی بود. مشارکت کارگران و دیگر مردم در سرمایهٔ واحدهای تولیدی بزرگ بخش خصوصی و کارخانه‌های بخش دولتی که حاصل اجرای این اصل انقلاب و یکی از پدیده‌های اقتصادی بی‌سابقه و بی‌نظیر جهان است، نه فقط باعث توزیع عادلانه‌تر درآمد می‌شود و فضای کار و روابط کارگر و کارفرما را با تفاهم و همکاری بیشتری در می‌آمیزد، بلکه باعث می‌شود که کارگر ایرانی دیگر خود را فقط عامل مولد ثروت محسوب نکند، بلکه در عین حال مالکیت قسمتی از واحدهای

تولیدی مملکت را نیز داشته باشد. بدین ترتیب صنایع ایران با به کار گرفتن سرمایه‌ها و پس‌اندازهای کوچک و نیز با بهره‌گیری از علاقمندی عمومی به صنایع ملی و همبستگی کارگر و کارفرما از تمامی تلاش‌ها و استعدادها در امر افزایش سطح تولید و بالا بردن مرغوبیت کالا و در نتیجه اعتلای قابلیت رقابت مصنوعات کشور بهره‌مند خواهند شد.

انگیزهٔ اعلام این اصل توجه بدین واقعیت بود که پیشرفت سریع کشور در راه صنعتی شدن و سود بخشی فراوان سرمایه‌گذاری در واحدهای تولیدی و صنعتی که با تشویق و کمک دولت برای این نوع سرمایه‌گذاری‌ها همراه بود، به تدریج راه برای پیدایش نوعی "فئودالیسم صنعتی" می‌گشود که طبعاً نمی‌بایست جانشین "فئودالیسم ارضی" ملغی شده گردد. از طرف دیگر اصل اقتصاد دموکراتیک به عنوان زیربنای اقتصادی انقلاب ایجاب می‌کرد که هیچ گونه عامل استثماری در اقتصاد ایران دخالت نداشته باشد. خواه این استثمار به وسیلهٔ شخص یا به وسیلهٔ دولت و یا توسط دسته‌ای که مدافع یک اقلیت یا یکی از طبقات خاص اجتماع باشد، انجام پذیرد. این احتمالی بود که با وضع سیزدهم انقلاب به موقع راه بر آن بسته شد.

انگیزهٔ دیگر اعلام این اصل، تسریع در پیشرفت صنعتی کشور از طریق بالا بردن تولید و بهره‌وری و افزایش میزان اشتغال و افزایش سطح درآمد ملی است. در این زمینه ارتقاء سطح درآمد کارگران و کشاورزان که سهم حیاتی در پیشرفت اقتصادی کشور به عهده دارند، مورد تأکید خاص است ولی البته این تأکید مباین توجه به بالا رفتن سطح زندگی سایر طبقات نیست. بر این مبنا برای از بین بردن فواصل نامعقول درآمدها در بخش صنعت و پیش‌گیری از زیان‌های

ناشی از ایجاد فئودالیسم صنعتی، که شرایط بالقوهٔ آن از طریق تمرکز و تجمع و سرمایه در واحدهای صنعتی فراهم می‌شود و نیز به منظور ایجاد رابطه‌ای معقول و عادلانه بین عوامل تولید که ضامن تداوم رشد صنعتی کشور است، فرمان گسترش مالکیت واحدهای تولیدی صادر شد و برای اجرای آن قانون لازم به تصویب قوهٔ مقننه رسید. به موجب این قانون و آئین‌نامهٔ اجرایی آن، کلیهٔ واحدهای صنعتی و تولیدی کشور که پنج سال از تاریخ بهره برداری آنها گذشته باشد، مکلفند سهام خود را در درجهٔ اول به کارگران و کارکنان خویش و سپس به کارگران و کارمندان دیگر واحدهای تولیدی و کشاورزان و سایر مردم، برای فروش عرضه کنند. به طوری که تا پایان مهر ماه ۲۵۳۷ [۱۳۵۷ خورشیدی] معادل ۹۹٪ سهام متعلق به دولت در واحدهای بخش دولتی، به استثنای صنایع مادر و بعضی از صنایع دیگر که طبق تشخیص دولت، تمام یا قسمتی از آنها در دست دولت باقی خواهد ماند، و ۴۹٪ سهام واحدهای بخش خصوصی بر اساس ضوابطی که به وسیلهٔ شورای گسترش مالکیت واحدهای تولیدی تعیین می‌شود، در اختیار مردم قرار گیرد. حفظ ۱٪ سهام واحدهای بخش دولتی از طرف دولت فقط بدین منظور است که مدیریت دولت در گردش کار این واحدها محفوظ بماند. عرضهٔ ۴۹٪ سهام در واحدهای بخش خصوصی نیز بر این اساس پیش‌بینی شده است که کسانی که برای ایجاد این واحدها سرمایه‌گذاری کرده و آنها را تا مرحلهٔ سود بخشی پیش برده‌اند، هم چنان اکثریت سهام آنها را در اختیار داشته باشند، تا در کادر مدیریت این واحدها پس از فروش سهام آنها مشکلی پیش نیاید. البته صاحبان سهام اکثریت مدیران لایق را انتخاب خواهند کرد.

اجرای این اصل طبعاً در امر توزیع عادلانه‌تر درآمدها و توسعهٔ مشارکت عمومی در فعالیت‌های اقتصادی تأثیر قاطع دارد. عرضهٔ سهام واحدهای تولیدی به کارگران، آنان را مستقیماً در نتایج کوشش‌هایشان سهیم می‌کند و افزایش تولید و بهبود در کیفیت آن را نیز به همراه می‌آورد. از طرف دیگر مشارکت کشاورزان در این امر که از طریق شرکت‌های تعاونی روستایی و شرکت‌های سهامی زراعی یا مستقلاً صورت می‌گیرد، موجب پیدایش ارتباط مستقیم و سازنده بین فعالیت‌های کشاورزی و صنعتی می‌شود.

در اجرای این اصل از انقلاب تاکنون سهام ۱۵۳ واحد تولیدی کشور که قبل از اجرای قانون گسترش مالکیت واحدهای تولیدی، در اختیار تعداد محدودی سهام‌دار عمده بود، در اختیار بیش از ۱۶۳۰۰۰ کارگر و کشاورز قرار گرفته است و پیش‌بینی می‌شود که تا پایان مهر ماه ۲۵۳۷ [۱۳۵۷ خورشیدی] روی هم ۳۲۰ واحد تولیدی بزرگ ۴۹٪ سهام خود را به ارزش تقریبی ۱۷۰ میلیارد ریال، به کارگران و سایرین عرضه کنند. این مشارکت غالباً به کمک وام‌هایی که دولت به آنها می‌دهد، عملی می‌شود. بدین ترتیب که کارگرانی که بیش ار یک سال در یک واحد تولیدی مشمول قانون کار، به کار مشغول بوده‌اند، می‌توانند با اعتباری که سازمان مالی گسترش واحدهای تولیدی در اختیار آنها قرار می‌دهد، تا حداکثر پانصد هزار ریال از سهام واحدهای تولیدی مذکور و یا هر واحد تولیدی مشمول قانون را خریداری نمایند. باز پرداخت این اعتبار بایستی حداکثر ظرف ده سال از محل سود سهام بر طبق ضوابط مشخص انجام گیرد و البته این بدهی در هر موقع می‌تواند به صورت یک جا پرداخت شود، پیش‌بینی شده است که کارخانجات بتوانند از همان روز اول

۴۹٪ سهام را عرضه کنند. بدین ترتیب که دولت آنها را از کارخانه خریداری کند سپس با همان شرایط کارخانه به کارگر واگذار نماید.

چنین مشارکتی تحقق تئوری تازه‌ای است میان روش مارکسیسم که هیچ انگیزهٔ جالبی برای خوب کار کردن به کارگر نمی‌دهد و روش سرمایه‌داری صرف که به علت بهره‌کشی انسان به دست انسان فاقد ارزش اخلاقی است. در سیستم مشارکت ما، کارگر هم مالک است و هم برای خودش کار می‌کند. سرمایه و ابتکارات خصوصی محترم شمرده می‌شود و در عین حال حقوق انسانی و اجتماعی کارگر نیز مورد حمایت کامل قرار می‌گیرد. وقتی که یک نفر جنبهٔ "کارگر مالک" را داشته باشد تضادهایی که هر یک از این دو جنبه را در صورت مجزا و مستقل آنها در بر می‌گیرد، دیگر انگیره وجودی نخواهد داشت.

از طرف دیگر شریک شدن مردم در سهام کارخانه‌ها سرمایه‌های تازه‌ای را چه در بخش دولتی و چه در بخش خصوصی بسیج می‌کند. زیرا پولی که هر فرد بابت خرید سهام می‌پردازد به طور غیر مستقیم سرمایه‌گذاری مجددی در راه صنعتی کردن کشور است. از این طریق بی‌آن که امکان پیدایش "غول"ها یا "امپراتوری"های صنعتی باشد، با پخش سهام میان مردم پول اضافی آنها به صورتی شرافتمندانه و با نتایج مطلوب برای ایجاد صنایع تازه و تولید ثروت‌هایی گردآوری می‌شود که می‌باید حاصل آنها تدریجاً جای درآمد کنونی نفت را بگیرد.

* * *

بدین ترتیب شرایط و محیط کار در جامعهٔ کنونی ایران بر اثر همکاری صمیمانهٔ دولت و کارفرما و کارگر و اجــرای قوانیــن انقلابــی کار و صنعت از هر زمان دیگر در طول تاریخ کــهن ایــران مــترقی‌تر و عالی‌تر است. با برخورداری از این شرایط اکنون طبقهٔ کارگر ایرانی نه تنها در داخل جامعهٔ خود از موقعیتی شایسته برخودار است، بلکــه در جامعهٔ جهانی نیز از نظر حقوق و امتیازات قانونی و قوانین مترقی کـار در صفوف مقدم جوامع پیشرفته قرار دارد.

در این زمینه طبعاً توجه به کیفیت کار، اهمیت فراوان دارد. زیرا در دنیای امــروز یکــی از مــهم‌ترین وجــوه امتیــاز و مــلاک پیشــرفت جوامع، درجهٔ ترقی بهره‌وری و مدیریت و کفـایت آنـها در اسـتفاده از پدیده‌ها و دست‌آوردهای دانش و تکنولوژی است. برای این کـار بایـد کوشش شــود کــه از نــیروی ابتکــار و اســتعدادهای فــردی کــارگران حداکثر استفاده به عمل آید و امکانات لازم برای پرورش شـخصیت و دانش آنان چه در محیط کار و چه در خارج از آن به نحــو احســن در دسترس ایشان گذاشته شود.

برای تأمین این منظور طرح جدید قانون کـار کـه بـا توجـه بـه آخرین تحولات اقتصادی و اجتماعی کشور تهیــه شــده، شــرایط کـار کارگران را در بیشتر زمینه‌ها مورد تجدید نظـر قـرار داده و ضوابطـی تازه برای آن در نظر گرفته است که با مقتضیـات و نیازهـای آینـدهٔ ایران سازگارتر خواهد بود. از طرف دیگر در مورد بیمه‌های کارگری و امور رفاهی و اجتماعی و ورزش و تربیت بدنی کارگران و خانواده‌های آنان اقدامات وسیعی در جریان است. هزاران کودک این خانواده‌هـا در شیر خوارگاه‌ها مراقبت می‌شوند و در عین حال اندرزگاه‌هـای خـاصی آنها را در مورد امور خانواده و بهداشت و آموزش راهنمایی می‌کنـند و بدانان مهارت‌های گوناگــون از قبیـل کارهـای دسـتی و دوزنـدگی و

آشپزی و غیره می‌آموزند. تعاونی‌هـای مصـرف، مـواد غذایـی و دیگـر کالاهای مورد نیاز را با قیمت‌های نازل‌تر در دسترس آنان می‌گذارنـد. تعاونی‌های اعتبار و مسکن نـیز نیازمندی‌هـای آنـان را از ایـن حیـث تأمین می‌کنند و به خصوص بانک رفاه کارگران برای تهیـهٔ مسـکن و دیگر امور ضروری بدانان وام کم بهره می‌پردازد.

در سال‌های اخیر در حدود ۲۵۰ باشگاه ورزشی برای کـارگران در تهران و شهرستان‌ها ایجاد شده است. دو اردوگاه بـزرگ تابسـتانی در کرانهٔ خزر مورد استفادهٔ ده‌ها هزار کارگر و خانواده‌هـای آنهاسـت. ایجاد تدریجی تعداد بیشتری از اردوگاه‌ها و استراحتگاه‌ها در مناطق خوش آب و هوا به منظـور اسـتفادهٔ بـهتر کـارگـران از مرخصی‌هـای سالانه، قسمتی از طرح‌های در دست اجراست.

تعمیم دموکراسی

پنجمین اصل انقلاب یعنی اصلاح قانون انتخابات اکنون به طور کامل عملی شده است. اعلام و اجرای این اصل در آغاز انقلاب از نظر تعمیم دموکراسی و تأمین شرکت واقعی مردم در تعیین سرنوشت خودشان، اهمیتی اساسی داشت. مهم‌ترین دست‌آورد این اصل، شرکت زنان ایران در انتخابات در شرایط حقوقی کاملاً مساوی با مردان بود. ولی تغییرات مهم دیگر در قوانین انتخاباتی و تدوین قانون، تشکیل انجمن‌های استان و شهرستان و انجمن‌های شهر و ده و قانون نظام صنفی و ایجاد شوراهای آموزش و بهداری نیز نتایج دیگری بود که این اصل به طور مستقیم یا غیر مستقیم به همراه آورد.

با اعطای حق رأی به همگان، نظام پارلمانی ایران که تا قبل از انقلاب، پارلمان ایران را به صورت یک باشگاه خصوصی ثروتمندان و متنفذان در آورده بود، بر پایهٔ بسیار وسیع‌تر و مترقی‌تر استوار گردید. زنان ایران که نقش سازندهٔ آنان در اجتماع امروز ایران نقشی فعال و مثبت و احترام‌انگیز است، از آن پس در تمام شئون حیات ملی شرکت جستند و به مقاماتی چون وزارت، سفارت، نمایندگی مجلسین، استادی دانشگاه‌ها، قضاوت، وکالت دادگستری، شهرداری، مدیریت شرکت‌ها و مقامات حساس متعدد دیگر رسیدند. حتی زنان افسر و درجات پائین‌تر در نیروهای مسلح، مشغول کار هستند.

مشارکت ملی در همهٔ امور مملکتی و حکومت مردم بر مردم، اکنون در همهٔ سطوح زندگی اجتماعی، از پائین‌ترین تا بالاترین

سطح، تحقق یافته است. مردم ایـران آزادانـه نمـایندگـان خـود را در تعاونی‌ها، شوراهای ده، خانه‌های انصاف، انجمن‌های شهر و شهرستان و شوراهای داوری انتخاب می‌کنند و در مرحلهٔ بـالاتر، یعنـی در رأی گیری حزبی و رأی گیری برای انتخاب نمایندگان مجلس شورای ملی و مجلس سنا نیز که برای هر کرسی آنها چندیـن نفـر نـامزد معرفـی می‌شوند، مستقیماً شرکت دارند. از طرف دیگر در اظهار نظریات خـود از راه سـازمان‌های حزبـی و از راه وسـائل خـبری، از آزادی کـامل برخوردارند. منطقاً این کامل‌ترین نوع دموکراسی اسـت کـه می‌توانـد وجود داشته باشد.

بررسی تعداد شرکت کنندگـان در انتخابـات پارلمـانی و نسـبت آنها به کل جمعیت فعـال کشـور نشان داده اسـت کـه تعمیـم ایـن سیستم دموکراتیک چه تأثیر مثبت و عمیق اجتماعی داشته و تا چـه اندازه حس مشارکت عمومی را در امور کشور تقویت کرده است. ایـن نسبت طبق آمار رسمی در انتخابات ادوار بیسـت و یکـم تـا بیسـت و چهارم قانون گذاری به ترتیب ۲۶/۴٪ و ۴۱٪ و ۴۴/۵٪ افزایش نشـان می‌دهد. تعداد مطلق آراء که در چهار دورهٔ قبل ۱,۶۷۴,۴۰۰ بوده، در آخرین دورهٔ انتخابات به ۵,۱۰۳,۶۸۳ بالغ شده است.

آموزش

سه اصل از اصول انقلاب، یعنی اصول ششم و دوازدهم و پانزدهم، ناظر به امور آموزشی است. این نشانی گویا از اهمیت خاصی است که انقلاب ایران برای امر آموزش و پرورش قائل است.

نخستین این اصول اصل ششم است که به موجب آن "سپاه دانش" ایران به منظور گسترش سوادآموزی در روستاهای کشور به وجود آورده است. این سپاه یکی از سپاه‌های سه گانهٔ انقلاب است که شاید نیازی به هیچ گونه توضیح و تفسیر در بارهٔ اهمیت نقش انقلابی آنان در پیشبرد نهضت سازندگی ایران امروز نباشد. زیرا اکنون سال‌هاست که کار این سپاهیان انقلاب ایران نه تنها در داخل کشور ما، بلکه در صحنهٔ جهانی نیز به صورت حماسهٔ انسانی غرورانگیزی در آمده است. جوانانی که با عنوان پر افتخار سپاهیان انقلاب، دانش و تندرستی و آبادانی را با خود به روستاهای دور و نزدیک کشور برده‌اند، از شایسته‌ترین پاسداران آن ارزش‌های جاودان ایرانی هستند که زیربنای انقلاب امروز ایران و تمدن بزرگ فردای آن است.

بنابر این در این مبحث از توضیح در مورد ماهیت سپاه دانش (که قبلاً در کتاب انقلاب سفید، به تفصیل مورد تحلیل قرار گرفته است) صرف نظر می‌کنم و فقط به ذکر توضیحاتی می‌پردازم که از نظر تحلیل کلی فعالیت‌های آموزشی ایران امروز و برنامه‌های آیندهٔ آن ضروری است.

هنگامی که سپاه دانش کار خود را آغاز کرد، در ترکیب جمعیت ایران ۷۰٪ مردم روستایی و ۳۰٪ شهرنشین بودند. ولی از نظر آموزش

و فرهنگ، این نسبت وضعی به کلی متفاوت داشت. بدین معنی که طبق آمار فقط ۲۴٪ از کودکان روستایی که به سن تحصیل رسیده بودند، امکان رفتن به دبستان را داشتند و برای بقیهٔ آنان وسائل و امکانات لازم در این زمینه فراهم نبود. سرشماری سال ۲۵۱۵ [۱۳۳۵ خورشیدی] نشان می‌داد که تنها ۱۴/۹٪ جمعیت کشور از ده سال به بالا باسواد بودند. در سال آغاز انقلاب با توجه به درصد اطفال لازم التعلیم می‌بایست در حدود چهار میلیون نفر نوآموزان در دبستان‌های ایران مشغول تحصیل باشند، در صورتی که طبق آمار فقط ۱٬۷۲۰٬۰۰۰ نفر از آنان به تحصیل اشتغال داشتند. بدین ترتیب با همهٔ کوشش‌هایی که در سطح مملکتی انجام گرفت، هنوز در حدود ۲/۳ میلیون نفر کودک لازم التعلیم، نتوانسته بودند به دبستان راه یابند.

از هنگام اجرای اصول انقلاب، تلاش پیگیر و منظمی در همهٔ سطوح مملکتی، برای گسترش آموزش به سراسر کشور آغاز شد که فعالیت سپاهیان دانش (که تاکنون شامل ۲۹ دوره سپاه پسران و ۱۸ دوره سپاه دختران بوده و تعداد کلی آن‌ها در سال گذشته از مرز یکصد هزار نفر گذشته است) قسمتی از این برنامه‌های کلی آموزشی مملکت بود. با اجرای این برنامه‌ها تعداد دانش آموزان کشور از آغاز انقلاب تاکنون از حدود ۱/۵ میلیون نفر به حدود ۸/۵ میلیون نفر رسیده یعنی رشدی معادل ۵۶۰٪ داشته است. این افزایش به خصوص در سطح آموزش عالی با آهنگی انجام گرفته است که در هیچ کشور دیگر نظیر ندارد.

از نظر تفکیکی در این فاصلهٔ پانزده ساله، تعداد کودکان کودکستانی‌ها رشدی معادل ۱۳۵۰٪، تعداد سوادآموزان مدارس سپاه دانش رشد ۶۹۲٪، تعداد دانش آموزان ابتدایی رشد ۵۶۰٪، تعداد

شاگردان دوره‌های راهنمایی تحصیلی رشد ۲۶۳٪، تعداد دانش آموزان دبیرستان‌های عمومی رشد ۳۳۱٪، تعداد هنرجویان مدارس فنی و حرفه‌ای رشد ۱۵۵۰٪ داشته است. نسبت دانش آموزان ابتدایی در مناطق روستایی به کل دانش آموزان کشور، در این فاصلهٔ زمانی از ۳۹/۴٪ به ۵۲/۸٪ و نسبت اشتغال به تحصیل کودکان شش تا ده ساله از ۴۶/۴٪ به ۷۴٪ رسیده است. تعداد مدارس کشور نیز در این مدت ۳۲۴٪ افزایش یافته است.

بررسی‌های انجام شده ادامهٔ منظم این رشد را در همهٔ سطوح برای سال‌های آینده پیش‌بینی می‌کند و این واقعیتی است که پاسخگویی بدان سنگین‌ترین وظیفهٔ دستگاه آموزشی کشور است.

طبق برآوردهایی که شده، تعداد محصلین مملکت در سطوح مختلف تحصیلی که اکنون ۹,۱۲۰,۰۰۰ نفر است، در پایان برنامهٔ عمرانی ششم به ۱۳,۷۳۰,۰۰۰ نفر خواهد رسید. منجمله تعداد نوآموزان کودکستانی که در آغاز برنامهٔ پنجم فقط ۴۱,۰۰۰ نفر بود یعنی ۴/۳٪ از کل کودکان را در سن ورود به کودکستان تشکیل می‌داد، در پایان برنامهٔ ششم ۸۵۵,۰۰۰ نفر، یعنی ۶۸/۳٪ آنها خواهد بود.

تعداد دانش آموزان دورهٔ ابتدایی که در اولین سال تحصیلی برنامهٔ پنجم ۶۶/۴٪ از کل کودکان لازم‌التعلیم شش تا ده سالهٔ کشور بود، در پایان برنامهٔ ششم به ۶,۶۴۶,۰۰۰ نفر، یعنی ۹۲/۳٪ آنها خواهد رسید. در همین مدت تعداد دانش آموزان دورهٔ راهنمایی تحصیلی از ۹۰۶,۰۰۰ نفر به ۲,۶۰۵,۰۰۰ نفر، تعداد دانش آموزان دورهٔ دبیرستانی از ۷۴۷,۰۰۰ نفر به ۱,۷۵۲,۰۰۰ نفر، تعداد هنرجویان مدارس فنی و حرفه‌ای از ۸۰,۰۰۰ نفر به ۵۵۰,۰۰۰ نفر و

تعداد فارغ‌التحصیلان دبیرستان از ۸۱,۰۰۰ نفر به ۳۱۰,۰۰۰ نفر بالغ خواهد شد.

در اجرای کلی برنامه‌های آموزشی کشور گذشته از مراکز رسمی آموزشی، از سطح کودکستان تا دانشگاه، سازمان‌ها و مراکز متعدد دیگری نیز به غیر از مدارس سپاه دانش، به تناسب نیازهایی که به فعالیت آنها وجود دارد، مشغول کارند. به اضافه از راه مدارهای ویژهٔ ماهواره‌ای و تلویزیون آموزشی، در گسترش آموزش به سراسر کشور، کوشش می‌شود و خواهد شد. یکی از این سازمان‌ها، دوره‌های تحصیلی آموزش بزرگسالان است که امکانات تحصیل در دوره‌های مختلف آموزشی را برای نوجوانان و جوانان ۱۵ تا ۳۵ ساله که قبلاً نتوانسته‌اند به مدارس بروند، فراهم می‌سازد. در این دوره‌ها، محصلین می‌توانند در مراکز سوادآموزی حرفه‌ای و کلاس‌های تکمیلی سواد آموزی حرفه‌ای تا تحصیلاتی معادل دورهٔ متوسط، در زمینه‌های فنی و حرفه‌ای به ادامهٔ تحصیل بپردازند.

برای فراهم آوردن وسائل سواد آموزی تحصیل آن دسته از مردم کشور که زندگی عشایری دارند و مدتی از سال را به کوچ نشینی می‌گذرانند، ادارهٔ آموزش عشایری ایجاد شده است که عمده فعالیت‌های آن، همراه با نقل و انتقال ایل نشینان در بیابان‌ها و کوهستان‌ها و زیر چاردها انجام می‌گیرد. این اداره گسترش سواد و تحصیل را در تمام نقاط ایل نشین کشور به عهده دارد و ضمناً به فرزندان ایل نشینان رشته‌های فنی و حرفه‌ای را تعلیم می‌دهد.

برای تعلیم کودکان استثنایی نیر برنامه‌هایی اجرا می‌شود که طبق ضوابط معینی هر دو دسته اطفال پیشرفته و اطفال عقب افتادهٔ ذهنی را در بر می‌گیرد.

قسمت دیگری از فعالیت‌های آموزشی، توسط کمیتهٔ ملی پیکار با بی‌سوادی انجام می‌گیرد که از سال گذشته اجرای طرح وسیع تازهٔ آن به نام "جهاد ملی سواد آموزی" آغاز شده است. در برنامه‌های این نهضت، حد سواد آموزی از معیار گذشته، یعنی آموزش خواندن و نوشتن و حساب کردن، بالاتر می‌رود و ابعاد مختلف زندگی بزرگسالان را بر حسب هدف‌ها و اولویت‌های اجتماعی و اقتصادی ملی و در عین حال، نیازها و علایق مردم در بر می‌گیرد. هدف این کوشش آن است که، منتها تا ده سال دیگر، میزان بی‌سوادی در گروه سنی مورد عمل این برنامه‌ها به ۱۵٪ که طبق بررسی‌های بین‌المللی، حد مطلوب برای عدم قطعی بازگشت بی‌سوادی به یک جامعه است، کاهش داده شود. در این مورد چهار برنامهٔ مجزا، برای خردسالان، شهروندان، زنان روستایی و مردان روستایی در دست اجراست.

طبق آماری که از طرف کمیتهٔ ملی پیکار با بی‌سوادی تهیه شده، تنها در سال گذشته ۷۲۴٬۶۳۸ نفر، در ۲۶٬۰۰۰ کلاس شهری و روستایی این کمیته، به سواد آموزی اشتغال داشته‌اند. این تعلیم زیر نظر ۹٬۲۵۹ کمیتهٔ محلی سواد آموزی، توسط ۲۰٬۹۷۸ آموزشیار زن و مرد صورت گرفته است.

تذکر این نکته لازم است که به موازات توسعهٔ مراکز آموزشی کلی، به توسعهٔ مدارس علوم دینی توجه خاص شده است. این موضع در آینده نیز همواره مورد توجه کامل خواهد بود. زیرا تقویت و تحکیم مبانی دینی و آگاهی هر چه بیشتر عمومی در این زمینه، از ضروریات قوام و استحکام جامعه است.

اهمیت سهم آموزش در نظام نوین ایران، از سرمایه‌گذاری‌هایی که در برنامه‌های مختلف عمرانی کشور بدان اختصاص یافته است، روشن می‌شود. این سرمایه گذاری در برنامهٔ عمرانی سوم که شروع

آن هم زمان با آغاز انقلاب بود، چهل و پنـج میلیـارد ریـال بـود و در برنامهٔ چهارم به یکصد و هفتاد و دو میلیـارد ریـال رسـید. در برنامـهٔ پنجم این رقم به پانصد و پنجاه و یک میلیارد بالغ شد و طبـق پـیش بینی‌های مقدماتی در برنامه ششـم بـه دو هـزار پـانصد تـا دو هـزار و هفتصد میلیارد ریال خواهد رسید.

***

توضیحات و ارقـام کلی فوق، نمایانگر جهش آموزشـی کشـور در دوران پانزده سال انقلاب از نظر ماهیت و کمیت آن است. ولی جنبـهٔ کیفیت این جهش آموزشی به همان اندازهٔ پیشرفت کمی آن، شـایان تذکر است. زیرا مسلم است که برای پیشرفت واقعی آمـوزش کشـور، می‌باید گسترش کمیت با تحول و پیشرفت بنیادی در کیفیت آموزش همراه باشد و این واقعیتی است که قسمتی از اصل دوازدهـم انقلـاب، یعنی اصل "انقلاب اداری و آموزشی" بر پایهٔ آن پی‌ریزی شده است.

در اجرای این اصل، استقرار یک "نظام آموزشی" مشخص و همه جانبه در کشور ضروری تشخیص داده شد. این موضوع نخسـتین بـار در کنفرانـس آموزشـی رامسـر، در امـرداد مـاه ۲۵۲۷ [۱۳۴۷ خورشیدی] زیر نظر خود من مورد بررسی قرار گرفت و بدین ترتیـب این کنفرانس به صورت نقطهٔ عطفی در تحول آموزشی کشور در آمد. در پایان این کنفرانس، برنامه‌های کلی این تحول، طی سندی کـه "منشور انقلاب آموزشی" نام گرفت، مشخص شـد و بـرای اولیـن بـار هدف‌های آموزشی کشور روشن گردید.

هدف از انقلاب آموزشی در مرحلـهٔ اول ایـن اسـت کـه وسـایل تربیت کلیهٔ افراد و طبقات ملت ایران به طور همه جانبه فراهم گـردد

تا در ایران آینده، مسئولان هر کار و وظیفه‌ای، چه از نظر صلاحیت علمی و تخصصی و چه از نظر شایستگی اخلاقی و روحی، واقعاً شایستهٔ ایفای این وظایف و مسئولیت‌ها باشند. یعنی نه فقط با رموز دانش و فن آشنا باشند، بلکه این دانش را با بینش و با ارزش‌های بزرگ انسانی نیز درآمیخته باشند.

مواد اول تا دوازدهم منشور رامسر مبین اصول و هدف‌های انقلاب آموزشی است که می‌باید در اجرای آنها، نیازمندی‌های اجتماعی ایران در سال‌های آینده، پیش‌بینی شود و طرح‌ریزی‌های آموزشی، با آخرین روش‌های علمی و فنی هم‌آهنگ گردد. بقیهٔ مواد این منشور به توجیه آثار آموزش ابتدایی و متوسط و نقش دانشگاه‌ها و مؤسسات آموزشی عالی اختصاص یافته است.

بر اساس اصول این منشور و با توجه به نیازهای اقتصادی و اجتماعی امروز و فردای ایران، اقدام به طرح‌ریزی نظام آموزشی شد. به طوری که این نظام از یک سو، زمینهٔ پیشرفت اقتصادی و تأمین نیروی انسانی لازم و صالح را برای تأمین رشد مستمر کشور فراهم سازد و از سوی دیگر، حافظ ارزش‌ها و اصالت‌های ملی و فرهنگی ایرانی باشد. چنین برنامه ریزی، مسلماً با پیروی صرف از راه و رسم‌هایی که نسبت به شرایط مقتضیات خاص جامعهٔ ایرانی بیگانه است، مقدور نبود و می‌بایست در این راه این نظام آموزشی مانند خود انقلاب ایران از شرایط و نیازها و روحیات و ارزش‌های خاص ملی مایه گیرد.

دوران دههٔ انقلاب آموزشی، مقارن با جهش بسیار سریع و بی‌سابقهٔ اقتصاد کشور بود که یکی از نتایج آن، گسترش تقسیم کار و نیاز روزافزون به تخصص‌ها و مهارت‌های گوناگون بود و طبعاً این امر تنوع بخشیدن بیشتر به نظام آموزشی را ایجاب می‌کرد. در این مورد،

تذکر این نکته کافی است که تعداد رشته‌های تحصیلی در کشور ما در ده ساله اخیر، از حدود ۷۵ رشته به ۵۵۲ رشته، افزایش یافته است.

به موازات این امر، آموزش فرهنگ ملی نیز در سال‌های اخیر در نظام آموزشی ایران، بعد تازه‌ای یافت. منجمله شناخت بهتر نهادهای سیاسی و نهادهای اجتماعی کشور، از هدف‌های اساسی این نظام قرار گرفت. ولی البته مفهوم این موضوع عدم توجه به جنبه‌های دیگر فرهنگ ملی نیست.

از طرف دیگر، توسعهٔ اقتصادی ایران و پیچیده شدن مسائل و تنوع نیازها در مناطق مختلف، ضرورت توجه به اصل عدم تمرکز را ثابت کرد. زیرا دیگر با وسعت عظمت مسائل، چاره جویی و جوابگویی همهٔ آنها از جانب مرکز واحدی مقدور نبود. بدین جهت در نظام آموزشی اصل عدم تمرکز نخست به صورت استانی شدن بودجه و سپس به صورت تطبیق برنامهٔ آموزشی با نیازمندی‌ها و شرایط محل مطرح شد. از این دیدگاه رهنمودهای تازه‌ای در تحول آموزشی کشور، بدین ترتیب در نظر گرفته شد:

۱- چون نظام رسمی آموزش نمی‌تواند به سرعت پاسخگوی نیازهای بازار اقتصادی و اجتماعی کشور گردد، توجه به آموزش‌های غیر رسمی و خارج از نظام آموزشی، ضروری است. از این نظر می‌باید انواع آموزش‌های کوتاه مدت و حرفه‌ای، وابسته به سازمان‌های دولتی و غیر دولتی توسعه یابد و تسریع گردد، تا هر چه زودتر جوابگوی نیازهای صنعت و خدمات کشاورزی مملکت شود.

۲- نظام و روش مدیریت در دستگاه آموزشی کشور، از راه واگذاری مسئولیت‌های اداری و اجرایی و اختیار تصمیم گیری به

استان‌ها و شهرستان‌ها و جلب مشارکت هر چه بیشتر معلمان و مردم در ادارهٔ امور آموزشی، مورد تعدیل قرار گیرد.

۳- آموزش متوسطه اعم از نظری و فنی و حرفه‌ای به نحوی اصلاح شود که انعطافی زیادتر، جوابگوی نیازهای جامعهٔ ایران باشد و آموزش فنون و تعلیمات حرفه‌ای را بیشتر و سریع‌تر ممکن سازد.

۴- تکنولوژی آموزشی به عنوان روشی در راه حل مشکلات آموزش، مورد استفاده قرار گیرد تا برای چاره‌جویی این دشواری‌ها، راه‌حل‌های مناسب ایرانی پیدا کند.

در مورد ارتقاء کیفیت آموزش نیز، عوامل زیر در برنامه‌ریزی‌ها، مورد توجه قرار گرفت:

۱- ایجاد امکانات بیشتر برای اشتغال به تحصیل در داخل کشور.

۲- مرتبط ساختن آموزش عالی با تمام بخش‌های اقتصادی و اجتماعی، با توجه به نیازهای توسعه.

۳- ارتقاء کیفیت کادر آموزشی و ایجاد مکانیسم ارزیابی آن.

۴- آموزش علمی اعضای هیئت‌های علمی دانشگاه‌ها و مؤسسات آموزش عالی.

۵- ملزم کردن کادر آموزشی به تحقیق و در آمیختن آموزش با پژوهش.

۶- جهت‌گیری تخصصی دانشگاه‌ها، به تبع امکانات هر دانشگاه و شرایط محیط.

۷- تکیه بر آموزش چند جانبی و آموزش بین رشته‌ای و ایجاد گروه‌های آموزشی در سطح دانشگاه، به منظور افزایش بازده کادر آموزشی.

۸- توسعهٔ آموزشی میراث‌های فرهنگی و علمی کشور و تکیهٔ خاص بر آموزش زبان فارسی.

در آستانهٔ انقلاب آموزشی، نظام آموزشی کشور تقریباً ۱۲٪ کل جمعیت را در بر می‌گرفت و اکنون این نظام به عنوان گسترده‌ترین نهاد اجتماعی مملکت، از نظر کمیت، حدود ۲۲٪ کل جمعیت را در بر گرفته است. بدین معنی که در حال حاضر ۲۲٪ از جمعیت کل کشور، زیر پوشش سطوح مختلف آموزش قرار گرفته‌اند. این نسبت تا ده سال دیگر، از ۳۰٪ نیز فزونی خواهد گرفت. یعنی در آن موقع نزدیک به یک سوم تمام جمعیت کشور در قلمرو نظام آموزشی به تحصیل اشتغال خواهند داشت. در نتیجه سهم افراد از ثروت علمی و فرهنگی کشور، بیش از پیش افزایش خواهد یافت و بدین ترتیب، نیروی انسانی فعال کمتری هزینهٔ افراد زیر پوشش آموزش وسیعی را بر دوش خواهد داشت. چنین وضعی ایجاب می‌کند که در ده سال آینده به کمک تکنولوژی پیشرفته و مهارت‌های مختلف، قدرت تولید و بهره‌وری سرانهٔ افراد فعال به سرعت افزایش یابد تا بتوان هزینه‌های فزایندهٔ آموزشی جمعیت غیر فعال را تحمل کرد.

در این راه، استعداد یابی دانش آموزان و دانشجویان و راهنمایی آنها به رشته‌های مطلوب کاملاً ضروری است و شاید بهترین شیوه در این مورد پرس و جو از خود آنها باشد. بدین جهت اصل "گفت و شنود" یکی از اصول مهم انقلاب آموزشی منظور شده است. انقلاب واقعی در امر آموزش البته با رعایت ضوابطی که باید از نظر روان شناسی و انسانی و از لحاظ فنی رعایت شود، می‌باید به هم‌فکری و هم‌کاری و گفت و گوی سازندهٔ همهٔ افراد شرکت کننده انجام گیرد و شاید لازم به تذکر نباشد که اساس اخلاقی هر گفت و گویی از قبیل

خدمت بیشتر به مصالح ملی و موازین میهنی است که زیر بنای تحول و پیشرفت اصیل آموزشی و فرهنگی است.

با آن که نمی‌خواهم در حسن نیت و اصالت ذاتی هیچ فرد ایرانی، به خصوص دانش آموز و دانشجویی که خود را از راه تحصیل برای ورود به اجتماع و قبول مسئولیت‌های ملی و انسانی خویش آماده می‌کند، تردید کرده باشم، یادآوری این نکته را ضروری می‌شمارم که معنی این گفت و شنود این نیست که خدای نکرده دانشجویی متوقع باشد که بدون احراز شرایط شایستگی تحصیلی، گواهی چنین شایستگی را دریافت دارد و به اصطلاح به جای دیپلم سواد "دیپلم بی‌سوادی" بگیرد. ما این امید را در حد اعلای آن برای هر کسی تأمین می‌کنیم که به تناسب لیاقت و شایستگی که دارد، به مقامی که درخور او هست، برسد. اما اگر کسانی که امروز یا فردا از دستگاه‌های علمی کشور وارد اجتماع می‌شوند، از دانش لازم و از احساسات عالی ملی و میهنی برخوردار نباشند، تکلیف کاری که به آنان سپرده می‌شود، چه خواهد شد؟ و سرنوشت جامعهٔ ایرانی در چنین شرایط چه خواهد بود؟

بر این اساس همهٔ کسانی که وظیفهٔ مهم تعلیم و آموزش نسل جوان کشور را به عهده دارند، از دبستان گرفته تا دبیرستان و دانشگاه، باید توجه داشته باشند که هر گونه اغماض در قضاوت آمادگی و شایستگی تحصیلی یک محصل و هر گونه چشم پوشی یا سهل انگاری به نفع او، در حکم خیانت به مسئولیت ملی و اجتماعی طبقهٔ معلم، خیانت به آیندهٔ خود جوانان و خیانت به جامعه و مملکت است. متأسفم که با وجود خشونت و سختی این کلمه، برای توصیف اهمیت چنین قصوری، کلمه‌ای دیگر را جانشین آن نمی‌توان کرد.

* * *

اعلام انقلاب آموزشی و توجه به لـزوم گسـترش کـامل سـواد و تخصص، موجب اعلام اصل آموزش رایگان و اجبـاری شـد کـه اصـل پانزدهم انقلاب ایران است. طبق این اصل، آموزش در هشت سال اول تحصیلات ابتدایی و در سال‌های بعد از آن، برای کسـانی کـه متعهـد شوند، پس از پایان تحصیل، در مدتی برابر مدت تحصیل رایگان خود، به استخدام دولت درآیند، مجانی است. این امـر در نهایت یـک نـوع تضمین کار است که در بسیاری از جوامع دیگر، آن را آرزو می‌کننـد. زیرا خیلی از کسانی که در ایـن جوامـع از دانشگاه‌ها فـارغ‌التحصیل می‌شوند، نمی‌توانند کار پیدا کننـد و همین فقـدان دورنمـای امیـد بخش اشتغال و درآمد، یکـی از عوامـل محـرک عصیـان جوانـان، بـه خصوص در جهان غرب است. در صورتی که در ایران امروز کسی کـه تحصیل می‌کند، به محض پایان تحصیل دانشگاهی خـود بی‌درنـگ و به طور خودکار استخدام می‌شود. آن هم با حقـوق مکفـی کـه بـا آن می‌تواند به نحوی رضایت بخش زندگی کند. اما تحصیـلات هشـت سال اول ابتدایی هیچ گونه تعهد خدمتی را ایجاب نمی‌کند. پـس از آن هم ممکن است چنین تعهـدی ایجـاب نشـود، زیـرا هـر دانشـجو می‌تواند در صورت تمایل و البته داشتن امکانـات، هزینۀ تحصیـلات خود را باز پرداخت کند و تعهد خویش را پس بگیرد.

اساس فکری و فلسفی اعلام و اجرای این اصل انقلاب، ایـن بـود که به هر جوان ایرانی امکانات مساوی برای نیل به عالی‌ترین درجـات داده شود. یعنی اصل و نسب و یا ثروت خانوادگی او، هیچ تـأثیری در موفقیت وی نداشته باشد. قید و بندهای اقتصادی و اجتماعی کـه در گذشته سد راه شکوفایی اسـتعدادها بـود، از میـان بـرود و راه ارتقاء اجتماعی به صورت راهی سالم و امید بخش در دسترس همگان قـرار

گیرد. البته بسیار مناسب‌تر خواهد بود اگر دولت بتواند کمک کند تا هر جوانی استعداد ویژهٔ خود را درک کند و آن را پرورش دهد.

در اجرای اصل آموزش رایگان و اجباری، کلیهٔ دانش آموزان روزانه و شبانه و دانش آموزان کلاس‌های مبارزه با بی‌سوادی و کلاس‌های سواد آموزی حرفه‌ای و مدارس ایران در خارج از کشور از مزایای تحصیل مجانی برخوردار شدند، به طوری که تنها در سال تحصیلی گذشته رقم این عده به حدود ۷٬۴۰۰٬۰۰۰ نفر رسید. اجرای اصل آموزش رایگان با توزیع یک وعده غذای روزانه در ساعات درس بامدادی، مرکب از شیر و بیسکویت و میوه که مقدار کالری آن با دقت محاسبه شده است، همراه است و از این برنامه بیش از ۶ میلیون دانش آموز در سال تحصیلی گذشته برخوردار شدند.

گذشته از تحصیل و تغذیهٔ رایگان، خدمات متعدد دیگری به محصلین داده می‌شود که بیمه در مقابل حوادث، انجام معاینات پزشکی، بیماریابی در مورد بیماری‌های واگیر، مداوای دانش آموز بیمار، تشکیل اردوهای تربیتی و تهیهٔ وسایل تفریح و سرگرمی سالم، از جملهٔ آنهاست. کلیهٔ معلمان اعم از بازنشسته و شاغل، با خانواده‌های خود زیر پوشش درمانی قرار گرفته‌اند. کارکنان آموزش و پرورش نیز به طور رایگان بیمهٔ عمر هستند.

بهداشت

اصول هفتم و شانزدهم انقلاب، ناظر بر وضع بهداشتی جامعهٔ ایرانی است. برنامه‌های این دو اصل مکمل برنامه‌های دستگاه بهداشتی کشور است، نه این که جانشین آنها باشد. این برنامه‌ها فعالیت سپاه بهداشت و بهداشت رایگان به خصوص حمایت از مادران باردار و کودکان شیرخوار را شامل می‌شود.

فلسفهٔ ایجاد سپاه بهداشت، در واقع همان فلسفه اعلام اصلاحات ارضی بود. بدین معنی که تا قبل از انقلاب، در نظام ارباب و رعیتی، کشاورزان و روستائیان نه تنها از لحاظ انسانی و اقتصادی استثمار می‌شدند، بلکه به همین جهت از سواد و از بهداشت نیز محروم و به علت بی‌اطلاعی و در عین حال فقدان امکانات بهداشتی با انواع بیماری‌ها دست به گریبان بودند. در نتیجه رقم مرگ و میر در روستاها به میزان فوق‌العاده‌ای بالا بود و آنها هم که مشغول کار بودند، بر اثر بدی تغذیه و مسکن و کار و بهداشت هیچ وقت از تندرستی واقعی برخوردار نبودند. در سال‌های پیش از انقلاب، دستگاه بهداشتی کشور، با وجود تلاش بسیار برای رساندن امکانات درمانی و بهداشتی به روستاها، نتوانسته بود از این نظر پوشش کافی در سطح گستردهٔ دهات کشور به وجود آورد. زیرا اعزام پزشک به روستاها که شرط اول چنین پوششی بود، به سادگی امکان نداشت. حل این اشکال فقط از راه ایجاد سپاهی به نام "سپاه بهداشت" و فعالیت آن در روستاهای کشور ممکن گردید. با ایجاد این سپاه، از همهٔ پزشکان و داروسازان و دامپزشکانی که مشمول خدمت نظام

وظیفه بودند، خواسته شد تا خدمات پزشکی و بهداشتی را در نواحی روستایی کشور عهده‌دار شوند. کار این سپاه با ۶۰ گروه پزشکی در سال ۲۵۲۴ [۱۳۴۴ خورشیدی] آغاز شد و از آن پس به طور منظم ادامه و گسترش یافت. به طوری که تاکنون در حدود ۱۲,۰۰۰ پسر و بیش از ۱۰,۰۰۰ دختر دکتر و لیسانسیه و دیپلمه، برای انجام وظایف خود در سپاه بهداشت آموزش یافته و ۱۴,۰۰۰ نفر از آنان انجام وظیفه کرده‌اند. افرادی که برای اجرای این وظایف به روستاها اعزام شده‌اند، پزشکان و دندان پزشکان (به منظور تکمیل کادر درمانی و بهداشتی روستاها و اجرای برنامه‌های بهداشتی و درمانی) دارو سازان و متخصصان علوم آزمایشگاهی (برای تکمیل کادر دارویی و آزمایشگاهی در سطح روستا) لیسانیه‌ها (جهت ایجاد کادر آموزش بهداشت در روستاها) دیپلمه‌ها (به منظور گسترش کادر کمک پزشکی و فعالیت‌های پزشکی و بهسازی محیط روستا) بوده‌اند.

ده سال تجربه، کارآیی سازمان سپاه بهداشت را به ویژه در زمینهٔ توزیع عادلانهٔ پزشکان و خدمات پزشکی در کشور، به عنوان یک ثروت ملی و بهره‌گیری هر چه بیشتر و بهتر از وجود آنان در مسیر گسترش تندرستی در روستاها، به ثبوت رسانید. تنها در ظرف هشت سال، روستانشینانی که مشمول خدمات بهداشتی شدند، از کمتر از یک میلیون نفر به بیش از هشت میلیون نفر افزایش یافت.

با توجه به موفقیت برنامه‌های ده سالهٔ اول سپاهیان بهداشت، در سال ۲۵۳۳ [۱۳۵۳ خورشیدی] تصمیم گرفته شد، ارائه کلیهٔ خدمات بهداشتی به روستائیان تنها از طریق این سازمان مجهز انجام گیرد تا با رعایت عدم تمرکز امور از دوباره کاری اجتناب شود. بدین جهت سازمان سپاه بهداشت به "سازمان سپاه بهداشت و مراکز بهداشت روستایی" تبدیل شد و هدایت و نظارت مراکز بهداشت

روستایی وزارت بهداری و درمانگاه‌های بیمه‌های اجتماعی روستائیان نیز به عهدهٔ سپاه بهداشت محول گردید.

در سال گذشته، طبق آمارهای رسمی ۱٬۴۲۲ مرکز بهداشتی و درمانی روستایی مربوط بدین سازمان در سطح کشور با ۱٬۲۹۰ پزشک مشغول کار بوده‌اند. قسمتی از این پزشکان موقتاً از کشورهای هند و پاکستان و فیلیپین و بنگلادش، استخدام شده‌اند تا کمبود فعلی پزشک، جبران شده باشد. چهارصد آزمایشگاه مجهز در سطح روستاها ایجاد شده است که وظیفهٔ آنها کمک به برنامه‌های بیماریابی در اجرای اصل بهداشت رایگان و انجام آزمایش‌های لازم برای رسیدن به تشخیص‌های درست پزشکی، در روستاهاست. از قریب ده هزار پزشک ایرانی نیز که درکشورهای خارجی مشغول کارند، با تسهیلات و شرایط مناسب برای خدمت در ایران دعوت شده است که عدهٔ زیادی از آنها تاکنون آمادگی خود را در این مورد اعلام داشته‌اند.

بدین ترتیب دومین "سپاه انقلاب" ایران اکنون به صورتی منظم و بی‌وقفه سرگرم ایفای وظیفهٔ زندگی بخش خویش در دگرگون ساختن چهرهٔ بهداشتی روستاهای کشور و تبدیل آنها از صورت مراکز بیماری و مرگ به کانون‌های تندرستی و زندگی و در نتیجه، کانون‌های تلاش و سازندگی است.

* * *

اعلام اصل شانزدهم انقلاب مبنی بر حمایت از مادران باردار و کودکان شیرخوار، مرحلهٔ تازه‌ای در گسترش کمی و کیفی این تلاش فراگیر ملی برای بالا بردن سطح بهداشت و تندرستی جامعهٔ ایرانی بود. گذشته از جنبه اجتماعی و انسانی این اصل، اجرای آن را در

واقع باید یک سرمایه‌گذاری ملی در امر پرورش نسلی تندرست و نیرومند برای بازده بیشتر و توسعهٔ کامل‌تر اقتصاد ملی شمرد.

پیش از اعلام این اصل، طبق فرمان دیگری که از جانب من صادر شده بود، دولت موظف به اقداماتی گردیده بود که تا حد زیادی، بهداشت رایگان را برای مردم کشور تأمین می‌کرد. به موجب این فرمان مقرر شده بود که از یک طرف دولت به وسیلهٔ دستگاه بهداری، اقدامات لازم را برای بیماریابی، جلوگیری از بیماری‌های واگیر، پیش‌گیری از بیماری‌های مختلف به وسیلهٔ واکسیناسیون، بهبود محیط زیست و آموزش بهداشت به عموم مردم، به عمل آورد، به طوری که موردی از بیماری‌های قابل پیشگیری در هیچ یک از نقاط شهری و روستایی کشور باقی نماند. از طرف دیگر برای هر یک از افراد کشور شناسنامهٔ بهداشتی تهیه شود، به نحوی که کلیهٔ سوابق بهداشتی آنها و بیماری‌ها و واکسیناسیون‌های انجام شده و سایر امور بهداشتی، در آن منعکس گردد. در این فرمان تصریح شده بود که جز در مواردی که همکاری و خودیاری مردم لازم است، تأمین بهداشت عمومی از وظایف دولت و به صورت رایگان خواهد بود.

بدین ترتیب توجه به برنامه‌های بهداشت مادر و کودک و گسترش این برنامه‌ها در سطح کشور از پیش از اعلام اصل شانزدهم انقلاب نیز از وظایف مهم دولت محسوب شده و از همان هنگام اقدامات وسیعی در این زمینه انجام گرفته بود. معهذا آمارها نشان می‌داد که با وجود آن که نزدیک به ۵۰۰ مرکز بهداشتی و درمانی خدمات بهداشت و تغذیهٔ مادران و کودکان را در استانداردهای مختلف ارائه می‌دهند و با آن که بالغ بر ۱۵۰٬۰۰۰ مادر و کودک در درجات مختلف زیر پوشش هستند، میزان مرگ و میر کودکان ایرانی، علیرغم پائین آمدن بسیار محسوس آن در دههٔ گذشته، هنوز در حد

بالایی به مراتب بیش از نسبت مشابه در غالب کشورهای پیشرفته است.

بررسی‌های انجام شده نشان داده است که مهم‌ترین عوامل مرگ و میر کودکان بیماری‌های عفونی، سوءتغذیه و به خصوص ترکیب این هر دو، بر اثر عدم رعایت اصول بهداشت مادر و کودک است. در عین حال پژوهش‌های علمی جهانی روشن کرده است که رابطهٔ محسوسی میان وزن کودک در هنگام تولد او با مراقبت‌های زمان بارداری و شرایط اقتصادی و اجتماعی و آموزشی خانواده وجود دارد. در ایران آهنگ رشد شیرخواران تا ماه پنجم تقریباً طبیعی است، ولی ار ماه ششم این آهنگ کندتر می‌شود که شاید دلیل آن عدم تکافوی شیر مادران در دومین نیمهٔ سال اول زندگی کودک آنها و عدم اطلاع کافی ایشان از چگونگی تغذیهٔ صحیح کودکان و دادن غذاهای نامناسب بدانان و نیز عفونت‌های مکرر باشد.

از طرف دیگر، مطالعات علمی ثابت کرده است که یاخته‌های مغز آدمی در فاصلهٔ تولد تا دو سالگی او، با توجه به وضع تغذیه وی شکل می‌گیرند. در این صورت کودکانی را که بد تغذیه می‌کنند، نه تنها ضعیف و نزار می‌شوند، بلکه سلول‌های مغزشان هم به اندازه کافی رشد نمی‌کند. اصل شانزدهم انقلاب از این نیز فراتر رفته، یعنی در نظر گرفته است که برای تکمیل مراقبت‌هایی که باید در این زمینه به عمل آید، حتی مادران بارداری که بیمه‌های اجتماعی آنها را نیازمند معرفی کند، مشمول کمک و مراقبت قرار گیرند. البته شاید در چند سال دیگر، نیازی بدین کار نباشد. زیرا در آن موقع همهٔ خانواده‌های ایرانی به آن اندازه درآمد خواهند داشت که راساً به حل این مسائل بپردازند. اما اصل این است که در هر صورت و تحت هر شرایطی، در جامعهٔ ایرانی به مسئلهٔ هر مادری که دوران بارداری را

می‌گذرانند، اهمیتی که لازم است داده شود. چه در اصل این مسئولیت جامعه است که به همهٔ کودکان خود امکان دهد تا به شیوه‌ای هم‌آهنگ رشد کنند و از مراقبت‌های لازم در این مورد برخوردار باشند.

اجرای این اصل که تقریباً چهار میلیون نفر مادر و کودک را در بر خواهد گرفت، ایجاب می‌کند که در درجهٔ اول وضع زنان باردار توسط مددکاران و بهیاران با تشکیلاتی دقیق مورد بررسی قرار گیرد، سپس در تغذیهٔ مادرانی که نیاز به کمک داشته باشند، با رژیم غذایی مرتبی که ضامن رشد طبیعی فرزندان آنان در جنین باشد، اقدام شود و در مرحلهٔ نهایی یعنی پس از تولد کودک، مراقبت شود که مدت دو یا سه سال غذای لازم و مفید به او برسد تا هم سلول‌های مغزی او و هم بدن وی، به صورت کامل رشد کنند.

بدین ترتیب با عملی شدن این اصل انقلاب در واقع بهداشت هر فرد ایرانی از هنگام بارداری مادر او آغاز می‌شود. هنگامی که این برنامه‌ها کاملاً به مورد اجرا درآمده باشد، طبعاً چهرهٔ نسل تازه تدریجاً عوض خواهد شد و نژادی به مراتب تندرست‌تر و نیرومندتر روی کار خواهد آمد که دیگر در آن از بچه‌های نحیف و ناتوان تقریباً اثری نخواهد بود و کودکان عقب افتاده نیز بسیار کمتر خواهند بود. اگر درست در این مورد عمل شود باید انتظار این دوران را هم زمان با آغاز دوران "تمدن بزرگ" داشته باشیم.

سیاست‌های اساسی در این زمینه عبارتند از: در نظر گرفتن برنامهٔ بهداشتی مادر و کودک به عنوان یک برنامهٔ زیربنایی، افزایش پوشش خدمات حمایت از مادران و کودکان شیرخوار از کوچک‌ترین تا وسیع‌ترین واحد شبکهٔ بهداشتی و درمانی کشور، رعایت اولویت‌های اجرایی نظیر بهداشت مادران باردار، بهداشت کودکان

شیرخوار، استفادهٔ بیشتر از شیر مادر و در مرحلهٔ آخر استفاده از غذاهای کمکی و شیر خشک مناسب برای تغذیهٔ کودکان. برای تحقق این شرایط می‌باید بیمارستان‌ها و درمانگاه‌ها و کلینیک‌های بهداشتی برای زنان باردار و کودکان شیرخوار با توجه به گسترش و پراکندگی جمعیت در کشور هم زیادتر و هم مجهزتر شوند و ترتیب استقرار مراکز بهداشتی، مخصوصاً در روستاها طوری باشد که روستاهای پر جمعیت را کاملاً بپوشاند و روستاهای کم جمعیت نیز با فاصلهٔ زمانی کوتاه، بتوانند از این مراکز استفاده کنند.

در عین حال می‌باید ترتیب آمارگیری‌های لازم از هر منطقه داده شود تا به طور دقیق مشخص شود که میزان باروری مادران هر منطقه چیست و چه تعدادی از آنان قادر به تغذیهٔ کافی و صحیح خود و طفل جنینی یا متولد شدهٔ خویش نیستند و در چه میزان احتیاج به کمک دارند؟ چنین کمکی باید با کوشش در دادن آموزش لازم بدانان همراه باشد تا در هر مورد ضروری مادر بتواند به کمک چنین آموزشی، وظیفهٔ خود را در مورد فرزندش انجام دهد.

***

در پیشرفت فعالیت‌های مربوط به اصول هفتم و شانزدهم انقلاب سازمان‌ها و جمعیت‌های متعدد دیگری نیز شرکت دارند که حقاً می‌باید از کوشش‌ها و خدمات صادقانهٔ آن‌ها یاد شود. این مؤسسات فعالیتی اضافه بر فعالیت‌های وزارت بهداری و بهزیستی و دستگاه رسمی بهداشتی کشور دارند و بسیاری از آن‌ها اصولاً زائیدهٔ ایران عصر انقلاب هستند.

از زمرهٔ قدیمی‌ترین این سازمان‌ها باید از جمعیت شیر و خورشید سرخ ایران، سازمان شاهنشاهی خدمات اجتماعی، جمعیت حمایت از مادران و نوزادان و بنیاد پهلوی نام برد که گذشته از خدمات بهداشتی گسترده و روزمرهٔ خود، از راه فعالیت مدارس آموزش حرفه‌ای، آموختن مهارت‌های فنی به کودکان علیل یا عقب افتاده، تربیت پرستار، اعمال قوانین ناظر بر شرایط کار زنان و کودکان در کارخانه‌ها و ارائهٔ خدمات رفاهی بدانان، آموزش عمومی در مورد چگونگی پرستاری از مادران باردار و کودکان، ادارهٔ کارخانهٔ بزرگ داروسازی برای تهیهٔ دارو و فروش آن به عموم به ارزان‌ترین قیمت ممکن، سهم فعالی در پیشبرد برنامه‌های مربوط به اصول انقلاب دارند.

مهم‌ترین سازمان‌های دیگر که در این زمینه‌ها فعالیت دارند، عبارتند از: جمعیت بهزیستی و آموزشی فرح پهلوی، بنیاد ملکه پهلوی، بنیاد نیکوکاری شمس پهلوی، بنیاد اشرف پهلوی، سازمان‌های ملی رفاه نابینایان و ناشنوایان، سازمان ملی رفاه خانواده، انجمن ملی توان بخشی ایران، انجمن ملی حمایت از کودکان، جمعیت حمایت کودکان بی‌سرپرست، جمعیت حمایت کودکان کر و لال، انجمن ملی معلولین، جمعیت کمک به جذامیان، جمعیت حمایت مسلولین، جمعیت ملی مبارزه با سرطان، سازمان ملی انتقال خون و غیره که اطلاعات مربوط بدان‌ها را می‌توان به آسانی از خود آن مراکز یا از وزارت بهداری و بهزیستی تهیه کرد.

آبادانی و مسکن

دو اصل دیگر از اصول انقلاب به ترویج و آبادانی و بـه نوسازی کشور اختصاص یافته است. این دو اصل، اصـول هشـتم و یـازدهم انقلاب است که اولی در سال ۲۵۲۳ [۱۳۴۳ خورشیدی] و دومـی در سال ۲۵۳۶ [۱۳۵۶ خورشیدی] اعلام شد.

اجرای اصل اول از این دو اصل را سومین سپاه انقلاب ایـران، یعنی "سپاه ترویـج و آبـادانی" عـهدهدار است. ایـن سپاه مرکـب از کارشناسان علمی و فنی جوان کشور، اعـم از مهندسـان رشتههای کشاورزی، ساختمانی، راه سـازی، بـرق و مکـانیک و سـایر تحصیل کردگان رشتههای فنی و مهندسی است که قسـمتی از دورۀ خدمـت وظیفه خـود را در روسـتاهای کشور مـیگذرانند و مـأموریت آنهـا کوشش در بالا بردن سطح زندگی روسـتائیان، آشـنا کـردن آنـان بـا اصول تازۀ کشاورزی، کمک به ازدیاد تولیدات دامی و زراعی، توسعه و بهبود و ترویج صنایع روستایی، راهنمایی روستائیان در امور مربوط به آبادانی و نوسازی روستاهاست. در همۀ این موارد برنامــههای آمـوزش نظری با آموزش عملی همراه است.

هر سپاهی ترویـج و آبادانی موظـف است شناسنامهای بـرای منطقۀ عمل خویش شامل اطلاعات دقیق طبیعی و انسانی آن منطقه و بررسی وسائل و امکانات و مشکلات اقتصادی، اجتمــاعی، فرهنگـی، آموزشی و کشاورزی آن و راه حلهـای ایـن مسـائل را تهیـه کنـد و سپس برنامۀ کـار خـود را بـر اسـاس آن تنظیـم و اجـرا نمـاید. ایـن شناسنامهها اساس برنامه ریزی لازم برای تهیۀ فهرست نیازمندیهای

هر دهکده است. وظایف عملی اعضای این سپاه تربیت کشاورزان و کودکان آنها در امور کشاورزی، کشت سبزی‌ها و میوه‌ها، استفاده از کودهای شیمیایی، جلوگیری از آفات، راهنمایی در امر پرورش دام، کمک به کشاورزان و روستائیان در کار معالجهٔ دام، ضد عفونی کردن، واکسیناسیون، تلقیح مصنوعی و مرغداری، ساختن کندوها و اصطبل‌ها، باغداری، صنایع دستی و در عین حال ایجاد نهادهای صحیح در طرز تفکر روستائیان در مورد مسائل کشاورزی و آبیاری و زراعت مکانیزه و امور تعاونی، پرورش شخصیت و استعدادهای آنان، ایجاد مهارت‌های شغلی در آنان و ایجاد باشگاه‌های جوانان روستایی است. در این راه سپاهیان ترویج آبادانی از وسائل سمعی و بصری، فیلم‌های سینمایی، نشریات مختلف کشاورزی، احداث مزارع نمونه و آزمایشی و نظایر آن کمک می‌گیرند. این سپاهیان وظیفه دارند برنامه‌های آموزشی و اجرایی را بر اساس نیازهای واقع مردم روستاها و شرایط اقلیمی و امکانات کشاورزی، با مشورت و صلاحدید صاحب نظران محلی و تأئید کارشناسان ترویج در رشته‌های گوناگون کشاورزی و دام پروری تهیه کنند تا اجرای آنها با واقع بینی و توجه به شرایط و مقدورات و نیازهای هر محل همراه باشد.

ترازنامهٔ فعالیت‌های این سپاهیان نشان می‌دهد که این کوشش‌ها بسیار مثبت و سازنده بوده است. این توفیقی است که اجرای موفقیت‌آمیز برنامه‌هایی از قبیل ساختن راه‌ها و مدارس و مراکز تجمع و گرمابه‌های عمومی و نیز طرح‌هایی نظیر افزایش تولید گندم و علوفه و برنج و بهبود کشت دانه‌های زراعی و احیاء تاکستان‌ها و طرح‌های توسعهٔ قطب‌های کشاورزی و دامداری و ایجاد مجتمع‌های کشت و صنعت و بهره‌برداری صحیح از آب و خاک با تکنیک‌های پیشرفتهٔ کشاورزی مکانیزه و تأمین تسهیلات اعتباری و

خدمات فنی و آموزشــی کشاورزان و بسـیج نیروهـای انسـانی آنـان گویای آن است.

هر ساله ۳٬۸۰۰ نفر در مدارج دیپلم و فوق دیپلــم و لیسـانس و بالاتر برای خدمت در سپاه ترویج و آبادانی انتخاب و بــرای آمـوزش نظری و عملی به مرکز آموزش ترویج کشاورزی کرج اعزام می‌شوند تا پس از پایان مدت آموزش راهی روستاها شوند. تــاکنون شـمارهٔ کلـی این سپاهیان به حدود ۳۴٬۰۰۰ نفر رسیده است.

❋ ❋ ❋

اصل "نوسازی و عمــران شــهری" کــه عمـلاً نوسـازی شـهری و روستایی را شامل می‌شود، پاسخگوی نیازی است کــه بــر اثــر توسـعهٔ روزافزون اقتصاد کشور احساس شد. بر اثر گســترش شـتابان اقتصـاد مملکت تمایل مردم به شهرنشینی که از نتایج هــر رشـد اقتصـادی و صنعتی است، باعث شد که شهرها در مدتی کوتاه و با سرعتی زیاد به صورت بی‌رویه‌ای توسعه یابند و از آن جا که رشد ناگــهانی شــهرها و افزایش جمعیت هم‌آهنگ با توسعهٔ ظرفیت و امکانــات واقعــی شــهرها نبود، نواقص و مشکلات فراوانی در زمینه مسکن، آب و برق، بهداشـت و نظائر آن، آشکار شد.

در ابتدا شهرسازی صحیح وجــود نداشـت و در نتیجـه خدمـات عمومی با کمبودهای زیــاد مواجــه بــود. تعـداد واحدهـای مسـکونی، مدارس، پارک‌ها، تئاترها، کتابخانه‌ها و مراکز تفریحــات سـالم، بسـیار محدود بود. بنابر این لازم بود که تســهیلات رفــاهی شـهری هـر چـه بیشتر ایجاد شود و از این نظر یک طرح ریزی اساسی برای شهرسازی به منظور برآوردن نیازها و خواسته‌های حقهٔ مردم ضرورت داشـت تـا

بر مبنای این طرح ریزی دستگاه‌های مسئول در راه نوسازی و عمران شهرها بسیج شوند.

طبق قانونی که بر اساس این اصل انقلاب تصویب شد و تهران و ۷۲ شهر دیگر را شامل گردید، نوسازی و عمران و اصلاحات و تأمین نیازمندی‌های شهری و اصلاح و توسعهٔ معابر و ایجاد پارک‌ها و پارکینک‌ها و میدان‌ها و حفظ و نگاهداری پارک‌ها و باغ‌های عمومی و تأمین سایر تأسیسات مورد نیاز عمومی و نوسازی محلات و مراقبت در رشد موزون و متناسب شهرها، از وظایف اساسی شهرداری‌ها تعیین شد. در اجرای این قانون، شهرداری‌ها موظف شدند با استفاده از تجارب عملی و با نظر کارشناسان فنی شهرسازی، مقدمات این نوسازی را از طریق نتظیم نقشه‌های جامعه فراهم کنند و این طرح‌ها را به تدریج در شهرهای مختلف به مورد اجرا گذارند.

برای حسن اجرای این اصل مالیات‌های پیچیدهٔ گذشته حذف شد و در عوض یک نظام مالیاتی مترقی به جای آن وضع گردید. طبق این نظام جدید مقرر شد شهرنشینان مخارج اصلاحات شهر خودشان را از طریق پرداخت عوارض به شهرداری‌ها، تأمین کنند. بر زمین‌های بایر شهری مالیات خاص وضع شد. سازمان‌های مختلف خانه سازی و تأمین وام برای امور ساختمانی تشکیل شد تا اعتبارات لازم را برای تهیهٔ مسکن، در اختیار افراد و شرکت‌های خانه سازی که حاصل کارشان به نفع عامه باشد، قرار دهند. این برنامه‌ها اخیراً با اعلام اصل هیجدهم انقلاب در راه تأمین بیشتر منافع عمومی از طریق جلوگیری از افزایش نامعقول بهای زمین و ساختمان و اجاره خانه و تثبیت نسبی قیمت زمین بعد تازه‌ای یافت.

بدیهی است با طرح نوسازی شهرها امر نوسازی روستاها کنار گذاشته نشد، به عکس اعلام این اصل از انقلاب جهش تازه‌ای را در

امر عمران و نوسازی روستاها پدید آورد. در این مورد بر اساس تجارب و بررسی‌های قبلی، چنین در نظر گرفته شد که برای تأمین بهتر تأسیسات و خدمات مورد نیاز ساکنان چند روستای نزدیک به یکدیگر با جمعیتی در حدود پنج هزار نفر، این تأسیسات و خدمات در یکی از روستاهای این مجموعه که دارای مرکزیت و امکانات توسعه و ظرفیت اقتصادی اجتماعی لازم باشد، به عنوان "روستا شهر" تمرکز یابد و روستاهای محدودهٔ آن که در شعاع متناسب و معقولی از آن قرار داشته باشند، مجتمعاً از این امکانات بهره گیرند. ضوابط انتخاب یک روستا شهر، میزان و روند افزایش جمعیت، سطح کشت و میزان تولید کشاورزی و دامی، منابع آب، امکانات لازم جهت ایجاد و توسعهٔ سازمان‌های اداری و محلی، داشتن شرایط مناسب برای تأمین خدمات مورد نیاز روستائیان، امکانات ضروری برای توسعهٔ آتی و مرکزیت روستا از نظر جغرافیایی تعیین گردید. تأسیسات زیربنایی که برای یک روستا شهر معین شده‌اند، عبارتند از: ایجاد راه ارتباطی بین این روستا با روستاهای اقمار و شهرهای نزدیک، تأمین برق خانگی و کشاورزی و صنعتی، تأمین آب آشامیدنی و لوله‌کشی آن، ایجاد دبستان و مدرسهٔ راهنمایی و در صورت نیاز آموزشگاه خدمات روستایی، ایجاد خانهٔ فرهنگ روستایی و مرکز اجتماعات و کتابخانه، ایجاد میدان‌های سادهٔ ورزشی، ایجاد درمانگاه، تأسیسات بهداشتی، گرمابه، کلینک دامپزشکی، ایجاد مراکز فروشگاه تعاونی و خدمات کشاورزی و تعمیرگاه ماشین آلات، محوطه سازی و فضای سبز، ایجاد مجتمع صنایع تبدیلی و روستایی و کارگاهای صنایع کوچک دستی، ایجاد خانه برای روستائیان با خودیاری آنان از راه تخصیص وام با بهرهٔ کم و اقساط طولانی.

بدین ترتیب نوسازی شهری و روستایی به صورت دو رشتهٔ موازی از یک کوشش واحد، یعنی تلاش در راه بازسازی تمام کشور در آمد.

***

از دیدگاه فعالیت‌های شهرسازی و مسکن و در سطح کشوری، می‌باید متذکر شد که این برنامه‌ها اکنون به صورت یک طرح همه جانبهٔ مملکتی در دست اجراست و در عین حال با توجه به الزامات و نیازهای آینده، طرح‌های تکمیلی وسیعی تهیه می‌شود که هر یک از آنها می‌باید در مراحل پیش‌بینی شده، مورد اجرا قرار گیرد.

در حال حاضر برای پاسخگویی به نیاز عمومی در امر تأمین مسکن از راه‌های مختلفی اقدام می‌شود که ایجاد شرایط مساعد جهت تجهیز سرمایه‌های بخش خصوصی از راه گسترش صندوق‌های پس‌انداز و وام مسکن، اعطای وام به سازندگان، تقویت منابع مالی لازم از طریق تشکیل بانک ساختمانی و شرکت سرمایه‌گذاری ساختمانی بانک‌های ایران و پیش‌بینی انتشار اوراق و سپردهٔ مسکن، تأمین شرایط مناسب برای اعطای وام‌های دراز مدت مسکن به طبقات مختلف مردم، کمک به گسترش اقدامات خودیاری در مورد تهیهٔ مسکن به وسیلهٔ شرکت‌های تعاونی مسکن از آن جمله است.

طبق آمارهای وزارت مسکن و شهرسازی، در تأمین این برنامه‌ها، تنها توسط این وزارتخانه، تا پایان سال گذشته ۳۱٬۰۰۰ واحد مسکونی شامل خانه‌های سازمانی کارگری و کارمندی و خانه‌های ارزان قیمت با هزینهٔ ۱۴/۴ میلیارد ریال ساخته شده و بیش از ۴۰٬۰۰۰ واحد مسکونی سازمانی و ارزان قیمت دیگر با پیش‌بینی

هزینه‌ای معادل ۶۷/۴ میلیارد ریال در دست ساختمان است [که] در این ارقام فعالیت خانه سازی سایر سازمان‌های دولتی از جمله ارتش شاهنشاهی به حساب نیامده است. ۲,۱۱۵ پروژهٔ ساختمان‌های آموزشی، دانشگاهی، بیمارستان‌ها، مراکز پرورش، مراکز درمانی، هتل‌ها و مهمانسراها و پلاژها، کارخانه‌های آسانسور سازی، تأسیسات گاز و نظایر آنها، اجرا شده و ۸۷۹ پروژهٔ ساختمانی دیگر از همین قبیل در دست اجراست.

۲,۰۵۶ پروژهٔ عمران شهری در شهرستان‌ها و ۶,۸۹۲ پروژهٔ عمران روستایی در روستاها نیز به مورد اجرا در آمده است. در دو سال گذشته ۱۲ میلیون متر مربع زمین به منظور احداث واحدهای مسکونی و ساختمان‌های دیگر به شرکت‌های تعاونی مسکن و دستگاه‌های دولتی واگذار شده است. تعداد وام‌های دراز مدت مسکن که برای احداث یا خرید و یا تکمیل ساختمان خانه و آپارتمان، تنها توسط بانک رهنی در ده سالهٔ اخیر به مؤسسات و افراد مختلف داده شده، در حدود ۵۴۰,۰۰۰ وام به مبلغ کلی ۱۰۳ میلیارد ریال است.

***

اصل هیجدهم انقلاب که در تابستان ۲۵۳۶ [۱۳۵۶ خورشیدی] اعلام شد، مربوط به حفظ منافع مردم ایران در امر مسکن و جلوگیری از اجحافات و سوءاستفاده‌هایی است که ممکن است در این راه صورت گیرد.

چنان که توضیح داده شد، تهیهٔ مسکن برای حداکثر افراد، هدف نهایی سیاست تأمین کشور است. اساس این سیاست که از سال‌های پیش دنبال می‌شود، افزایش واحدهای مسکونی برای

گروه‌های مسکونی و بهبود مساکن موجود از نظر بهداشتی و اجتماعی است.

ولی این کوشش‌ها که صرفاً به منظور کمک به تأمین نیازهای عمومی در امر تهیهٔ مسکن انجام گرفته، متأسفانه افزایش بی‌رویهٔ بهای زمین را در سال‌های اخیر به همراه داشته است که امری غیر طبیعی و سودجویانه است. این وضع نه تنها به زیان طبقه‌ای که هدف از همهٔ این اقدامات تأمین منافع حقهٔ آنها بود، تمام می‌شد، بلکه مضار فراوان اقتصادی و اجتماعی آن ممکن بود اصولاً مسیر پیشرفت کشور را تغییر دهد.

زمین ساختمانی محلی است که باید بنا در آن انجام گیرد و منطقاً می‌باید بهای آن نسبت به بهای کل ساختمان اندک باشد و حال آن که با وجود فراوانی زمین‌های داخل و پیرامون شهرها، در سال‌های اخیر ترقی بهای زمین به حدی رسیده بود که قیمت زمین، رقم عمده‌ای از قیمت یک منزل را تشکیل می‌داد و از این جهت نمی‌توانست برای خانه سازی در دسترس عامه قرار گیرد، بلکه فقط در اختیار طبقات خاصی قرار می‌گرفت. به دنبال بالا رفتن بهای زمین قیمت ساختمان و مسکن و اجاره بهاء نیز افزایش یافت و این خود عامل مهمی در ایجاد تورم بود.

به طور کلی افزایش بی‌رویهٔ بهای زمین، درآمدهای سرشار و بی‌زحمتی برای صاحبان زمین‌های بزرگ همراه دارد که از طرفی، سرمایه‌ها را بی‌آن که در کارهای تولیدی صرف شود، محبوس می‌کند و از طرف دیگر عده‌ای را که به هر حال احتیاج به مسکن و طبعاً احتیاج به زمین دارند، وادار می‌کند که به هر قیمتی باشد، به خصوص از راه وام گرفتن از بانک‌ها، زمین لازم را تهیه کنند، در

نتیجه سرمایه‌ها نـزد عـدۀ معـدودی تمرکـز می‌یابد و بـاعث توزیـع غیرعادلانۀ درآمدها می‌شود.

صرف نظر از این معایب اقتصادی، امکـان تحصیـل درآمدهـای سرشار و غیر عادی در زمانی کوتـاه، بـدون کوششـی مولـد و مثبـت، صاحبان سرمایه را عادت می‌دهد که به جای کارهای تولیدی، در پی تحصیل درآمدهای باد آورده و بی‌زحمت بروند و بـه عوایـد معقـول و متناسب با سرمایه و کار توجهی نکنند. این وضـع عـلاوه بـر آن کـه، سرمایه و نیروی انسانی را با ارزش فوق‌العاده‌ای که ایـن دو عـامل در جامعۀ کنونی ما دارد، عاطل می‌گذارد، روحیۀ تنبلی و ولخرجی را نیز همراه با توقعات بی‌جا و نامعقول رواج می‌دهد.

با توجه بدین وضع نامطلوب و برای جلوگـیری از توسعۀ مضار اقتصادی و اجتماعی وضعـی بـود کـه در امـرداد مـاه گذشـته، اصـل هیجدهم انقلاب در مورد تثبیت بهای زمین اعلام شد و دولت مکلـف گردید که با کسب مجوزهای قانونی در ظرف سه سال از راه مبارزه با تورم کلی و اتخاذ تدابیر خـاص مالیـاتی و سـایر اقدامـات لازم نظیر استفاده از زمین‌هایی که در اختیار دولت است، برای ایجاد واحدهـای مسکونی، ترتیبی دهد که افزایش نسبـی بهـای زمیـن در هـر سـال، حداکثر از میـزان تـورم سـالانه تجـاوز نکنـد و سـرمایه‌گـذاری در رشته‌های تولیدی، جایگزین راکد شدن سرمایه در زمین شود.

بدیـن ترتیـب دولت بایـد بـه اتکاء زمین‌های ملی شـده و زمین‌هایی که در اختیار دارد وارد بـورس زمیـن بشـود و قیمت‌هـای مصنوعی را بی‌آن که راه فراری برای سودجویان بـاز بگـذارد، بشـکند. این زمین‌ها باید با شرایط آسان به شرکت‌هایی کـه واقعـاً بـه دنبـال خانه سازی هستند، واگذار شود تا خانه در حـد کـافی سـاخته شـود. وضع مصنوعی و ناسالمی که به خصـوص در سال‌های اخیر از نظر

سودجویی شخصی در مورد زمین و مسکن وجود داشت، باید به طور قطع خاتمه یابد. در این مورد که بهای زمین در آینده حداکثر از افزایش تورم سالانه بالاتر نرود، منظور این نیست که حتماً باید به همان اندازه بالا رود، بلکه این فقط حدی است که نباید از آن تجاوز شود، هدف اصلی باید پائین آمدن تورم و نه بالا رفتن قیمت زمین باشد.

امور قضایی

اصل نهم انقلاب که مظهر تلفیق عدالت قضایی با عدالت اجتماعی است، جنبهٔ قضایی انقلاب ایران را شامل می‌شود. این اصلی است که با ایجاد خانه‌های انصاف در روستاها و شوراهای داوری در شهرها، چهرهٔ تازه‌ای از عدالت را به مردم کشور عرضه داشت و از این راه، از یک طرف حل مشکلات قضایی روستائیان و شهرنشیان ایران را بسیار آسان‌تر کرد و از جانب دیگر، بار بزرگی را از دوش دستگاه دادگستری کشور برداشت. ولی مهم‌تر از این دو، این بود که درک فلسفهٔ جدیدی را از عدالت وارد اصول قضایی کرد.

جنبهٔ فلسفی خانه‌های انصاف، به صورتی که توسط صاحب نظران سازمان قضایی کشور مورد تفسیر قرار گرفته است، رجوع به عدالت طبیعی به جای عدالت قانونی و لزوماً اعتماد به وجدان مردم و انطباق قانون با واقعیات زندگی است. با این برداشت فکری، تشکیل خانه‌های انصاف و شوراهای داوری فقط بر این اساس نیست که در محل دادگاه وجود ندارد و یا باز دادگاه‌های موجود سنگین است، بلکه به خصوص بر این اساس است که مردم و وجدان و انصاف آنها به عنوان اصلی مورد اعتماد پذیرفته شده‌اند و قبول شده است که قانون به تنهایی در همهٔ موارد، الزاماً عدالت را تأمین نمی‌کند و انعطاف ناپذیری آن در برابر شرایط متغیر زندگی گاه حتی مغایر عدالت واقعی است.

تا پیش از تشکیل خانه‌های انصاف و شوراهای داوری، اعمال قدرت قضایی چه در روستاها و چه در شهرها، با موانع و محظورات

بسیاری رو به رو بود. قبل از آغاز عصر پهلوی، اصولاً در روستاها عدالت قضایی وجود نداشت و سرنوشت رعایا و روستائیان در اختیار قدرت مطلقهٔ مالکان یا خوانین بود. همان طور که سرنوشت شهرنشینان در دست حکام محلی و یا به اصطلاح محاکم شرع بود. در زمان سلطنت رضاشاه کبیر قوهٔ قضائیه بر اساس ضوابط و مقررات مشخصی ایجاد شد و حکام محلی و مراجع شرعی قدرت قضایی خود را قانوناً از دست دادند، ولی در عمل اختلافات سطوح اجتماعی و نفوذ خصوصی مالکان و متنفذان و ثروتمندان، اعمال واقعی اصول قانون را دشوار می‌کرد.

با آغاز انقلاب ایران و دگرگونی‌های اجتماعی که این انقلاب به همراه آورد، اصلاح قوانین حقوقی و جزایی و گسترش سازمان‌های قضایی کشور مورد توجه قرار گرفت و اقداماتی در این زمینه انجام شد. لکن این اقدامات جوابگوی نیاز قضایی مردم مملکت، منجمله روستائیان نبود و بدین واقعیت توجه شد که نظام کهنهٔ قوانین و کمبود قضات و کارمندان کار آزمودهٔ قضایی، بیش از همه موجب بی‌عدالتی در حق روستائیان و کشاورزان خواهد بود. این واقعیت و شکایت‌ها و دادخواست‌های انباشته بر روی هم در دادگستری و کمبود تعداد دادگاه‌ها و قضات، امید استقرار عدالت قضایی را در روستاها مشکل می‌ساخت و لازم بود برای رفع این اشکال، اقدام اساسی انجام گیرد و راه حل قاطعی که بتواند اختلافات روزمره و دعاوی سادهٔ روستانشینان را با سرعت و دقت حل و فصل کند، در نظر گرفته شود. با الهام از روش سنتی کدخدامنشی در روستاها و تطبیق این رویه با نظام پیشرفتهٔ کشور، تشکیل خانه‌های انصاف در روستاها و انتخاب داوران آنها به وسیلهٔ روستائیان، یک اقدام انقلابی و مترقی و تنها راه حل مشکل دادگستری تشخیص داده شد.

با تشکیل خانه‌های انصاف در روستاها، به جای آن که فرد روستایی برای احقاق حق خود یا دفاع از این حق، راهی شهرهای دور و نزدیک شود و وقت و پول و نیروی خویش را صرف کاری کند که غالباً نتیجهٔ آن حتی به زحمتش نمی‌ارزید، دستگاه عدالت به سراغ او رفت تا این احقاق حق را در محیط او و توسط افراد مورد اعتماد و برگزیدهٔ خود او، با طریق سهلی که برای روستائی ساده دل کاملاً قابل درک باشد و با ابعاد کوچک مشکلات آسان‌تر و سریع‌تر حل می‌شد، بلکه روستایی و کشاورز ایرانی می‌توانست وقتی را که اجباراً به هدر می‌رفت، صرف کار تولیدی خود کند و از این راه سهم خویش را در پیشرفت اقتصاد کشور و در بهبود زندگی خود، به نحو بهتری ایفاء نماید. در عین حال، وجود خانه‌های انصاف باعث شد که هر ساله هزاران اختلاف که در گذشته منجر به ایجاد کینه و دشمنی می‌شد و گاهی منازعات بزرگ و قتل و جرح و ضرب همراه می‌آورد، از راه کدخدا منشی به صلح و آشتی منتهی شود و محیط روستا به جای کانون خصومت، محیط دوستی و همکاری گردد.

با ایجاد خانه‌های انصاف، عدالت قضایی به طور سهل و رایگان، در اختیار روستایی قرار گرفت و برای نخستین بار در تاریخ قضایی ایران، رعایت انصاف و روابط انسانی و مبانی عرف و عادت، اصول کدخدا منشی و سازش، اجرای قوانین خشک و انعطاف ناپذیری قضایی را آسان و احقاق حقوق روستائیان و استقرار عدالت قضایی را در روستاها تأمین کرد و به مردم روستا این فرصت داده شد که در کارهای قضایی خود شریک باشند. در این اقدام، نقش انسانی و مثبت سپاهیان دانش، شایستهٔ تذکر خاص است. زیرا بر اساس قانونی که در بارهٔ تشکیل خانه‌های انصاف وضع شد، سپاهیان دانش در هر محل،

گذشته از انجام وظایف رسمی خود، وظیفهٔ منشی‌گری خانه‌های انصاف را نیز عهده دار شدند.

موفقیت فوق‌العادهٔ خانه‌های انصاف و توسعهٔ روزافزون آنها، نشان داده است که این اقدام انقلابی تا چه اندازه در گسترش عدالت اجتماعی و بهبود زندگانی روستائیان مؤثر بوده است. شماره این خانه‌ها که در سال نخستین ۲۳۴ بود، اکنون به ۱۰,۳۵۸ رسیده است که در حدود ۱۹,۰۰۰ روستا، با بیش از ۱۰ میلیون نفر جمعیت از مزایای آن بهره‌مند می‌شوند. در این مراکز تاکنون بیشتر از ۳ میلیون دعوی رسیدگی قرار گرفته و حل شده است که اگر قرار بود این تعداد دعوی به دادگاه‌های قضایی ارجاع شود، نه فقط رسیدگی بدان‌ها سال‌ها وقت می‌گرفت، بلکه هزینهٔ هنگفتی را نیز چه به دولت و چه به طرفین دعوی تحمیل می‌کرد.

نتیجهٔ درخشان و بازده مطلوب فعالیت خانه‌های انصاف موجب شد که به تشکیل شوراهای داوری در شهرهای کشور نیز اقدام شود. بدین جهت قانون شورای داوری وضع و با تشکیل این شوراها در شهرها، رسیدگی به اختلافات جزیی و دعاوی کوچک مردم شهرنشین، به شوراهای داوری واگذار گردید. هر یک از این شوراها که با همان وضع و همان ضوابط مربوط به تشکیل خانه‌های انصاف ایجاد می‌شود، مرکب از پنج نفر از معتمدان محلی است که از طرف مردم برای مدت چهار سال انتخاب می‌شوند و در هر حوزهٔ شورای داوری یک نفر از قضات دادگستری و یا وکلای دادگستری یا استادان دانشگاه و یا سر دفتران، به عنوان مشاور قضایی شورا، انجام وظیفه می‌کنند. اعضاء شوراهای داوری مانند اعضای خانه‌های انصاف، از طریق کدخدا منشی و ایجاد سازش و با در نظر داشتن عرف و

سنت‌های محلی و فارغ از تشریفات آئین دادرسی، به اختلافات و دعاوی که در صلاحیت آنهاست، رسیدگی می‌کنند.

صلاحیت شوراهای داوری متناسب با نیازها و مسائل شهری، در سطح بالاتری از صلاحیت خانه‌های انصاف قرار دارد و رایگان بودن کار این شوراها نیز همانند خانه‌های انصاف از تحمیل هزینهٔ دادرسی به طرفین اختلاف جلوگیری می‌کند. از سال ۲۵۲۵ [۱۳۴۵ خورشیدی] که نخستین شورای داوری شروع به کار کرد، تاکنون ۲۸۳ شورا در ۲۰۳ شهر تشکیل شده و در این مدت بیش از ۱۲ میلیون نفر از مزایای آنها بهره‌مند شده‌اند و نزدیک به ۷۵۰ هزار پرونده در این شوراها مورد رسیدگی و حل و فصل قرار گرفته است.

حاصل کار خانه‌های انصاف و شوراهای داوری آن چنان رضایت بخش بوده است که صلاحیت این دو مرجع طبق قانون مصوبه در سال ۲۵۳۶ [۱۳۵۶ خورشیدی] افزایش یافت و با حذف دادگاه‌های بخش از سازمان قضایی کشور، قسمت عمده از صلاحیت دادگاه‌های مذکور، به خانه‌های انصاف و شوراهای داوری واگذار گردید.

انقلاب اداری

اصل دوازدهم انقلاب ایران ناظر به انقلاب اداری است. قسمت دیگر از این اصل نیز به انقلاب آموزشی مربوط می‌شود که قبلاً در بارهٔ آن توضیح داده شد.

در میان تمام اصول انقلاب این اصلی است که اجرای آن تاکنون کمتر از همه مورد رضایت من بوده است. ولی ضمناً باید قبول کرد که اجرای واقعی این اصل از همهٔ اصول دیگر انقلاب دشوارتر است. زیرا مستلزم تحولی عمیق در طرز فکر و روحیات و عادات ریشه‌دار شاغلان امور و کارمندان ادارات از یک طرف و ارباب رجوع از طرف دیگر است و این تحولی نیست که به صورتی سریع و فوری انجام پذیر باشد.

مشکلی که ما در این مورد با آن مواجه هستیم، مشکلی است که تقریباً برای همه کشورها و جوامع دیگر نیز، چه سرمایه‌دار و چه کمونیست، چه پیشرفته و چه در حال رشد، چه صنعتی و چه غیر صنعتی، در مقیاس‌ها و ابعاد متفاوت وجود دارد و آن روح "بوروکراسی" است که شاید بتوان آن را یک بلای جهانی دانست. این روحیه سدی است که در برابر هر گونه پیشرفت و تحول مثبت اجتماعی گذاشته می‌شود و از راه کند کردن کارها، کاغذ بازی، مسامحه کاری، مشکل تراشی و تشریفات زائد، باعث اتلاف وقت و خنثی کردن ابتکارات و گاه وارد آوردن زیان‌های جبران ناپذیر می‌گردد. چنین وضعی از نظر انقلاب ایران که بر پایهٔ نوآوری و پیشروی بنیاد شده است، غیر قابل تحمل است، زیرا اگر تشکیلات

وسیع اداری قدرت و سازندگی نداشته باشند و جوابگوی قاطع نیازها و مسائل نباشند، طبعاً مردم اعتماد خود را بدان‌ها از دست خواهند داد و جریان امور با آن استحکام و آهنگی که منطقاً باید انجام گیرد، انجام نخواهد گرفت.

این اشکال از جنبهٔ عکس آن نیز وجود دارد. یعنی هر فرد یا دستگاهی که با یک مسئول اداری، در هر سطح و مقامی، سر و کار دارد، اگر به وظیفه و مسئولیت خود عمل نکند، اگر درخواست نادرستی داشته باشد و یا مطلبی بر خلاف واقع بگوید، مسلماً طرف مسئول اداری نیز نخواهد توانست وظیفهٔ خود را به درستی انجام دهد. اگر باید در این مورد تغییر و تحولی انجام پذیرد، این تحول باید از هر دو جانب انجام گیرد.

اعلام انقلاب اداری برای از بین بردن همین وضع غیر قابل قبول صورت گرفت. هدف از اعلام و اجرای این اصل این بود که برای مبارزه با "بوروکراسی" و از میان بردن هر گونه عامل بی‌نظمی در ادارات و ایجاد روح وظیفه شناسی و صداقت تعدیل مقررات اداری و تسهیل گردش کار کشور، کوششی قاطع و همه جانبه صورت گیرد.

وضع قوانین و مقررات تازه که نتیجهٔ منطقی پیشرفت و توسعهٔ امور است، هر روز تماس مردم را با دستگاه‌های دولتی بیشتر می‌کند و به موازات آن حجم کار دولت نیز زیادتر می‌شود. این وضع طبعاً بهبود وضع ادارات و تسریع در انجام کارها را به صورت ضرورتی اجتناب ناپذیر در می‌آورد.

برای تأمین این منظور در درجهٔ اول، اقدام شد که کارها به جای تمرکز زیاده از حد، بر پایهٔ عدم تمرکز تشکیلات اداری انجام گیرد. بدین جهت به استانداران اختیارات بیشتر داده شد. در نوسازی تشکیلات اداری مملکت اقدام گردید. برنامه‌های متعددی در مورد

بهبود سازمان‌ها و روش‌ها، اجرای برنامه‌های آموزشی کارکنان دولت به ویژه در سطح مدیران و رؤسای ادارات، استفاده از اطلاعات متخصصان در دستگاه‌ها، کاهش تعطیلات اداری، مورد اجرا قرار گرفت. به منظور مطالعهٔ دقیق در روش‌های کار و حذف تشریفات زائد و ایجاد نظم و مدیریت صحیح در کارها، اصلاح قوانین و مقررات بر اساس تطبیق آنها با برنامه‌های انقلاب کشور، کنگره‌ای به نام "کنگرهٔ انقلاب اداری" و بر اساس بررسی‌های این کنگره شورایی به نام "شورای انقلاب اداری، تأسیس شد و کمیته‌های مربوط بدین شورا در هر یک از وزارتخانه‌ها و سازمان‌های دولتی به کار پرداختند. از چندی پیش تصمیم گرفته شد که کار ادارات تا سر حد امکان با استفاده از سیستم کامپیوتری انجام گیرد تا مقدار زیادی از تشریفات بوروکراسی، خود به خود از میان برود.

با این همه برای به ثمر رسیدن انقلاب اداری، اقدامات دراز مدت و کوشش پیگیر لازم است، زیرا این کار بستگی فوق‌العاده به عامل انسانی دارد. تحقق واقعی انقلاب اداری با همهٔ اقداماتی که می‌شود و خواهد شد، مستلزم دگرگونی آگاهانه و مثبتی در روحیه و طرز فکر و برداشت عمومی، چه کارمندان و چه مراجعان ادارات، از مسئولیت‌های فردی و اجتماعی و اخلاقی و ملی آنهاست. یکی از شرایط این آگاهی رشد فکری و آموزشی است و از همین جهت بود که انقلاب اداری و انقلاب آمورشی، به صورت یک اصل واحد وضع و اعلام شد. اقداماتی که برای اصلاحات گسترده در دانشگاه‌ها و مؤسسات آموزش عالی و سایر مراکز آموزشی کشور انجام گرفته و می‌گیرد، نیز تا حد زیادی ناظر بر همین واقعیت است.

***

مهم‌ترین اقدامی که در راه حسن اجرای امور سازمان‌های اداری کشور و جلوگیری از سهل انگاری‌ها و قصور و اشتباهات مسئولان امور انجام گرفته است، ولی عملاً دامنهٔ کاری آن از مفهوم کلی انقلاب اداری بسیار فراتر می‌رود، تشکیل کمیسیون شاهنشاهی به صورت سازمانی است که شاید نظیر آن را در هیچ کشور دیگر جهان نتوان یافت.

این کمیسون طبق فرمانی که در شانزدهم آبان ماه سال گذشته صادر شد، در دفتر مخصوص شاهنشاهی به وجود آمد و علت وجودی آن چنان که در فرمان تصریح گردید، این بود که با توجه به رشد و توسعهٔ اقتصادی و اجتماعی امروز ایران، باید کوشش دولت و حزب رستاخیز ملت ایران و عموم افراد مملکت معطوف به جلوگیری از هر گونه ضایعات و اتلاف نیروی انسانی و تولیدات کشاورزی و صنعتی و تأخیرها و نارسایی‌های موجب ضایعات، از راه برنامه‌ریزی دقیق و حساب شده و نظارت و بازرسی دائمی باشد و برای تأمین این منظور از وزارتخانه‌ها و سازمان‌های ذیربط مسئولیت خواسته شود.

مفهوم این مسئولیت این است که سرمایه‌های مادی و انسانی و فکری که مملکت در اختیار دستگاه‌های اجرایی می‌گذارد، باید در زمانی معقول و معین (که خود آن وزارتخانه یا دستگاه‌ها تعیین کرده‌اند) بازده معلوم و قابل بازرسی داشته باشد. بنابر این، در این مورد باید این مراجع به مفهوم کامل کلمه، قبول مسئولیت بکنند و از این بابت مرتباً حساب پس بدهند.

در این کمیسیون که از نمایندگان تام‌الاختیار وزارتخانه‌ها و سازمان‌های مسئول و نمایندگان حزب رستاخیز ملت ایران و اتاق بازرگانی و صنایع و معادن و وسائل ارتباط جمعی تشکیل شده است، جریان اجرای طرح‌های زمان بندی شده مربوط به وظائف وزارتخانه‌ها

و سازمان‌های ذیربط مورد بازرسی و نظارت قرار می‌گیرد و گزارش پیشرفت کار، منظماً از طرف دفتر مخصوص شاهنشاهی به خود مـن تسلیم می‌شود.

بدین ترتیب، کمیسون شاهنشاهی وظیفهٔ یک ناظر و مراقب آگاه و در عین حال بی‌غرض و خیرخواه را برای حسـن جریـان امـور مملکت و جلوگیری از ضعف و قصور و احیاناً فساد در پیشرفت کارهـا دارد و این وظیفه را خالی از هر گونه حب و بغض و کینه و حسادت و غرض انجام می‌دهد. معایب کار در آن جـا، بـدون پـرده پوشـی و بـا صراحت مطرح می‌شود و این کار تـا وقتـی کـه لازم باشد (و احیاناً همیشه) ادامه خواهد یافت. زیرا نه یک مملکت، نـه یک جامعـه، نـه یک انسان، نمی‌تواند مطلقاً عاری از عیب و نقص باشد. بدیهی است که این نواقص به تدریج کم‌تر خواهد شد ولی معایب هـر قـدر هـم جزیی باشد، برای جامعه‌ای که می‌خواهد وارد دوران "تمـدن بـزرگ" شود، قابل قبول نیست و باید خواه ناخواه برطرف گردد.

با امعان نظری بی‌طرفانه، می‌توان به خوبی درک کـرد کـه کـار این سازمان از کار هـر اقلیـت پارلمـانی و هـر تشکیلات مخـالفی در رژیم‌های پارلمانی چند حزبی، سخت گیرانه‌تر، بی‌امان‌تر و بی‌غرضانـه است. اشاره به بی‌غرضی از این بابت است که عادتاً در تشکیلات نـام برده، حزب اقلیت یا مخالف، خـود را ملزم بـه انتقـاد از روی سـند و مدرک نمی‌داند، زیرا هدف اصلی آن فقط عیب جویی و حملـه اسـت. در صورتی که کمیسیون شاهنشاهی بـا همـین روح سخت‌گیری و بی‌گذشتی، منتها با دسترسی به همهٔ مدارک و اسناد لازم و صرفاً بـر اساس بررسی دقیق و بی‌طرفانهٔ این اسناد عمل می‌کند.

همکاری در درک و رفع معـایب از خصوصیـات انقـلاب ایـران و نظام شاهنشاهی آن است. در پرتو این نظم همـهٔ مـا می‌توانیـم مثـل

افراد یک خانواده بزرگ دست در دست و بازو در بازوی یکدیگر، کار کنیم. راه‌گشای آینده باشیم و با کمک هم، از لحاظ مادی و چه از نظر معنوی، پیش برویم.

***

به طوری که همه می‌دانند، سازمان دیگری نیز از مدت‌ها پیش برای بازرسی امور کشور به نام "سازمان بازرسی شاهنشاهی" وجود دارد. این سازمان به صورت وارث سنت دیرینهٔ شاهنشاهی ایران، که در آن کسان مورد اعتمادی سمت "چشم و گوش شاهنشاه" را داشتند، از قریب بیست سال پیش، مشغول کار است و از افرادی تشکیل شده است که مسئولیت مستقیم در برابر خود من دارند. این افراد وظیفه دارند به تمام کشور مسافرت کنند و آزادانه با هر فرد و مرجعی تماس بگیرند و از علل عدم پیشرفت کافی کارها، آگاه شوند و از شکایات مردم گزارش‌های لازم برای من تهیه کنند. همهٔ مردم نیز می‌توانند آزادانه به این سازمان مراجعه کنند و شکایت‌های خود را با مسئولان آن در میان گذارند. این سازمان تاکنون با اثبات بی‌غرضی و وظیفه شناسی و در عین حال با سخت‌گیری خود، اعتماد عمومی را کاملاً جلب کرده و با توسعهٔ سازمان‌ها و فعالیت‌های مملکتی، دامنهٔ کار آن نیز گسترش بیشتری یافته است.

مبارزه با فساد

دو اصل چهاردهم و نوزدهم انقلاب ناظر بر مبارزه با فساد، یعنی با عاملی مخرب و منفی است که درست نقطهٔ مقابل روح و فلسفهٔ انقلاب ایران و مخالف با تمام اصول این انقلاب است.

اصل چهاردهم انقلاب، مبنی بر "تعیین و تثبیت مداوم قیمت‌ها، توزیع صحیح کالاها بر اساس سود عادلانه، مبارزه پی‌گیر با استثمار مصرف کنندگان و پایان دادن به عادت ناپسند گران فروشی،" پاسخگوی وضع نامطلوبی بود که افزایش تورم و بالا رفتن منظم قیمت‌ها برای سلامت اقتصاد کشور در پیش آورده بود.

با توجه به توسعهٔ اقتصادی سریع مملکت و افزایش درآمد سرانه و تمایل به بالا بردن سطح مادی زندگی، که هجوم خریداران را به بازار فروش کالاها و خدمات و ترقی روزافزون میزان مصرف را باعث می‌شد، افزایش قیمت‌ها از راه گران فروشی، قابل پیش‌بینی بود. ولی برای این وضع چه از نظر آثار تورمی و چه از لحاظ اجحافی که از این طریق به مردم می‌شد، قابل قبول نبود. مبارزه با آن از مجرای مقررات عادی و صنفی و قضایی نیز نمی‌توانست کاملاً مؤثر واقع شود، بلکه موفقیت چنین مبارزه‌ای مستلزم یک حملهٔ "ضربتی" بود که جنبهٔ قاطع و همه جانبه داشته باشد و این کار فقط می‌توانست در کادر نظام انقلابی ایران انجام گیرد.

باید تذکر داد که این وضع نامطلوب منحصر به کشور ما نیست، بلکه یک گرفتاری اساسی اقتصاد جهانی است که به خصوص در اقتصاد دنیای غرب به نحو چشمگیری اثر بخشیده است. ترقی

سرسام‌آور قیمت‌ها، بحران سیستم پولی بین‌المللی، سیاست‌های توسعهٔ کشورهای بزرگ صنعتی، افزایش بی‌رویهٔ دستمزدها، سودجویی شرکت‌های بزرگ، بخصوص شرکت‌های چند ملیتی، معاملات سودجویانه و احتکاری مواد اولیه باعث رفتن منظم نرخ تورم در جهان صنعتی شده است که طبعاً کشور ما نیز نمی‌توانست از آثار آن برکنار بماند.

ولی سازمان اجتماعی و اقتصادی مملکت ما طوری بود که به ما اجازه می‌داد کاری را که آن کشورها نتوانسته بودند و نمی‌توانستند انجام دهند، با موفقیت [به] انجام برسانیم. یعنی با قاطعیت و قدرت تورم را از راه جلوگیری از شرایط و عوامل آن مهار کنیم.

برای این کار یک جهاد ملی علیه گران فروشی و سودجویی نامشروع اعلام شد و به بسیجی عمومی در سطح مملکتی برای مبارزه با گران فروشی اقدام گردید. بلافاصله پس از اعلام اصل چهاردهم انقلاب در امرداد ۲۵۳۴ [۱۳۵۴ خورشیدی] دولت موظف شد به منظور گسترش امر مبارزه با گران فروشی، کلیهٔ اقدامات لازم منجمله تجدید نظر اساسی در سازمان‌های اتاق اصناف و تشکیل گروه‌های نظارت و کنترل نرخ‌ها را انجام دهد. حزب رستاخیز ملت ایران نیز متقبل شد که با استفاده از تمام نیروهای ملی و اداری مملکت، در جنبش علیه گران فروشی شرکت جوید. ضمناً اخطار شد در صورتی که طی یک ماه از آغاز این جنبش، نتیجهٔ رضایت بخشی از این کوشش‌ها حاصل نشود، قانون مربوط به رسیدگی به جرایم محتکران و گران فروشان توسط دادگاه‌های نظامی در مورد آنان به اجرا در خواهد آمد.

کمیسیونی از وزیران، مسئول پیشبرد این مبارزه شد و این کمیسیون همگام با کمیتهٔ ملی حمایت از مصرف کننده و

وزارتخانه‌هایی که عهده‌دار امور اقتصادی و قضایی بودند، برای تمام اقلام غذایی و کالاهای ضروری، قیمت‌های عادلانه تعیین کرد. در مدتی کوتاه قیمت چهارده هزار قلم کالا معین شد و ۲۲۰۰ دانشجوی مدارس عالی و دانشگاه‌ها، داوطلبانه کار بازرسی در مورد محترم شمردن نرخ‌های اعلام شده را به عهده گرفتند. گذشته از وزارت بازرگانی، کمیتهٔ حمایت از مصرف کننده با بسیج طبقات مختلف مردم، نسبت به کنترل نرخ‌ها اقدام کرد و ضمناً با تشکیل گروه‌های کار به بررسی علل گران فروشی و کمبود کالاها و نیازهای جامعهٔ مصرف کننده و انعکاس نتایج این بررسی‌ها به دستگاه‌های مسئول پرداخت. اتاق اصناف نیز در زمینهٔ جلوگیری از تخلفات صنفی در سطح تولید کننده و وارد کننده و عمده فروش و خرده فروش فعالیت مؤثری کرد و کوشید تا از طریق توسعهٔ شرکت‌های تعاونی و توزیع در اتحادیه‌های صنفی، دست واسطه‌ها را کوتاه کند. هزاران تُن مواد غذایی و مصرفی عامه که به منظور سودجویی احتکار شده بود، کشف و به قیمت عادله در دسترس مردم گذاشته شد و محتکران و سودجویان که برخی از آنها صاحبان معروف صنایع و فروشگاه‌های بزرگ بودند، یا روانهٔ زندان شدند یا جریمه‌های سنگین پرداخت کردند و یا برای مدتی از ادامهٔ کار خود محروم گردیدند. حتی شرکت‌های چند ملیتی خارجی متعددی مشمول مجازات قرار گرفتند و عده‌ای از رؤسای سندیکاها، فرمانداران و شهرداران و مقامات عالی رتبهٔ دولتی، مورد بازخواست و تنبیه واقع شدند. برای رسیدگی به جرائم همهٔ این افراد و سازمان‌ها، دادگستری به تشکیل دادگاه‌های فوق‌العاده اقدام کرد و این دادگاه‌ها که آراءشان قابل استیناف نبود، همراه با دادگاه‌های عادی به کار پرداختند.

به موازات این اقدامات، ضوابطی اصولی برای تنظیم بازار و تعیین ساعات کار برقرار شد و فعالیت‌های بازرگانی زیر نظارت دقیق قرار گرفت. ضمناً اقدامات لازم به منظور تسریع در تخلیهٔ کالاها از کشتی‌ها و حمل فوری آنها به مراکز مصرف و نیز گسترش تعاونی‌ها انجام گردید و از این راه، بسیاری از کمبودهای بازار مصرف برطرف شد.

نتیجهٔ اجرای این برنامه، که البته بعد از آن نیز ادامه یافت و باید ادامه یابد، این بود که نه تنها تورم در سطح قابل پیش‌بینی متوقف شد، بلکه شاخص هزینهٔ زندگی پنج درصد تقلیل یافت و نرخ افزایش هزینهٔ زندگی به زیر صفر رسید. اقتصاد ما حتی با یک نوع کمبود جریان اسکناس و رشد ضد تورمی مواجه شد. بدین ترتیب کشور ما رکورد تازه‌ای در مهار کردن تورم به دست آورد و این آزمایشی است که تصور نمی‌رود در هیچ جای دیگر جهان انجام گرفته باشد. تذکر این نکته در عین حال لازم است که به دلیل درآمد زیاد و قدرت خرید ناشی از آن، تورم در سال ۲۵۳۶ [۱۳۵۶ خورشیدی] دوباره به طور خطرناکی شروع شد ولی باز هم با کنترل قیمت زمین تا آخر سال به حدود معقولی پائین آورده خواهد شد.

باید متذکر شد که دولت از چند سال پیش به منظور تثبیت قیمت کالاهای اساسی از قبیل گندم، گوشت، قند و شکر، برنج، روغن، چای، تخم مرغ و غیره، هر سال مبالغ هنگفتی از محل اعتباری که برای صندوق حمایت از مصرف کننده اختصاص می‌دهد، پرداخت کرده است تا از افزایش بهای این کالاهای اولیهٔ مورد نیاز مردم جلوگیری کند. رقم این پرداخت‌ها که در سال ۲۵۳۲ [۱۳۵۲]

خورشیدی] اندکی بیش از هشت میلیارد ریال بود، دو سال بعد از آن به یکصد و هفده میلیارد ریال رسید.

در ادامهٔ اجرای اصل تعیین و تثبیت مداوم قیمت‌ها و مبارزه با گران فروشی، دولت می‌باید کوشش کند تا هم چنان بهای کالاهای اساسی را برای مصرف کننده ثابت نگاه دارد. به نحوی که نوسانات قیمت‌ها در سطح بازارهای بین‌المللی و داخلی در قیمت خرید مصرف کنندگان تأثیری نداشته باشد و برای این منظور مابه‌التفاوت بهای خرید کالاها و بهای عرضهٔ اجناس به مصرف کنندگان، از محل اعتبارات دولت که در بودجهٔ صندوق حمایت از مصرف کننده منظور می‌شود، تأمین گردد. هم چنین برای تعیین و تثبیت حقیقی کالاها و مبارزه با گران فروشی، امر قیمت گذاری بر ضوابط مشخصی استوار شود و حتی‌المقدور قیمت کالاهای داخلی از قیمت‌های بین‌المللی نباید بیشتر باشد تا با نظارت مستمر بر عرضهٔ کالاها و موارد مورد نیاز عامه و تأمین و توزیع سریع کالاهای مورد نیاز عمومی به منظور جلوگیری از کمبود عرضه و تماس دائمی با تولید کنندگان و وارد کنندگان کالا از نظر تنظیم بازار و نظارت بر کلیهٔ فعالیت‌های بازرگانی و ایجاد شبکه‌های توزیع، از هر گونه گران فروشی و احتکار و تقلب در عرضه کالا جلوگیری شود.

با وجود همهٔ این برنامه‌ها و اقدامات، باید عموم افراد مملکت بدین نکته عمیقاً توجه داشته باشند که حسن اجرای این اصل انقلاب که فقط برای تأمین منافع و دفاع از حقوق آنان وضع شده است، در درجهٔ اول به عهدهٔ خودشان است. یعنی قبل از هر چیز، این مصرف کننده است که می‌باید از خرید کالاها و خدمات، به هر قیمتی که بدو عرضه می‌شود، خودداری کند و فقط با بررسی و دقت لازم به خرید آنها با نرخ عادله و تعیین شده مبادرت ورزد و اگر در این راه با

تقلب و گران فروشی مواجه گردد، برای دفاع از حق خود و حق دیگران و به عنوان انجام یک وظیفهٔ ملی، گران فروش را به دست قانون بسپارد. اگر این وظیفه شناسی و همکاری با مأموران قانون از طرف مردم کاملاً رعایت نشود، مسلماً کار این مبارزه، آن موفقیتی را که لازم است، در پی نخواهد داشت. چنان که هم اکنون نیز می‌توان تذکر داد که در سال جاری متأسفانه همین سهل انگاری‌ها، توأم با عادت‌های قدیمی، لطماتی به موفقیت قاطع این جهاد ملی وارد کرده است که فقط رشد فکری ملی می‌تواند جوابگوی آن باشد.

‌‌*

اصل نوزدهم انقلاب مکمل همین مبارزه با فساد و ناظر بر کوشش وسیع دیگری در جهت منزه نگاه داشتن جامعهٔ ایرانی و جلوگیری از رسوخ هر گونه نادرستی در پیکر اجتماعی سالم ایران امروز است که سوء استفاده از مقام و موقعیت شغلی یکی از مظاهر آن به شمار می‌رود. طبق این اصل و بر اساس این منطق کلی که می‌باید همهٔ تلاش و کوشش صاحبان مقامات دولتی در راه مصالح و منافع جامعه به کار رود، مقرر شده است که مقامات سطح بالای دولتی (که طبقه بندی آنها مشخص شده است) و شهرداران درجه یک در زمان‌های معین کلیهٔ دارایی‌های خود و همسر و فرزندان تحت تکفل خویش را اعلام کنند و آن قسمت از دارایی‌ها که به صورت سهام شرکت‌ها و بانک‌ها و مشابه آن باشد، در مدت تصدی مقامات نام برده به اوراق قرضهٔ دولتی تبدیل گردد یا توسط بانک‌ها و شرکت‌های سرمایه گذاری و یا مؤسسات مشابه که دولت معین خواهد کرد، به صورت امانی اداره شود.

مفهوم فلسفی این اصل را باید از دیدگاه کلی مبارزه با فساد در نظر گرفت که یکی از ارکان اخلاقی نظم اجتماعی امروز ایران است. بدیهی است نباید کسب پول را از راه کار شرافتمندانه، با تحصیل آن از راه فساد و نادرستی مرادف شمرد. اگر کسی از حاصل کار و ابتکار خود پول پیدا کند و حتی میلیونر و میلیاردر بشود، به شرط این که مالیات قانونی خود را بپردازد، چنین شخصی نه فقط مستوجب ملامت یا حسادت نیست، بلکه بالعکس، شایستهٔ هر گونه تشویق و ستایش است. زیرا تحصیل پول از راه مسابقهٔ شرافتمندانهٔ شایستگی، گذشته از آن که به سود خود چنین فردی تمام می‌شود، قدمی است که در راه پیشرفت اقتصاد مملکت برداشته می‌شود. در مقابل، دستیابی به ثروت از راه فساد و نادرستی، به هیچ وجه قابل بخشش و گذشت نیست و باید شدیداً مورد مؤاخذه و تعقیب قرار گیرد. زیرا فساد و ارتشاء بدترین دشمن موجودیت اجتماعی هر جامعه است و اگر وجود داشته باشد، به خصوص اگر مواضع حساس را در بر گرفته باشد، دیگر نمی‌توان روی آن مملکت و جامعه حساب کرد.

مفهوم اصل نوزدهم انقلاب را چنین می‌توان خلاصه کرد که در نظام شاهنشاهی ما و بر مبنای اصول قانون اساسی و متمم آن، تفویض اختیار به اعضای دولت و دستگاه‌های وابسته بدان، به نام اعضای قوهٔ مجریه، بازتابی از رسالت مرکزی رهبری در پاسداری از قوانین و تأمین حقوق ملت است. بنابر این رؤسای دولت و کلیهٔ کارکنان دولتی، هنگامی به ایفای این وظیفه موفق می‌شوند که در زمان تصدی مشاغل و مقامات، قدرت خود را بی‌طرفانه در طریق حل مسائل جامعه به کار برند و با انصراف از منافع شخصی، خود را کاملاً در خدمت رسالت اجتماعی و ملی خویش قرار دهند. نظام دموکراسی ایران به خصوص اصول انقلاب که بر مبنای تساوی حقوق و تأمین

فرصت‌های مشابه برای کلیهٔ افراد ملت ایران پایه‌گذاری شده، هیچ فرد یا طبقه‌ای را از امتیازات سیاسی یا اجتماعی و یا اقتصادی محروم نمی‌کند. بدین جهت استفاده از هر عضو لایق را که در آزمون خدمت به جامعه، به درک شایستگی موفق شده باشد، بدون توجه به وضع مالی و میزان ثروت و امتیازات شخصی او برای خدمت در مشاغل و یا مؤسسات ملی و دولتی، بدون تفاوت و تبعیضی، ضروری می‌شمارد. ولی این احترام به موقعیت مالی و اقتصادی اشخاص مشروط بدان است که این دارایی از راه مشروع و با پیروی از قوانین و پرهیز از تجاوز به حقوق دیگران تحصیل شده باشد. بدیهی است وزیر و سفیر و دیگر مقامات عالی رتبه دولتی نباید به خاطر قبول مسئولیت، از حفظ امتیازات اجتماعی خود محروم شوند. لیکن به خاطر جلب اعتماد عمومی باید در آغاز خدمت، دارایی مشروع خود را اعلام کنند و ادارهٔ آن را در مواردی که به صرف وقت و فعالیت اقتصادی نیاز دارد، در مدت مأموریت خویش به مؤسسات و شرکت‌هایی که این امور در صلاحیت و تخصص آنهاست، واگذار نمایند تا بدین ترتیب هم اعتماد و احترام عمومی را پشتوانهٔ خدمت خود داشته باشند و هم منافع مشروع مالی ایشان به صورتی مطمئن و رضایت بخش حفظ شده باشد. در مورد مقامات درجهٔ اول دولتی که باید دارایی خود را اعلام کنند، هدف این است که این افراد در زمان تصدی چنین مشاغلی، نتوانند ثروت اندوزی کنند و در نتیجه همهٔ وجود و وقت‌شان وقف خدمت به مملکت بشود. دارایی چنین مقاماتی را می‌توان از راه‌های مختلف مورد بهره‌برداری خود آنان قرار داد. یک راه آسان تبدیل این دارایی‌ها به اوراق قرضه دولتی است. یک راه دیگر نیز نگهداری آنها در تراست‌های بی‌نام است که خود صاحب سهم، البته تا وقتی که در خدمت دولت است، در آنها دخالتی

ندارد، ولی بعد از آن طبعاً می‌تواند سهام خود را پس بگیرد. علت پیشنهاد تراست‌های بی‌نام این است که در غیر این صورت، اگر بخواهند سرمایه‌ای را یک باره در بورسی بریزند که تبدیل به اوراق قرضه شود، ممکن است اصل سرمایه زیان ببیند. علاوه بر تراست‌های بی‌نام، می‌توان از بانک‌هایی نیز که دولت معین می‌کند، استفاده کرد تا دارایی این مقامات را به طور امانی اداره کنند.

بیمه همگانی

اصل هفدهم انقلاب مبنی بر بیمهٔ همگانی و تأمین دورهٔ بازنشستگی برای همهٔ افراد ملت ایران به خصوص روستائیان کشور، یکی از مهمترین و آینده سازترین اصول انقلاب ایران است. قانون تأمین اجتماعی که ره‌آورد انقلاب است، جامع موارد اساسی تأمین اجتماعی است که به صورتی گسترده گروه‌های مختلف جامعهٔ ایرانی را در بر می‌گیرد.

بیمه‌های اجتماعی و سازمان‌های تعاونی دو رکن اساسی تأمین نیازمندی‌های اجتماعات عصر حاضر و تضمین آیندهٔ مطمئن برای هر فرد بشری است و بدیهی است که در جامعهٔ امروزی ایران که پیشرفت اقتصادی آن توأم با پیشرفت عدالت اجتماعی است، پاسخگویی بدین نیاز انسانی و مشروع افراد در درجهٔ اول اهمیت قرار دارد. هدف نهایی اصل هفدهم انقلاب این است که هر فرد ایرانی در تمام مراحل زندگی خود زیر پوشش حمایتی تأمین اجتماعی قرار داشته باشد. بر اساس قانون تأمین اجتماعی، این پوشش حمایتی از پیش از تولد از راه حمایت و مراقبت از زنان باردار و پرداخت کمک بارداری شامل وی می‌گردد. یعنی هر ایرانی، عملاً حتی قبل از تولد مشمول بیمه می‌شود. تأمین اجتماعی بیمه‌های حوادث، بیماری‌ها، کهولت، از کارافتادگی، نقص عضو، غرامت دستمزد ایام بیماری، کمک‌های ازدواج و عائله‌مندی را شامل می‌شود و حتی باید بتوان روزی بیمهٔ استعدادها را برقرار ساخت.

قانون تأمین اجتماعی که طی سال‌های انقلاب، جمعیت کثیری از مزد بگیران، حقوق بگیران کشور و خانواده‌های آنان را شامل شده است، از نظر حمایت‌های قانونی و موارد تأمین اجتماعی، از قوانین بسیار مترقی دنیا در این زمینه است. زیرا در حالی که در پیشرفته‌ترین ممالک صنعتی جهان، افراد می‌توانند هنگام بازنشستگی حداکثر به طور متوسط ۵۰ تا ۶۰ درصد از متوسط حقوق یا دستمزد ماهانهٔ قبل از بازنشسته شدن را دریافت کنند، در ایران مشمولین این قانون به هنگام بازنشستگی می‌توانند تا ۱۰۰٪ از متوسط دستمزد یا حقوق سال آخر خدمت خود را به عنوان مستمری بازنشستگی دریافت دارند. هم چنین به منظور حفظ قدرت خرید مستمری بگیران، با توجه به افزایش هزینه‌ها، حداقل مستمری‌ها بر مبنای حداقل دستمزد تعیین می‌شود و منظماً در مبالغ مستمری‌ها، در جهت ارزش حقیقی آنها، تجدید نظر به عمل می‌آید.

تعهدات این قانون در مورد بیماران بدون محدویت مدت و هرینهٔ درمان است و "پروتز" را نیز شامل می‌شود. حتی بیمه شده می‌تواند در صورت عدم امکان معالجه در کشور، به مراکز درمانی خارج از کشور، به شرط امکان معالجه اعزام شود.

مشمولین بالقوهٔ این قانون عبارتند از: کلیهٔ مزد بگیران و حقوق بگیران کشور (به جز کارمندان دولت و نیروهای مسلح شاهنشاهی)، روستائیان، اصناف و صاحبان حرف و مشاغل آزاد، کارکنان رسمی دولت و نیز نیروهای مسلح شاهنشاهی بر اساس قوانین خاص از کلیهٔ حمایت‌های تأمین اجتماعی بهره‌مند گردیده‌اند.

هم گام با گسترش امکانات پزشکی و درمانی در سطح کشور خدمات و حمایت‌های بیمه‌های درمانی به گروه کثیری از مردم

مملکت از طریق بیمه‌های اجتماعی و همگانی، توسعه و تعمیم داده شده است. به طوری که عدهٔ بیمه‌شدگان و افراد خانواده‌های مشمول قانون بیمه‌های اجتماعی که در سال ۲۵۲۱ [۱۳۴۱ خورشیدی] به حدود یک میلیون نفر بالغ می‌شد، هم اکنون به هشت میلیون نفر رسیده است. بدین ترتیب کلیهٔ کارگران بخش صنعتی و تولیدی و بخش اعظم کارکنان بخش خدماتی از بیمه‌های درمانی برخوردار شده‌اند.

با اجرای قانون تأمین خدمات درمانی مستخدمین دولت، ظرف مدت کوتاهی کلیهٔ کارکنان دولت اعم از فعال و بازنشسته رسمی و قراردادی و روزمزد با خانواده‌های خود و نیز کارکنان بخش خصوصی و خانواده‌های آنان از مزایای قانون تأمین درمان بهره‌مند شده‌اند و از خدمات درمانی استفاده می‌کنند. به طوری که بیمه شدگان مشمول این قانون به سه میلیون نفر رسیده‌اند. اکثریت قریب به اتفاق بیمه شدگان مشمول این قانون، از کلیهٔ خدمات درمانی ضروری بدون محدویت بهره‌مند هستند و می‌توانند آزادانه به بیمارستان‌ها و پزشکان کشور، به انتخاب خود مراجعه کنند. کلیهٔ افسران و درجه‌داران نیروهای مسلح شاهنشاهی از مزایای تأمین درمانی مشابه کارکنان دولت برخوردارند.

در حال حاضر حدود ۶۰۰ هزار نفر از جمعیت روستایی کشور از مزایای بیمه‌های درمانی استفاده می‌کنند و با دگرگونی‌هایی که در نظام بهداشتی و درمانی روستاها پدید آمده است، تا پایان سال جاری تقریباً ۶۵۰,۰۰۰ نفر از طریق شبکهٔ بهداری و بهزیستی زیر پوشش قرار خواهند گرفت. بدین ترتیب اکنون بیش از ۱۲ میلیون نفر از مردم کشور، از مزایای قانونی بیمه‌های درمانی همگانی و اجتماعی برخوردار هستند.

حق بیمهٔ کارکنان دولت مشمول قانون تأمین خدمات درمانی به طور متوسط در حدود یک سوم توسط فرد بیمه شده و دو سوم توسط دولت پرداخت می‌شود و در مورد بیمه‌شدگان تأمین اجتماعی ۹٪ از دستمزد بیمه شده به امر بیمهٔ درمان اختصاص داده می‌شود. جمع حق بیمهٔ دریافتی بابت کلیه تعهدات قانون تأمین اجتماعی در مورد بیمه شدگان ۳۰٪ دستمزد ماهیانه تعیین شده است که ۲۰٪ آن توسط کارفرما و ۷٪ توسط فرد بیمه شده و ۳٪ توسط دولت پرداخت می‌شود.

خدمات درمانی در ایران به سه صورت عمومی، بیمه‌ای و خصوصی به مردم عرضه می‌شود. امکانات درمانی بخش عمومی از طریق مؤسسات دولتی یا مؤسسات وابسته به دولت و هم چنین سازمان‌های خیریه، به صورت مجانی در اختیار طبقات مختلف اجتماعی و مخصوصاً گروه کم درآمد شهری و روستایی قرار دارد.

حدود ۳۵٪ از جمعیت کل کشور نیز که از گروه‌های مختلف کارگران و کارمندان دولتی و غیر دولتی و کارکنان مستقل و روستائیان تشکیل می‌شوند، در مقابل بیماری‌ها بیمه هستند. بخش خصوصی در جوار بخش عمومی و سازمان بیمه آزادانه به فعالیت خود ادامه می‌دهد و به وسیله مطب‌ها، درمانگاه‌ها و بیمارستان‌ها خدمات درمانی را به مردم عرضه می‌کند.

تعداد کل پزشکان کشور که در بیمارستان‌ها و درمانگاه‌ها و مطب‌های خصوصی فعالیت دارند ۱۴٫۲۴۳ نفر است. از این تعداد ۴٫۳۱۰ نفر متخصص و ۱٫۰۸۳ نفر دندان پزشک هستند. علاوه بر آن از خدمات ۲۰٫۰۰۰ پزشک خارجی نیز استفاده می‌شود.

با وجود همهٔ پیشرفت‌هایی که در طی سال‌های اخیر در زمینهٔ عرضهٔ خدمات درمانی به دست آمده است، هنوز دشواری‌ها و

نارسایی‌هایی در امر تأمین درمان وجود دارد. یکی از این تنگناهای اساسی در زمینهٔ عرضهٔ خدمات بهداشتی و درمانی، کمبود پزشک در کشور است. گذشته از آن توزیع پزشکان و امکانات موجود نیز متناسب با توزیع جمعیت در مناطق نیست. به طوری که تقریباً ۵۰٪ از امکانات درمانی و نیروی انسانی، تنها در تهران که فقط یک هشتم جمعیت کشور را دارد، متمرکز است. مشابه چنین الگویی با ابعاد کوچک‌تر، در سطح استان‌ها، بین شهرها و روستاها وجود دارد.

در برخورد با مسائل و تجارب سال‌های گذشته در زمینهٔ توسعهٔ خدمات درمانی و توزیع متناسب امکانات، با توجه به کمبود نیروی انسانی پزشکی در روستاها، چنین نتیجه گرفته می‌شود که در شرایط کنونی به کار گرفتن متخصصین عالی با تکنولوژی پیچیده و گران، نه فقط از دیدگاه اقتصادی منطقی نیست، بلکه عملاً نیز ایجاد اشکال می‌کند. از این رو تحول در نحوهٔ ارائه خدمات بهداشتی و درمانی به خصوص در روستاها باید تابع شرایط و امکاناتی باشد که بتواند همراه با سایر خدمات در وضع اجتماعی آنان اثری فوری و سریع بگذارد. به همین منظور است که طرح شبکه‌های بهداری و بهزیستی به مرحلهٔ اجرا گذاشته شده است.

اساس طرح شبکه‌های بهداری و بهزیستی بر مبنای استفاده از کادر کمکی پزشکی است که با اجرای آن استفاده هر فرد روستایی از پائین‌ترین سطح عرضهٔ خدمات بهداشتی و درمانی تا سطح درمان تخصصی در شهرها امکان پذیر می‌شود. هر شبکهٔ بهداری و بهزیستی که جمعیتی در حدود سیصد هزار نفر را زیر پوشش بهداشتی و درمانی قرار می‌دهد، از اجزایی ترکیب شده است که به وسیلهٔ آن از نیروی پزشکی موجود حداکثر بهره‌مندی را کسب می‌کند.

گام دیگر در برخورد با مسئلهٔ کمبود پزشک، استفاده از حداکثر کارآیی نیروی پزشکی موجود است. بر این اساس، طرح تمام وقت "کارانه" با ایجاد ارتباط مستقیم بین میزان کار مفید پزشک با درآمد وی و الغای تدریجی نظام پزشک کارمندی به مرحلهٔ اجرا گذارده شده و همراه با آن و به عنـوان راه حلـی موقـت، استخدام پزشکان خارجی عملی شده و شرایط و امکانات لازم در جهت جلـب پزشکان ایرانی مقیم خارج نیـز فراهـم گردیـده است. بـه طوری کـه تعـداد بازگشتگان به وطن، سالانه و به طور گروهی در حال افزایش است.

جهت تعمیم خدمات مربوط به فوریت‌های پزشکی، بـه تمـامی نقاط کشور، طرح شبکه‌های اورژانس در سطح شهرها و روسـتاها بـه مرحلهٔ اجرا گذاشته شده است. به علاوه چون نمی‌توان در هـر روسـتا بیمارستان مجهزی ساخت، باید بیمار را با وسائلی مانند هلیکوپتر، بـه نزدیک‌ترین بیمارستان رسانید. در مـورد ایجـاد تعـادل موجــه در هزینه‌های دارویی و نیز تأمین داروهای ضروری و حیـاتی مـورد نیـاز کشور، طرح دارو به مورد اجرا در آمده است.

بر اساس پیش‌بینی وزارت بهداری و بهزیسـتی تـا پایـان برنامـهٔ عمرانی ششم (سال ۲۵۴۱ [۱۳۶۱ خورشیدی] نـود درصـد جمعیـت کل کشور زیر پوشش بیمه‌های درمانی قرار خواهند گرفـت. پنجاه و پنج درصد از جامعهٔ شهری و ده درصد از روسـتائیان، تحـت پوشش درمان مستقیم خواهند بود و سی و پنج درصد دیگر از جامعهٔ شـهری از خدمات درمان غیر مستقیم استفاده خواهند کرد.

طبق آمارها در دوران پانزده ساله انقلاب تا به امروز، تعداد کلـی بیمه شدگان ۵۲۱٪، تعداد کارگاه‌های مشمول مقررات بیمه ۲۱۹۵٪، تعداد بازنشستگان مشمول بیمه ۳۰۹٪، تعداد بازمـاندگان مستمری

بگیر ۴۶۰٪، تعداد از کارافتادگان مشمول مستمری ۵۲۰٪ افزایش داشته است.

حزب رستاخیز ملت ایران

همهٔ اصول نوزده‌گانهٔ انقلاب که توضیح کلـی در بـارهٔ آنـها داده شد، اکنون اصول حاکم بر زندگی ایران امروز و راهنمای جامعهٔ مـا در مسیر پیشرفت هستند و در مـورد سـایر اصول احتمـالی آینـده نیـز مسلماً چنین خواهد بود. مردم ایران که کلیهٔ شئون مـادی و معنـوی زندگی ایشان در ابعاد مختلف تحت تأثیر اصول انقلاب قرار دارد و در همهٔ امور روزمـره و برنامـه‌های کوتـاه مـدت و دراز مـدت شخصی و اجتماعی و ملی خویش با آنها از نزدیـک در ارتبـاطند، طبعـاً بـا ایـن اصول آشنا هستند و از راه وسائل مختلف خبری و سایر وسائل نیز به طور مستمر اطلاعات تازه در این مورد به دست می‌آورند.

با این همه این آشنایی و اطلاع روزمره پاسخگوی کافی این نیاز نبود که روح و ایدئولوژی انقلاب ایران به مفـهوم کـامل و عمیـق و از همهٔ جنبه‌ها و ضوابط مورد تحلیل و بررسی قرار گیـرد و در حداکثر ممکن، به حداکثر افراد شناسانیده شـود تـا بدیـن ترتیب راه بـرای شرکت آگاهانهٔ آنان در پیشبرد انقلاب و اظهار نظرها و راهنمایی‌هـا و نوآوری‌ها و البتـه انتقادهـای سـازنده و مثبت آمـاده گـردد. چنیـن مشارکتی برای پیشرفت انقلاب ضرورت کامل دارد. زیرا ایـن انقلابـی است که به خاطر مردم ایران و با تأئید قاطع ملی صورت گرفتـه اسـت و باید اجرای آن به بهترین صورت ممکن ادامه یابد. لازمـهٔ ایـن کـار وجود یک سازمان عظیم ملی و سیاسی است که با همهٔ مردم ایران و تمام قشرهای جامعهٔ ایرانی سر و کار داشــته باشــد تــا بدیــن ترتیب

عموم افراد ملت در لوای آرمان‌های مشترک در آن گرد آیند و در این چهارچوب کلی نظرات و اندیشه‌های مختلف خود را که طبعاً بر حسب اختلاف سلیقه‌ها و اختلاف برداشت‌ها و روحیات با یکدیگر تفاوت دارد، و باید هم تفاوت داشته باشد، با یک دیگر در میان گذارند و از راه گفت و شنود سازنده، به رفع مشکلات همت گمارند و مراجع اجرایی را نیز در رفع آنها یاری دهند.

ایجاد چنین سازمان عظیم سیاسی و ملی، به صورت تشکیلاتی پایدار و فراگیر با زیربنایی از اصول فلسفی و اجتماعی انقلاب، در واقع تضمین آیندهٔ ملی است و بر اساس احساس این ضرورت بود که من به عنوان مسئول سرنوشت کشور و به عنوان فرمانده انقلاب، تشکیل این سازمان را به نام "حزب رستاخیز ملت ایران، در یازدهم اسفند ماه ۲۵۳۳ [۱۳۵۳ خورشیدی] اعلام داشتم.

بدین ترتیب این حزب به عنوان مظهر یکپارچگی و پیوستگی ملی پی‌ریزی شد تا در آینده یک مکتب واقعی میهن پرستی و کار و آفرینندگی در اجرای اصول انقلاب ایران و زیربنای معنوی و فکری جامعهٔ ایرانی در مسیر " تمدن بزرگ " باشد. حزب رستاخیز ملت ایران با این رسالت به وجود آمد که نه تنها یک حزب فراگیر سیاسی، بلکه در عین حال یک کانون فکری و فلسفی برای همهٔ مردان و زنان ایرانی باشد. خانه‌ای باشد که در آن اعضای خانوادهٔ بسیار بزرگی که ملت ایران نام دارد، به دور هم گرد آیند و اندیشه‌ها و طرح‌های سازندهٔ خویش را همراه با مشکلات و مسائل خانوادگی با یکدیگر در میان گذارند و تجارب و نظرات و آراء و پیشنهادهایشان را ارائه دهند و راه‌هایی را نیز که برای اجرای آنها مناسب‌تر می‌دانند، عرضه دارند. چنین برداشتی ضامن ارتباط دائم قوهٔ مجریه با همگی افراد ملت است تا بدین ترتیب از یک سو، تصمیماتی که در سطح عالی اجرایی

برای پیشرفت امور مملکت گرفته می‌شود، از راه حزب به عموم افراد ملت منعکس شود و از سوی دیگر نیز، نظرات و واکنش‌های ملت در مراحل مختلف اجرای این تصمیمات از طریق حزب در دسترس هیئت مجریه گذاشته شود و از این راه رابطهٔ متقابل و استوار این دو تأمین گردد.

تشکیلاتی که بدین ترتیب باید منابع فکری و مادی کشور آن بسیج شود، ملی‌ترین تشکیلاتی است که تاریخ ایران به یاد دارد. زیرا این سازمانی است که عموم افراد ملت ایران، با حفظ همهٔ آزادی‌های فردی و اجتماعی خود در آن شرکت دارند. رسالت اصلی حزب این است که یک مکتب بزرگ آموزش سیاسی و اجتماعی و فلسفی (البته جنبهٔ فلسفی انقلاب و نه به معنی اعم آن) باشد و روحیهٔ اجتماعی فکر کردن و اجتماعی بودن را جایگزین روحیهٔ انفرادی سنتی سازد که یکی از آثار دوران فئودالی است و باید در جامعهٔ پیشرو امروز ایران، صورت افراطی آن از میان برود.

احزابی که پیش از ۲۸ امرداد ۲۵۱۲ [۱۳۳۲ خورشیدی] وجود داشتند، به خصوص در زمانی که کشور در اشغال بیگانه بود، متأسفانه یا برای تأمین مصالح بیگانگان و یا برای مقاصد خاص و معینی که جنبهٔ موقتی داشت، ایجاد شده بودند و در هر دو صورت ریشه‌ای در میان ملت ایران نداشتند. علت از میان رفتن آنها نیز همین بود که چون با منافع خارجی آمده بودند، با همان منافع نیز می‌رفتند و یا چون مقاصد خاصی آنها را به وجود آورده بود، همان مقاصد نیز به عمرشان پایان می‌داد. احزابی که بعد از ۲۸ امرداد به وجود آمدند، البته جنبه کاملاً ملی و ایرانی داشتند ولی چون با پیروی از شیوهٔ غربی ایجاد شده بودند، در سیستم حزبی کشور یک گروه در اکثریت بودند، یعنی دولت را در دست داشتند و گروه دیگر که اقلیت را

تشکیل می‌دادند، با آن که مسلماً بسیاری از ایرانیان پاک دل و میهن پرست و خوش فکر جزء آنها بودند، از شرکت مؤثر در کارهای سیاسی و اداری کشور دور می‌ماندند. شاید چنین وضعی برای جوامعی که سیر تکاملی خود را به صورتی تدریجی و منظم در مدتی طولانی انجام داده‌اند، قابل قبول باشد ولی از نظر جامعهٔ ما که در سیر شتاب آمیز پیشرفت خود به بهره‌گیری از همهٔ نیروها و تمام استعدادها و استفاده از کلیهٔ امکانات و منابع انسانی خود احتیاج دارد، یقیناً قابل قبول نیست و نمی‌توان پذیرفت که بسیاری از افراد برجسته و صادق و صالح به دلیل عدم عضویت در حزب اکثریت، از شرکت مؤثر در انجام وظیفهٔ بزرگ سازندگی کشور محروم بمانند.

با تأسیس یک حزب واحد ملی، به تمام گروه‌ها و افراد از هر طبقه و با هر طرز فکر و سلیقه و روحیه فرصت شرکت در مسابقهٔ شایستگی، در شرایطی کاملاً مساوی داده شده و همهٔ مشاغل و مقامات سیاسی و اداری مملکت در اختیار عموم قرار گرفته است. بدین ترتیب اکنون دیگر تنها شرط موفقیت هر فردی در احراز این مناصب، لیاقت و استعداد و علاقه و پشتکار اوست.

البته مفهوم "حزب واحد" این نیست که در داخل آن تحرک و اختلاف سلیقه و برخورد اندیشه‌ها وجود نداشته باشد. اگر چنین باشد، این حزب تأثیری واقعی در امر تحول و تکامل نخواهد داشت. در حالی که ما درست به عکس، خواستار کمال تحرک و تحول اجتماعی، از راه فعالیت‌های حزبی هستیم. بدین جهت در داخل صفوف حزب، راه برای نضج گرفتن سلیقه‌ها و اندیشه‌های مختلف و تشکل آنها در جناح‌های مشخص حزبی، البته در زیر لوای سه رکن بنیادی و تغییر ناپذیر حزب، یعنی نظام شاهنشاهی قانون اساسی و انقلاب شاه و ملت، کاملاً فراهم است. این جناح مسلماً در داخل این

سازمان عظیم و واحد سیاسی تشکیل خواهند شد و با توجه به نقشی که داشته باشند، سهم مناسب خود را در ایفای مسئولیت‌های مملکت به عهده خواهند گرفت، بی‌آن که از این راه زیانی به تشکیلات سیاسی کشور وارد آید.

بدین ترتیب حزب رستاخیز ملت ایران در عمل واقعاً یک حزب سنتی به شیوهٔ غربی نیست. زیرا همهٔ احزاب پیشین با طرز فکرها و نظرات خود در بطن آن گرد آمده‌اند. منتها این بار بحث‌ها و تبادل نظرهای آنان در داخل یک چهار چوب واحد انجام می‌گیرد و وقتی که همهٔ این بررسی‌ها و بحث‌ها صورت گیرد، تصمیم نهایی به نام حزب یعنی به نام تمام کشور گرفته می‌شود. اختلاف نظرها شاید در زمینهٔ اظهار نظر در صلاحیت برخی از سازمان‌ها و انتقاد از نواقص و اشتباهات باشد و این امری است که کاملاً طبیعی و حتی مورد تشویق است. این اصل قسمتی از فلسفهٔ "گفت و شنود" حزبی را از راه برقراری مباحثه واقعی و تبادل نظر واقعی تشکیل می‌دهد.

از نظر این "گفت و شنود" سالم و سازنده، حزب رستاخیز ملت ایران باید به صورت مکتب بزرگ آموزش سیاسی در گسترده‌ترین سطح ملی در آید. اشتیاق میلیون‌ها نفر از مردم به مشارکت در اجتماعات حزبی در سراسر کشور، نمایانگر همبستگی عمومی در این امر و علاقه بدین گفت و شنود در زمینهٔ مسائل مملکتی و محلی و حزبی و مشارکت عمومی در این مسائل است. نکتهٔ جالب در این مورد، شرکت بانوان در امور حزبی است که طبعاً گواه رشد اجتماعی و سیاسی روزافزون آنان است.

* * *

به مناسبت اشاره بدین شرکت گستردهٔ بانوان کشور در امور حزبی، تذکر این نکته را از نظر کلی‌تر و وسیع‌تر ضروری می‌دانم که نقش زنان ایرانی در پیروزی تلاش سازندگی مادی و معنوی ایران فردا، طبعاً نقش درجه اول و حیاتی است. با تساوی کامل حقوق و امکانات امروزه مسئولیت هیچ زن ایرانی در برابر آیندهٔ کشور، کمتر از مسئولیت مردان ایرانی نیست و با توجه به مقام و موقعیت ممتاز او به عنوان مادر، می‌توان گفت که این مسئولیت حتی بیشتر از مردان است. برای من تذکر این نکته مایهٔ خوشوقتی قلبی است که اکنون خیلی از زنان ما وظایف و مسئولیت‌های اجتماعی خویش را در زمینه‌های متنوع و مختلف امور مملکت، آگاهانه و صمیمانه و گاه به اقتضای هوشمندی خاص زنانه، حتی با دقت و ظرافتی بیش از مردان انجام می‌دهند.

بهترین سرمشقی که می‌توانم در این زمینه ارائه کنم، سرمشق شهبانوی ایران است که نزدیک‌ترین دوست و همکار و شریک من هستند. فعالیت شبانه روزی و خستگی ناپذیر شهبانو در انجام وظایف خطیری که به عهده دارند، ادارهٔ عملی (و نه تشریفاتی) بیش از چهل سازمان مهم اجتماعی، آموزشی، رفاهی، درمانی، بهداشتی، فرهنگی، هنری، پژوهشی و غیره که به صورت بنیادها، شوراها، انجمن‌ها، کمیته‌ها، سازمان‌ها، کانون‌ها، جمعیت‌ها، فدراسیون‌ها، هنرستان‌ها، دانشگاه‌ها، موزه‌ها، فرهنگ‌سراها تحت ریاست عالیهٔ ایشان قرار دارد. سرپرستی مستمر امور فرهنگ و سنن ملی، فعالیت‌های گستردهٔ سیاسی و اجتماعی و فرهنگی بین‌المللی، بازدیدهای فعالانهٔ داخلی و تمام کوشش‌های دیگری که با احساس علاقهٔ بی‌شائبه و قلبی به فرد فرد افراد ملت و با سادگی و فروتنی و در عین حال با روح عمیق مسئولیت، نسبت به پیشرفت همه جانبهٔ جامعهٔ ایرانی، توسط ایشان

انجام می‌گیرد، در من این اطمینان را پدید می‌آورد کـه بـا پیـروی از چنین سرمشقی، در معماری بنـای ایـران فـردا، سهم بـانوان ایرانـی سهمی کمتر از مردان این کشور نخواهد بود.

***

در مورد مسائل حزبی از این پس باید بـه گسـترش کانون‌هـای حزب به نحوی توجه شود که همهٔ افرادی که واجد شرایط لازم بـرای عضویت در کانون‌ها هستند، بتوانند با شرکت مداوم خود در جلسـات این کانون‌ها، به گردش اندیشهٔ سیاسی در سطحی هـر چـه وسیع‌تر کمک کننـد. بـا توجـه بـه استمرار انقلاب اجتماعی ایـران، حـزب رستاخیز ملت ایران باید در عین حفظ و حراست همبستگی و وحدت ملی، در هر مورد از تحـرک و پویـایی کـافی برخـوردار باشـد. بدین منظور لازم است بـه مـوازات گسـترش کمـی تشکیلات حزبـی، بـه کیفیت فعالیت‌های آن نیز که آموزش سیاسی و تأمین شناخت وسیع افراد از مسائل مملکتی و فراهم آوردن وسائل مشارکت و اظهـار نظر آنان در همهٔ امور اجتماع از مهم‌ترین آنهاست، توجه کـامل بـه عمـل آید. در این مکتب بـزرگ ملـی و سیاسـی، هـر فـرد ایرانـی بایـد بـا برخورداری از دانش و بینش وسیع، فرزند خدمتگزار و شایستهٔ کشور و شریک واقعی فعالیت‌ها و برنامه‌های سازندگی باشد. استمرار انقلاب اجتماعی و به کار گرفتن همــهٔ استعدادها و اسـتفاده از تمـام افکـار سازنده و مثبت از وظایف اساسی حزب است.

آموزش‌های سیاسی و اجتماعی اعضای کانون‌های حزبـی طبعـاً می‌باید راهنمای آنها در فعالیت‌های اجتماعی باشـد. هـر فـرد حزبـی باید در عین بالا بردن دائمی کمیت و کیفیت کار خود، با هر فسادی

که می‌بیند، مبارزه کند و آن را با حزب در میان گذارد. یک عضو واقعی حزب باید یک پاسبان راستین فضایل و ارزش‌های ملی و یک پاسدار تزلزل ناپذیر انقلاب باشد.

توجه روزافزون عمومی به تشکل در حزب رستاخیز ملت ایران، نشان می‌دهد که مردم مفهوم این رسالت ملی را به خوبی دریافته‌اند. نمونه‌ای از این ادراک عمومی، شرکت وسیع ملی در اولین انتخابات بعد از اعلام حزب رستاخیز، در سطحی است که تاکنون سابقه نداشته است. این شرکت عظیم و همگانی چه مفهومی می‌تواند داشته باشد، جز این که ملت ایران به صورتی یکپارچه، آرمان حزب را پذیرفته است و همهٔ مردم خود را عضو آن احساس می‌کنند؟

اکنون حزب رستاخیز ملت ایران به صورت "پاسدار انقلاب" مسئولیت خود را در برابر تاریخ ایران به عهده گرفته و مانند خود انقلاب پا به صحنهٔ این تاریخ گذاشته است. در ایفای چنین رسالتی، این حزب به عنوان مظهر یکپارچگی و پیوستگی ملی و مظهر تمرکز همهٔ نیروها و استعدادها و فعالیت‌های خلاقه، باید بکوشد تا یک مکتب واقعی میهن پرستی و سازندگی در خدمت به انقلاب، یعنی در خدمت به ترقی و سعادت ملت ایران باشد.

نفت

موضوع نفت و ماجرای پر نشیب و فراز و حادثه آفرین آن، موضوعی است که نه تنها با ایران عصر انقلاب، بلکه با تمام تاریخ ایران قرن بیستم ارتباط دارد. این ماجرا درست در سال آغاز این قرن با واگذاری امتیاز کامل بهره برداری از این ثروت بزرگ ملی به یک تبعهٔ خارجی، در نامناسب‌ترین شرایط سیاسی و اقتصادی برای ایران شروع شد، ولی در دوران انقلاب به صورت یک حماسهٔ غرورانگیز ملی پایان پذیرفت.

تاریخ نفت اصولاً یکی از جنجال‌ترین فصول تاریخ عصر ماست. زیرا از آغاز تا پایان آن با دسیسه‌ها، توطئه‌ها، بحران‌های سیاسی و اقتصادی، ترورها، کودتاها و حتی انقلاب‌های خونین همراه بوده است. امپراتوری نفت در چهرهٔ واقعی آن، پیوسته یکی از غیر انسانی‌ترین امپراتوری دنیای نو بوده که در آن همهٔ اصول اخلاقی و اجتماعی در راه تأمین منافع هر چه زیادتر، از هر راه که باشد، زیر پا گذاشته شده است. بی‌عدالتی‌ها، محرومیت‌ها، حق کشی‌ها و توهین‌هایی که کشور خود ما در تمام مدت امتیاز نفت متحمل شد، یکی از جلوه‌های شوم همین واقعیت بود و ماجرای تلخ و غم‌انگیز سال‌های پیش از قیام ۲۸ امرداد نیز که مملکت را به آستانه سقوط سیاسی و اقتصادی کشانید، یکی دیگر از همین جلوه‌ها بود.

اگر در عصر انقلاب این تراژدی ملی بدل به یک حماسهٔ پیروزی شد، نه به خاطر آن بود که در ترکیب اصولی آن تغییری روی داده بود، بلکه بدین جهت بود که در دوران انقلاب، بر اثر همبستگی ژرف

ملی و پیوند پولادین شاه و ملت، راه بر نفاق افکنی و حادثه آفرینی و اجرای مانورهای سنتی گذشته بسته شده بود و هر آزمایشی از این قبیل محکوم به شکست بود. این وحدت ملی، کلیدی بود که درهای پیروزی را به روی ملت ایران گشود و باعث شد که من و ملتم از درافتادن با نیرویی که تا آن هنگام شکست ناپذیر وانمود می‌شد، نهراسیم و با توفیق در این تلاش، نه تنها راهگشای آیندهٔ کشور خویش، بلکه تا حد زیادی راهگشای همگامان خود نیز باشیم.

امروز کشور ما در این پیکار ملی به پیروزی کامل دست یافته و مالکیت و حاکمیت قاطع و کامل خود را بر صنعت نفت خویش احراز کرده است و می‌تواند کلیهٔ درآمد ملی را از بابت این ثروت خداداد، در راه بازسازی کشور و توسعهٔ صنعتی و کشاورزی و همهٔ جنبه‌های دیگر توسعهٔ ملی به کار گیرد و در عین حال زیر بنای فنی و تکنولوژی لازم را برای ادامهٔ رونق و شکوفایی این اقتصاد، در دورانی که این منبع ثروت به پایان می‌رسد، فراهم سازد.

***

از هنگامی که به نوشتهٔ "دایرةالمعارف بزرگ لاروس" نخستین چاه نفت جهان به فرمان داریوش شاهنشاه هخامنشی در استان شوش حفر شد تا زمانی که ویلیام دارسی بر اساس امتیازنامهٔ نفتی خویش در همان استان، به ذخایر سرشار نفتی خاورمیانه در مسجد سلیمان دست یافت، نزدیک به بیست و پنج قرن گذشته بود. این چاه در خرداد ماه ۲۴۶۷ شاهنشاهی [۱۲۷۸ خورشیدی] در عمق ۳۶۰ متری به یکی از عظیم‌ترین ذخایر نفت جهان رسید و با تولید روزانهٔ

۲۳۰۰ بشکه در روز شروع بـه کـار کـرد کـه از سـال ۲۴۷۰ [۱۲۹۰ خورشیدی] به تصفیهٔ آن در پالایشگاه آبادان اقدام شد.

در آن هنگام قریـب پنجـاه سـال از حفـر نخسـتین چـاه نفـت "دریک" در امریکا و قریب بیست سـال از واگـذاری اولیـن امتیازنامـهٔ اکتشافات و استخراج نفت ایران به یک سرمایه‌دار خارجی می‌گذشت. این امیتـاز در سـال ۲۴۴۹ شاهنشـاهی [۱۲۶۹ خورشـیدی] توسـط ناصرالدین شاه قاجار به بارون جولیوس رویتر، یکی از اتبـاع انگلیـس داده شد و به موجب آن، این شخص حق اکتشـاف و اسـتخراج کلیـهٔ معادن ایران را که نفت یکی از آنها بـود، بـه دسـت آورد. ولـی چـون موفقیتی در اکتشاف چاه‌های نفت نیـافت، بـا موافقـت خـود او، ایـن قسمت از امتیازنامه لغو شـد. چنـدی بعـد در سـال ۱۹۰۱ میـلادی-۲۴۶۰ شاهنشاهی [۱۲۸۰ خورشیدی] طبق امتیازنامهٔ دیگری اجـازهٔ اکتشاف و استخراج نفت و تصفیه و حمل و نقل و فروش آن و احداث خط لوله در تمام خاک ایران (به استثنای پنج ایـالت شـمالی کـه بـه ملاحظهٔ دولت روسیه از آن صرف نظر شده بود) به یکی دیگر از اتباع انگلستان به نام "ویلیام ناکس دارسی، استرالیایی برای مدت ۶۰ سـال واگذار شد. به موجب این امتیازنامه ۱۶٪ از منافع خـالص شـرکت یـا شرکت‌هایی که بعداً بر اساس این امتیاز تشکیل می‌شد، قابل پرداخت به دولت ایران بود ولی ایران اجازهٔ هیچگونه دخالت در امـور شـرکت نداشت. زیرا رابطهٔ آن با شرکت دارندهٔ امیتاز بـر اصـل عـدم مداخلـه تعیین شده بود. در امتیازنامه پیش‌بینی شده بود کـه تنـها کـارگـران سادهٔ شرکت ایرانی باشند و بقیهٔ کارکنان به تمایل صـاحب امتیـاز از هر ملیت دیگری که مورد نظر او باشد، انتخاب شوند.

این امتیاز چند سال بعد از طـرف دارسـی بـه دولـت انگلسـتان انتقال یافت و در نتیجه در سال ۲۴۶۹ [۱۲۸۹ خورشـیدی] شـرکتی

به نام "شرکت نفت انگلیس و ایران" برای استخراج و بهره‌برداری نفت ایران تشکیل شد. این شرکت از برکت عواید سرشار خود به زودی به صورت یکی از بزرگترین شرکت‌های نفتی جهان در آمد و به اتفاق شرکت امریکایی "استاندارد اویل نیوجرسی" و شرکت هلندی-انگلیسی "ترویال داچ شل" کارتل جهانی نفت را پی‌ریزی کرد که بعداً شرکت‌های " استاندارد اویل کالیفرنیا"، " گلف اویل"، " تکزاکو"، موبیل، و شرکت نفت فرانسه نیز بدان پیوستند و از آن پس، بازار جهانی نفت در دست این کارتل افتاد.

جنگ جهانی دوم، کنترل کارتل را بر بازارهای جهان، به استثنای کشورهای سوسیالیستی استوارتر ساخت و در این موقع کارتل یک مرکز دوم برای تعیین قیمت‌های نفت در خلیج فارس معین کرد.

در سال ۲۴۹۳ شاهنشاهی [۱۳۱۳ خورشیدی] دولت ایران قرارداد نامناسب گذشته را با شرکت نفت انگلیس و ایران لغو کرد و قرارداد دیگری به جای آن، بین طرفین امضاء شد که در شرایط بین‌المللی آن زمان، یعنی در اوج قدرت امپراتوری انگلستان، عقد قراردادی بهتر از آن امکان پذیر نبود. هر چند که امتیازات چندان زیادتری از این راه عاید کشور نگردید. مهمترین اصلاحاتی که در قرارداد به نفع ایران صورت گرفت، تقلیل حوزۀ عملیات شرکت نفت انگلیس و ایران به صد هزار مایل مربع و تعهد شرکت به عدم استفاده از کارکنان خارجی در مواردی بود که ایرانیان واجد شرایط برای کار وجود داشته باشند. درآمد ایران از هر بشکه نفت صادراتی که طبق امتیازنامه دارسی معادل ۱۷ سنت بود، در قرارداد جدید به صورت متوسط به ۲۳ سنت رسید.

در مقابل عواید خود شرکت در تمام مدتی که کار استخراج و بهره‌برداری نفت ایران را به عهده داشت، به صورت سرسام‌آوری رو به افزایش گذاشت. شرکت در آغاز کار فقط معادل یکصد میلیون دلار سرمایه گذاری کرده بود و این سرمایه را تا اوایل دهۀ ۱۹۲۰ میلادی به صورت منافع حاصله به طور کلی باز یافت. از آن تاریخ به بعد، بر اساس محافظه کارانه‌ترین محاسبات درآمد شرکت به ۲۵ برابر سرمایه گذاری اولیۀ آن رسید. ولی البته از این سود افسانه‌ای چیزی عاید ایران نشد، بلکه صندوق‌های خزانه‌داری انگلستان پر شد. مثلاً در سال ۱۹۰۵ میلادی شرکت جمعاً ۴۵ میلیون دلار بابت بهرۀ مالکانه به ایران پرداخت کرد. در حالی که در همان سال تنها ۱۴۲ میلیون دلار مالیات بر درآمد به دولت انگلستان پرداخت و بر این اساس می‌توان دریافت که سود سالانۀ سهامداران شرکت چه اندازه بوده است.

رفتار شرکت با کشور ما به نحو شگفت‌آوری تبعیض‌آمیز هم بود، زیرا این شرکت بابت هر بشکه نفت استخراج شدۀ خود از منطقۀ خلیج فارس، مبالغ بیشتری از ایران به عراق و عربستان سعودی و بحرین می‌پرداخت. از آن گذشته گاز همراه با نفت را، به جای این که مورد استفادۀ معقول قرار می‌دهد، می‌سوزانید. شرکت حتی مفاد قرارداد ۱۹۳۳ میلادی خود را نیز زیر پا گذاشته بود. زیرا از آموزش کارگران ایرانی برای احراز پست‌های عملیاتی احتراز می‌کرد، تعداد کارمندان خارجی خود را کاهش نمی‌داد، به کارگران ایرانی حقوق کافی نمی‌پرداخت و از تهیه مسکن برای آنان سر باز می‌زد. پرداخت‌های شرکت حتی ۱۵٪ بودجۀ کل ایران را تأمین نمی‌کرد و در سال ۱۹۵۰ این نسبت فقط به ۱۲٪ رسید. بدتر از آن این بود که شرکت قسمت مهمی از منافع به دست آمده در ایران را، صرف

اکتشاف و تولید نفت در کشورهای دیگر به زیان ایران می‌کرد و بدین ترتیب بی‌عدالتی را با توهین و تحقیر در می‌آمیخت.

***

در بیست و نهم اسفند ماه ۲۵۰۹ [۱۳۲۹ خورشیدی] قانون ملی شدن صنعت نفت ایران به تصویب رسید و در اردیبهشت سال بعد توشیح شد و رسمیت یافت. به موجب این قانون شرکت ملی نفت ایران تأسیس شد و وظایف مربوط به اکتشاف، استخراج و تصفیه، فروش نفت و گاز و مشتقات آن در سراسر خاک کشور و آب‌های آن به عهدهٔ این شرکت محول گردید.

در بحران سه ساله‌ای که پیش آمد، شرکت ملی نفت ایران در زمینهٔ فعالیت بین‌المللی عملاً فلج بود و کاری انجام نمی‌داد. دولت وقت حاضر بود یک بشکه نفت را مثل این که مال شخصی خود بداند، با ۵۰٪ تخفیف بفروشد و با تحمل مخارج و سرمایه‌گذاری چیزی خیلی کمتر از ۵۰٪ که عاید عربستان سعودی می‌شد، به دست آورد. با این وصف امکان فروش با چنین تخفیفی نیز نبود.

علل پیدایش این وضع و فاجعهٔ ملی کشور ما در زمان حکومتی که ایران را، چه از نظر سیاسی و چه از لحاظ اقتصادی، به آستانهٔ سقوط کشانید، برای همه روشن است و در این جا لزومی به یادآوری آن نیست. پس از پایان این دوران شوم، در سال ۲۵۱۳ شاهنشاهی [۱۳۳۳ خورشیدی] قراردادی بین شرکت ملی نفت ایران و یک کنسرسیوم مرکب از هشت شرکت بزرگ نفتی، که به طور جمعی کنسرسیوم نفت ایران نامیده می‌شد، منعقد گردید و بدین ترتیب عصر، "امتیازنامه‌ها" که طی آن منافع دولت ایران بر اساس، "ثابت و

معین" استوار بود، پایان یافت و فصل تازه‌ای در روابط شرکت‌های نفت و دولت‌های صاحب نفت گشوده شد. با این برداشت جدید، اصل تسهیم منافع با شرکت‌ها بر اساس ۵۰ / ۵۰ در قراردادهای نفتی خاورمیانه پایه گذاری گردید و بهای اعلان شدهٔ نفت خام در خلیج فارس، مبنای محاسبات مالیاتی قرار گرفت. طبق این قرارداد، شرکت ملی نفت ایران، عنوان مالک و فروشندهٔ نفت و شرکت‌های خارجی عنوان عامل شرکت نفت ایران را یافتند. مدت قرارداد بیست و پنج سال بود که با سه دوره قابل تمدید پنج ساله، جمعاً چهل سال می‌شد و مساحت ناحیهٔ مورد قرارداد کنسرسیوم، همان مساحت قرارداد ۱۹۳۳ تعیین گردید. با این قرارداد، درآمد ایران از هر بشکه نفت صادر شده از طرف شرکت‌های بازرگانی عضو کنسرسیوم، تقریباً به چهار برابر دوران پیش از ملی شدن صنعت نفت افزایش یافت. نقش ایران در این مرحله جدید، نظارت کلی بر عملیات کنسرسیوم در ایران بود.

قرارداد ایران با کنسرسیوم نفت، در شرایط موجود، قراردادی بود که انعقاد بهتر از آن امکان نداشت ولی مسلماً اجرای آن، منافع کامل ملی و طبعاً رضایت مرا تأمین نمی‌کرد. بدین جهت در سال ۲۵۱۶ شاهنشاهی [۱۳۳۶ خورشیدی] اصل مشارکت شرکت ملی نفت ایران را در انجام عملیات نفتی اعلام کردم و این اصل فصل جدیدی را در عقد قراردادهای نفتی در ایران و خاورمیانه گشود.

اساس این تحول، منطق من در بارهٔ شیوهٔ استفاده کشور از منابع خدادادهٔ نفت خود بود. زیرا من حاضر نبودم شرکت‌های خارجی در مدتی کوتاه در برابر سهم ناچیزی که از منافع به ما می‌دادند، سرزمین ما را از نفت تهی کنند. بدین جهت تصمیم گرفتم که اولاً دیگر هرگز کشور ما امتیازی به شیوهٔ گذشته به شرکت‌های

خارجی ندهد، بلکه آنها را فقط به عنوان عامل یا شریک بپذیرد. ثانیاً تمام شرکت‌ها موظف باشند که به خرج خودشان به اکتشاف منابع نفتی بپردازند. ثالثاً در صورت کشف منابع تازهٔ نفت دولت ایران چه از نظر مالی و چه از لحاظ مدیریت، در استخراج آن شرکت کند. زیرا تسلط کامل ایران در امر تولید و مدیریت بسیار اهمیت داشت و نمی‌بایست به هیچ قیمت اجازهٔ استثمار کارگران ایرانی به بیگانگان داده شود. مورد نهایی اعلام این امر بود که دیگر دوران سهم مساوی از منافع به سر آمده است و ایران باید با شرایط مناسب‌تری از منابع نفتی خود سود ببرد.

با توجه به مفاد قانونی که بر این اساس وضع شد، نخستین قرارداد نوع مشارکت در سال ۲۵۱۶ شاهنشاهی [۱۳۳۶ خورشیدی] بین شرکت‌های ملی نفت ایران با شرکت ایتالیایی "آجیب مینراریا" و دومین قرارداد به فاصلهٔ یک سال بعد از آن با شرکت امریکایی، "پان آمریکن" به امضاء رسید که بر اساس هر دو سهم ایران از منافع عملاً ۷۵٪ و سهم شرکت‌های طرف قرارداد ۲۵٪ تعیین گردید. این اقدام با جنبهٔ کاملاً انقلابی و بی‌سابقه خود تمام ضوابط قراردادهای نفتی را دگرگون کرد و صفحهٔ تازه‌ای را در این فصل در مقیاس جهانی آن گشود که از زمرهٔ نتایج آن به خصوص دو ماجرای خشونت آمیز شایستهٔ یادآوری است. یکی مرگ ناگهانی و مرموز "انریکو ماته ئی" رئیس شرکت آجیب ایتالیا که ظاهراً به همین سبب کشته شد و دیگری آغاز حملات تبلیغاتی سازمان یافته و حساب شدهٔ وسایل ارتباط جمعی غرب علیه ایران و تحریکات گستردهٔ مختلفی که فعالیت‌های به اصطلاح "دانشجویی" گروه‌هایی از محصلین ایرانی، قسمتی از آنها بود. این حملات و فعالیت‌ها درست در موقعی به اوج

خشونت خود رسید که ما در چند سال پیش حاکمیت مطلق خویش را بر منابع نفتی و بر ذخایر "هیدروکربور" خود احراز کردیم.

مهم‌ترین مزیت این دو قرارداد نسبت به قرارداد عاملیت کنسرسیوم این بود که ایران در این قراردادها به میزان ۵۰٪ مشارکت داشت و در نتیجه در کلیهٔ تصمیمات و عملیات شرکت‌های خارجی، به عنوان سهام‌دار و شریک فعالیت می‌کرد. پس از کشف نفت به میزان قابل قبول نیز ۵۰٪ از نفت خام تولیدی در اختیار شرکت ملی نفت ایران قرار می‌گرفت تا این شرکت راساً مسئولیت بازاریابی و فروش آن را به عهده گیرد. این بهترین وسیله برای نفوذ شرکت ملی نفت ایران به بازارهای بین‌المللی نفت بود که همواره مورد نظر ما بوده است.

به موجب قراردادهای نوع پیمانکاری که طبق مفاد آنها، شرکت‌های نفتی چه بزرگ و چه کوچک تنها به صورت پیمانکار شرکت ملی نفت ایران انجام وظیفه می‌کنند (و این روشی بود که ابتکار آن در خاورمیانه با ایران بود)، شرکت ملی نفت ایران در سال ۲۵۲۵ [۱۳۴۵ خورشیدی] ضمن عقد قراردادی با شرکت نفت فرانسوی "اراپ" نقش خود را از مقام شریک در قراردادهای نوع مشارکت، به نقش کارفرمای عملیات نفتی بالا برد و شرکت طرف قرارداد به عنوان پیمانکار شرکت ملی نفت ایران انجام عملیات اکتشافی، حفاری، تولیدی، حمل و نقل و بازاریابی را با تأمین سرمایه‌گذاری‌های لازم به عهده گرفت.

در سال ۲۵۲۸ [۱۳۴۸ خورشیدی] دو قرارداد نفتی دیگر از نوع پیمانکار بین شرکت ملی نفت ایران با گروه شرکت‌های نفتی اروپایی و شرکت امریکایی "کنتیننتال" منعقد شد که نوع پیشرفته‌تری از قرارداد پیمانکاری با شرکت فرانسوی "اراپ" بود. در این قراردادها

منافع بین ایران و طرف قرارداد، تقریباً بر اساس ۹۰٪ و ۱۰٪ تقسیم شده بود.

در مورد قرارداد کنسرسیوم، با وجود امتیازات بعدی که گرفته شده بود، مسلم بود که این قرارداد، آن طور که باید حاکمیت مطلق ایران را بر منابع و تأسیسات نفتی خود تأمین نمی‌کرد. بدین جهت بر اساس گفتگوهای طولانی که غالباً با اصطکاک‌ها و برخوردهای شدید همراه بود، طبق راهنمایی‌های خود من، سرانجام موافقت‌نامهٔ جدیدی برای فروش و خرید نفت تنظیم شد که در امرداد ماه ۲۵۳۲ [۱۳۲۵ خورشیدی] به توشیح رسید. این قرارداد که امضای آن به منزلهٔ پایان ماجرای شصت سالهٔ نقش بیگانگان در بهره‌برداری از نفت ایران بود، کنترل کامل و حاکمیت و مالکیت مطلق ایران را بر منابع و تأسیسات نفتی خود مسجل کرد و بدین ترتیب قانون ملی شدن صنعت نفت ایران به مفهوم کامل و واقعی آن به مرحلهٔ اجرا در آمد. به موجب این قرارداد جدید، قرارداد ۲۵۱۳ [۱۳۳۳ خورشیدی] که اداره و کنترل عملیات را در دست شرکت‌های خارجی باقی گذاشته بود، کلاً ملغی شد و کنسرسیوم برای مدت بیست سال فقط به صورت خریدار نفت خام ایران در آمد و شرکت ملی نفت ایران علاوه بر اداره و کنترل کامل عملیات، ادارهٔ پالایشگاه آبادان و ماهشهر و تأسیسات مربوط بدان‌ها را در دست گرفت. ضمناً به موجب قرارداد تازه شرکت ملی نفت ایران بر اساس احتیاجات کشور عهده‌دار برنامه‌ریزی تولید و بهره‌برداری از ذخایر نفتی شد و بدین ترتیب موضوع گفتگو و چانه زدن با اعضاء کنسرسیوم در مورد سطح تولید و مسائل مربوط بدان منتفی گردید.

با تغییراتی که در سال ۲۵۳۳ [۱۳۵۳ خورشیدی] در مفاد قانون نفت ۲۵۱۶ [۱۳۳۶ خورشیدی] به عمل آمد، مقرر شد که از

آن پس کلیهٔ شرکت‌های نفتی که با ایران سر و کار دارند، خریدار نفت و یا پیمانکار مخصوص شرکت ملی نفت ایران باشند. پس از عملیات اکتشافی و حفاری و به محض شروع عملیات بهره‌برداری، شرکت پیمانکار منحل و به عوض یک قرارداد فروش بسته می‌شود که طبق آن شرکت ملی نفت ایران مقدار معینی از نفت تولید شده را به قیمت روز بازار، با تخفیفی که حداکثر آن ۵٪ خواهد بود، به طرف قرارداد می‌فروشد. این تخفیف در حال حاضر برای کنسرسیوم مبلغی کمتر از ۲۰ سنت است.

شرکت ملی نفت ایران در سال‌های اخیر فعالیت‌های خود را در خارج از کشور به منظور نفوذ به صحنه‌های بین‌المللی نفت و به دست آوردن بازار بیشتر، گسترش داده است تا از این راه با استقلال کامل و بدون اتکاء به شرکت‌های خارجی عمل کند و در کلیهٔ عملیاتی که به اصطلاح از دهانهٔ چاه نفت شروع و به پمپ‌های بنزین منتهی می‌شود، فعالیت داشته باشد. در این راه شرکت پالایشگاه‌هایی در آسیا و افریقا دایر کرده و در زمینهٔ عملیات اکتشافات و بهره‌برداری نفت و گاز در آب‌های دریای شمال با شرکت نفت انگلستان شریک شده و نیز به اتفاق این شرکت و دو شرکت نفتی نروژی و امریکایی در عملیات اکتشافی آب‌های غرب گرئنلند دانمارک سهیم شده است. طبق آمارهایی که اخیراً در دو نشریهٔ مالی و معتبر امریکایی "فورچون" و "بیزنس ویک" انتشار یافته، در سال گذشته شرکت ملی نفت ایران در فهرست پانصد کمپانی بزرگ جهان که بیشترین میزان سود را داشته‌اند، با بیش از ۱۷ میلیارد دلار عایدی خالص مقام نخستین را داشته‌است.

اکنون ایران از نظر تولید نفت خام مقام چهارم و از لحاظ صادرات نفت مقام دوم را در جهان دارد. میزان متوسط تولید روزانه

نفت خام کشور که در آغاز کار روزی ۲۳۰۰ بشکه بود، به حدود پنج میلیون و نیم بشکه در روز رسیده است. کل صادرات نفت خام ایران در سال ۱۹۷۷ به ۱/۹ میلیارد بشکه و کل صادرات فرآورده‌های نفتی آن از پالایشگاه‌های داخلی در همان سال به حدود ۸۵ میلیون بشکه بالغ شده است. ظرفیت پالایشگاه بین‌المللی آبادان اکنون به بیـش از ۶۰۰ هزار بشکه در روز و ظرفیت کلی پالایشگاه مواد نفتی در ایـران، به بیش از یک میلیون بشکه در روز رسیده است. در فاصلهٔ بیسـت و پنج سال گذشته، تولید نفت ایران از یک میلیون تن در سال، که رقم تولیدی نخستین سال کنسرسیوم بود، به ۲۹۶ میلیون تن بـالغ شـده است.

علاوه بر صنعت نفت، اکنون شرکت ملی گاز ایران و شرکت ملی صنایع پتروشیمی که مجتمعی شامل یازده شرکت و کارخانهٔ مختلـف است، با فعالیت گسترده‌ای مشغول کـار هسـتند. بـاید تذکـر داد کـه ایران پس از اتحاد جماهیر شوروی، بزرگ‌ترین ذخیرهٔ گـاز جـهان را داراست و تازه ما هنوز تمام ذخایر گازی خود را کشف نکرده‌ایم.

مقایسهٔ عایدات نفتی ایران در مراحل مختلف تاریخ هفتاد سالهٔ صنعت نفت این کشور گویا است. این درآمد در طول قرارداد دارسـی، یعنی از سال ۱۹۱۲ تا سال ۱۹۳۲ به طور متوسـط بـه بشـکه‌ای ۲۳ سنت رسید و از ۱۹۵۴ تا ۱۹۷۳ به بشکه‌ای ۳/۰۸ دلار بالا رفت. پس از اول ژانویهٔ ۱۹۷۴ بر اساس تصمیم کنفرانس اوپک در تـهران، ایـن رقم ابتدا به ۷ دلار و پس از مدتی کوتاه به ۹/۳۲ دلار برای هر بشکه افزایش یافت و در سال‌های ۱۹۷۵ و ۱۹۷۷ به ترتیب بـه ۱۰/۴۵ دلار و ۱۲/۱۸ دلار رسید و قیمت فروش هر بشکه در این سال بـه ۱۲/۷۰ دلار بالغ شد. بدین ترتیب درآمد نفت ایران از بـابت هـر بشـکه، در طول ۶۵ سال اخیر بیش از ۷۲ برابر افزایش یافته است.

***

جهش ناگهانی درآمد نفت ایران به طوری که همه می‌دانند، بر اثر تجدید نظر اساسی در بهای فروش نفت توسط سازمان کشورهای صادر کنندهٔ نفت "اوپک" که در اوایل سال ۱۹۷۴ مسیحی در تهران اعلام شد، صورت گرفت.

انگیزهٔ این تجدید نظر بسیار روشن و قابل درک بود. نفت یک مادهٔ زایندهٔ انرژی است که طبیعت آن را در طول چند صد میلیون سال به وجود آورده است و قابل تجدید نیست. به موازات این ماده مواد و منابع انرژی‌زای دیگر در دسترس بشر امروزی قرار دارند و به ناچار منابع دیگری نیز در آینده با استفاده از دانش و تکنولوژی پیشرفته انسانی در اختیار او قرار خواهند گرفت.

بر این اساس چه منطق اقتصادی و چه عدالت اقتضا می‌کرد که بهای نفت اگر هم با وجود بالاتر بودن کیفیت آن به عنوان یک منبع عالی تولید انرژی از بهای سایر منابع تولید نیرو زیادتر نباشد، لااقل کمتر از آنها نباشد.

از آغاز عصر صنعتی اروپا و جهان غرب در اواخر قرن هیجدهم تا اوایل قرن حاضر که نفت عملاً جایگزین قسمت عمدهٔ دیگر منابع تولید انرژی شد، جهان صنعتی برای گرداندن چرخ‌های صنایع و وسائط نقلیه و امور نظامی و نیازهای روزمرهٔ عمومی خود، از ذغال سنگ و ذغال و سایر منابع شناخته شدهٔ انرژی استفاده می‌کرد. با آغاز عصر نفت، در بیشتر این موارد تدریجاً نفت جانشین این مواد شد ولی متأسفانه دنیای غرب، این بهره‌برداری صنعتی را با بهره‌کشی استثماری در آمیخت. یعنی کوشید تا ذخایر نفتی کشورهای صاحب این منابع را، نه به قیمت عادلانه، بلکه به ارزان‌ترین بهایی که ممکن

باشد برای خود تحصیل کند. بدین ترتیب به کار گرفتن نفت نه فقط آسان‌تر از به کار گرفتن سایر وسائل انرژی‌زا برای همهٔ امور صنعتی و زندگی روزمره بود، بلکه بسیار ارزان‌تر نیز تمام می‌شد.

با این برداشت، جهان صنعتی به خصوص در دوران جهش اقتصادی بی‌سابقهٔ بعد از جنگ جهانی دوم، با عطشی روزافزون و بی‌هیچ آینده‌نگری، به سوی استفاده از انرژی ارزان به دست آمده از نفت روی آورد و اصولاً اقتصاد خود را بر این انرژی ارزان بنیاد نهاد. حاصل این وضع، رونق و پیشرفت اقتصادی شگفت‌آوری بود که در تمام تاریخ تمدن بشری بی‌نظیر است ولی بر اثر عطش روزافزون، تولید و مصرف نفت در جهان در مدتی بسیار کوتاه در ابعاد بی‌سابقه‌ای بالا رفت. یعنی رقم این تولید که در سال آغاز قرن کنونی فقط ۲۰ میلیون تُن بود و در سال ۱۹۴۰ مقارن آغاز جنگ جهانی دوم به ۲۹۲ میلیون تُن رسیده بود. در سال ۱۹۵۰ به ۵۳۰ میلیون تُن، در سال ۱۹۶۰ به ۱۰۵۰ میلیون تُن، در سال ۱۹۷۰ به ۲۳۵۰ میلیون تُن و در سال ۱۹۷۶ به ۳۰۰۰ میلیون تُن رسید و این افزایش هم چنان ادامه دارد. زیرا طبق برآورد کارشناسان نیاز جهانی به انرژی در چهار دههٔ آینده به هفت برابر مصرف سال ۱۹۷۵ خواهد رسید.

بدین ترتیب جهان صنعتی با استفادهٔ بی‌دریغ و مهار نشده از نفت ارزان برای توسعهٔ شتابان اقتصاد خود از یک طرف کشورها و ملت‌های صاحب نفت را استثمار می‌کرد و از جانب دیگر قیمت مهمی از این مادهٔ گران بها و پایان یافتنی را بدون احساس مسئولیت لازم به هدر می‌داد. کاری که کشورهای عضو سازمان "اوپک" کردند، کوشش منطقی و مشروعی در این جهت بود که در عین جلوگیری از ادامهٔ این استثمار و تأمین منافع حقه و عادلانهٔ خود این کشورها،

تلاش لازم در سطح جهانی در راه دستیابی به منافع تازه انرژی و جلوگیری از اسراف بی‌رویه و غیرمعقول کنونی در مصرف نیروی نفت، آغاز گردید.

از نظر محاسبهٔ منصفانه، رقم هفت دلار که در کنفرانس سازمان اوپک در تهران بابت بهای هر بشکه نفت تعیین شد، پائین‌تر از حد منطقی و واقعی این بها بود و شاید اگر حسن نیت و واقع بینی کشورهای صادر کنندهٔ نفت نبود، قیمت حقیقی می‌بایست به رقم پیشنهادی گروه افراطی این سازمان که خواستار ۱۱ دلار بابت بهای هر بشکه بودند، نزدیک‌تر باشد تا به رقم ۷ دلار! که از طرف ایران به عنوان یک عامل تعدیل کننده، پیشنهاد گردید. با این وصف، در کنفرانس اوپک همین رقم اخیر مورد قبول قرار گرفت تا در عین تأمین منافع حقهٔ کشورهای تولید کننده و صادر کننده نفت، منافع کشورهای صنعتی نیز تا آن حد که قابل قبول بود، محفوظ مانده باشد، زیرا این رقم حداقل آن مقداری بود که با قیمت تهیهٔ هر نوع منبع دیگر انرژی که بتواند جانشین فرآوردهای سادهٔ نفت شود و هر گونه مادهٔ ترکیبی مصنوعی مولد حرارت و نیرو، قابل تطبیق بود.

با اعلام این بها، طبعاً دستگاه‌های خبری و تبلیغاتی جهان صنعتی ناگهان و به شدیدترین صورت ممکن، علیه کشورهای صادر کنندهٔ نفت بسیج شدند تا مردم دنیای غرب و سپس مردم کشورهای غیر نفتی جهان سوم را متقاعد کنند که سازمان اوپک به نابودی اقتصاد جهان و انهدام تمدن بشری کمر بسته است و این اقدام در هم ریختن بنای این اقتصاد و افزایش وحشتناک تورم را به دنبال خواهد داشت. شدت این تبلیغات حساب شده و هم‌آهنگ در حدی بود که گاه یاد برنامه‌های تبلیغاتی زمان جنگ جهانی دوم را در خاطره‌ها بیدار می‌کرد.

ولی در عمل چه اتفاق افتاد؟ سهم این افزایش منطقی بهای نفت در تورم جهان صنعتی، طبق محاسبات دقیق از دو تا سه درصد تجاوز نکرد. در عوض سود شرکت‌های بزرگ نفتی که بدین بهانه به غارت مردم پرداخته بودند، گاه چند صد در صد بالا رفت و دولت‌ها نیز از این امر برای بالا بردن عوارض و مالیات‌ها استفاده کردند. اما همهٔ اینها در افکار عمومی جهان صنعتی به حساب اجحاف کشورهای صادر کنندهٔ نفت گذاشته شد. شاید در میان صدها رقم و مدرکی که در این باره می‌توان ارائه داد، نقل و قول ذیل از آقای جیمی کارتر رئیس جمهور امریکا، در مصاحبهٔ مطبوعاتی ۱۳ اکتبر ۱۹۷۷ (۸ آبان ماه ۲۵۳۶ شاهنشاهی) وی در مورد برنامه‌های صرفه‌جویی انرژی دولت امریکا و روش شرکت‌های نفتی در این مورد بسیار گویا باشد:

"شرکت‌های بزرگ نفتی می‌خواهند به بزرگ‌ترین غارتگری تاریخ ما دست بزنند. می‌خواهند تمام سود حاصله از افزایش آینده بهای نفت را به زیان مصرف کنندگان به جیب خود بریزند. در سال ۱۹۷۳ درست قبل از افزایش قیمت نفت کشورهای اوپک و تحریم نفتی، صنعت نفت و گاز امریکا درآمدی معادل ۱۸ میلیارد دلار داشت. با پیشنهادهایی که ما در مورد انرژی کرده‌ایم، این درآمد تا سال ۱۹۸۵ هر ساله معادل ۱۰۰ میلیارد دلار خواهد بود. با این وجود شرکت‌های نفت و گاز به این مقدار قانع نیستند و [هر ساله] میلیارد دلار می‌خواهند. چنین تفاوتی البته افزایش تولید نفت را تشویق نمی‌کند ولی پولی است که مستقیماً از جیب مصرف کنندهٔ امریکایی به جیب کمپانی‌ها می‌رود."

گزارشی که توسط کمیسیون تحقیق پارلمان فرانسه در همین زمینه در سه سال پیش به نام "گزارش شمارهٔ ۱۲۸۰" منتشر شد، نیز جالب است. در این گزارش تصریح شده است که:

"... از هر ۱۰۰ فرانک قیمت بنزین در فرانسه، ۲۸ فرانک به کشورهای تولید کننده تعلق می‌گیرد و ۳۷ فرانک بابت مالیات به دولت می‌رسد و ۳۵ فرانک به جیب کمپانی‌های نفتی می‌رود."

بدین ترتیب با همهٔ سر و صدایی که علیه کشورهای [عضو] اوپک برخاست، سود اساسی از بابت افزایش بهای نفت عاید کارتل‌های نفتی شد. ولی واقعیت از اجحاف دیگری نیز خبر می‌داد که این بار هیچ نیروی ارتباط جمعی و تبلیغاتی علیه آن بسیج نشد. زیرا سرچشمهٔ این اجحاف کشورهای صادر کنندهٔ نفت نبودند بلکه خود کشورهای صنعتی بودند. این اجحاف رشد مداوم تورم جهان صنعتی بود که در اقتصاد کشورهای اوپک، اثری منفی و فلج کننده داشت و منظماً اثرات ناشی از ترقی بهای نفت را خنثی می‌کرد. این تورم نه تنها در محصولات ساخته شدهٔ صنایع بزرگ و پیشرفته، بلکه در قیمت کالاهای مورد نیاز عمومی از قبیل شکر، گندم، برنج، سیمان، فولاد و مواد دیگری از این قبیل اثر گذاشت. در نتیجهٔ این تورم ما ناگزیر شدیم مثلاً شکر را که قبلاً حداکثر در تنی ۶۰ تا ۷۰ دلار می‌خریدیم، تا تنی ۸۴۰ دلار و بیشتر، گندم را به جای تنی ۶۰ دلار، تا تنی ۲۲۵ دلار، روغن نباتی را به جای تنی ۱۷۰ الی ۲۰۰ دلار تا تنی ۱۱۰۰ دلار خریداری کنیم و همین طور سایر کالاهایی را که ما بدان‌ها همان قدر نیاز داریم، که جهان غرب به نفت ما نیازمند است. کشورهای عضو سازمان اوپک، بارها اعلام کرده‌اند که حاضرند از افزایش بیشتر بهای نفت خویش خودداری کنند، به شرط

آن که جهان صنعتی نیز تورم صادراتی خود را متوقف سازد. ولی این جهان همواره از ما توقع داشته است که در عین تحمل افزایش منظم این تورم، از افزایش قیمت نفت که در حال حاضر سرمایه اساسی ما برای اجرای برنامه‌های سازندگی و توسعهٔ ملی است، خودداری کنیم. من اخیراً اعلام کردم که با آن که این انتظار عادلانه و منطقی نیست، کشور من برای اثبات حسن نیت خود در عدم افزایش مشکلات اقتصادی جهان صنعتی، از درخواست افزایش فوری بهای نفت در سال ۱۹۷۸ خودداری می‌کند ولی باید برای همهٔ کشورهای صنعتی روشن باشد که این راه، راه حل نهایی مشکل نیست و چنین راه حلی را فقط باید در تعدیل وضع اقتصادی غیر سالم خودشان بجویند.

ما در عین حال می‌کوشیم مصرف کنندگان نفت به خصوص جهان صنعتی را با عطش فوق‌العادهٔ مصرف آن متوجه این واقعیت سازیم که نفت از یک طرف منبعی پایان یافتنی است (که متأسفانه این امر بسیار نزدیک است) و از طرف دیگر این ماده، ماده‌ای نجیب‌تر و اصیل تر از آن است که مانند امروز برای سوخت کارخانه‌ها و گرم کردن و روشن کردن خانه‌ها و مصارف دیگری از این قبیل به کار رود.

از نفت در حال حاضر، از طریق پتروشیمی بیش از هفتاد هزار محصول می‌توان تولید کرد. کدام مادهٔ انرژی‌زای دیگر، چه مواد موجود و چه انرژی هسته‌ای یا انرژی هیدروالکتریک و یا خورشیدی می‌توانند چنین مشتقاتی را داشته باشند؟ و کدام منطق قبول می‌کند که این مادهٔ گرانبها و پر ثمر به جای استفاده از آن در تهیهٔ موادی که تحصیل آنها از راه دیگر ممکن نیست، صرف اموری شود که انجام آنها از راه استفاده از سایر وسائل تولید انرژی نیز امکان دارد؟

طبیعت با بردباری و پشتکار بی وقفهٔ خود، صدها میلیون سال برای ایجاد این ذخایر و انباشتن آنها وقت صرف کرده است. چه منطقی به بشر امروز اجازه می‌دهد که تنها در طول حیات چند نسل و با آهنگی پانصد هزار بار شتابان‌تر از آهنگ پیدایش این ذخایر، همهٔ آنها را در مدت تقریباً صد و بیست سال برای مصارف غالباً غیر معقول و غیر ضروری به هدر دهد؟

ذخایر نفتی جهان (که به ترتیب اهمیت حجم آنها ۵۷٪ در خاورمیانه، ۱۴٪ در شوروی، ۱۲٪ در خاور دور، ۱۰٪ در افریقا، ۷٪ در امریکای شمالی، ۵٪ در امریکای لاتین، ۲٪ در اروپا قرار دارند) بر اساس محاسباتی که شده است، با روند فعلی مصرف، برای مصرف ۳۰ سال و در صورت افزایش تقاضا، برای مصرف ۲۰ سال کفایت می‌کنند. اگر جهان ما از هم اکنون در فکر جانشینی برای این نیروی محرکهٔ چرخ تمدن و اقتصاد امروز بشری نباشد، پس از پایان یافتن آن چه خواهد کرد؟

دیر یا زود، دنیا بدین حقیقت پی خواهد برد که سوزاندن نفت و گاز طبیعی برای تولید روزمرهٔ انرژی گناهی نابخشودنی است. آن موقع نفت قیمت واقعی خود را در بازار پیدا خواهد کرد. زیرا واقعیت این است که بهای نفت هنوز آن قدر پائین است که کسی را مجبور به جستجوی منابع دیگر انرژی نمی‌کند. فردا که دیگر منابع تولید انرژی شکل بگیرد، می‌باید همین واقعیت را در مورد مصرف گاز طبیعی تذکر داد. زیرا این مادهٔ اصیل نیز ارزشمندتر از آن است که به جای مصارف پتروشیمی، تنها به مصرف سوزاندن برسد.

خوشبختانه جهان صنعتی، پس از سال‌ها اصرار و سماجت در عدم توجه بدین نظریات بالاخره از زبان مقامات مسئول خود اعتراف

کرده است که سیاست انرژی پیشنهادی ما، تنها سیاست صحیح و منطقی و واقع‌بینانه‌ای است که می‌تواند در نظر گرفته شود.

* * *

تا آن جا که به کشور ما مربوط می‌شود. این واقعیت که در آینده‌ای نزدیک عمر منابع نفت ما و منابع نفتی همهٔ جهان پایان خواهد یافت و خواه ناخواه دوران استفاده از دیگر منابع انرژی فرا خواهد رسید، مورد توجه کامل قرار گرفته است.

ما به مقتضای روش کلی خود، که پیش‌بینی حوادث و گام برداشتن در پیشاپیش آنهاست، اجرای برنامهٔ وسیعی را در جهت استفاده از نیروی هسته‌ای آغاز کرده‌ایم. زیرا این زمینه‌ای شناخته شده برای آماده کردن کشورمان در بهره‌گیری است. ولی برنامه‌های ما استفادهٔ احتمالی از سایر راه‌های آینده تحصیل انرژی از قبیل انرژی خورشیدی، انرژی هیدروژنی، تجزیهٔ هیدروژن از آب، پلاسما و غیره را نیز شامل می‌شود. ما برای تمام این موارد در پژوهش‌های جهانی شرکت خواهیم کرد و در صورت لزوم در مراکز تحقیقی بین‌المللی در این زمینه‌ها سرمایه‌گذاری خواهیم نمود. چنان که از هم اکنون در سازمان اروپایی "اور آتم" شرکت جسته‌ایم. ما این کوشش‌ها را پا به پای دیگر کشورهای پیشرفته ادامه خواهیم داد. زیرا مایل نیستیم بیست یا بیست و پنج سال دیگر، وقتی که نفتمان تمام شده باشد، کشورهای صنعتی امروز با تکنولوژی پیشرفتهٔ خود انحصار تهیهٔ انرژی‌های جایگزین نفت را داشته باشند و آنها را به قیمتی که خود تعیین کنند، به ما بفروشند. زیرا به هر حال این

قیمتی نخواهد بود که ما، چه بر اساس منطق و چــه بــر پایــۀ انصاف خواستار آن باشیم.

***

در مبحث نفت من فقط به ذکر تاریخچه‌ای کلی از ماجرای ایـن صنعت در ایران و تحولات آن از آغاز ایــن مــاجرا تــا بــه امــروز اکتفــا می‌کنم و لزومی نمی‌بینم که بــه مبــارزات و کشمکش‌های قــدم بــه قدمی که از هنگام شروع مجدد فعالیت این صنعت در بیست و چـهار سال پیش، پس از رکود و توقف کـامل قبلـی آن تــا اعــلام حاکمیـت مطلق و کامل ایران بر این صنعت انجام گرفت و به اسرار پشت پـرده آن اشاره کنم. زیرا از یک طرف بسیاری از مدارک و وقایع هست کــه از نظر سیاست بین‌المللی، موقع افشای آنها نرسیده اسـت و از طـرف دیگر نمی‌خواهم خاطرۀ خطر جویی‌ها و بــه اصطـلاح "ریسک"‌های شخصی را در مقابله با "امپراتوری"‌ها و "غول"‌های نفتــی و نیروهــای سیاسی پشتیبان آنها [را] وارد این تاریخچه کرده باشم. در این مــورد فقط به تذکر کلی این نکته اکتفا می‌کنم کــه تحــولات و حــوادث در این زمینه مطلقاً بدان آسانی که جریان آنها شـرح داده شـد، صـورت نگرفت. بلکه قدم به قـدم ایـن حـوادث و تحـولات بـا خطرنـاک‌ترین مبارزه جویی‌های ممکن همراه بود. ولی هر گونـه قضـاوت را در ایـن باره به عهدۀ تاریخ می‌گذارم که یقیناً به موقع خود پرده از بسیاری از رازهای ناگفتۀ این ماجرای حادثه آفرین بر خواهد داشت.

سیاست مستقل ملی

حیثیت ایران امروز در صحنهٔ بین‌المللی و نقش روزافزون آن در امور و تحولات سیاسی و اقتصادی جهان بازتاب سیاست مستقل ملی کشور ماست که امروزه در تمام دنیا، سیاستی روشن و شناخته شده است. این سیاست به ما اجازه داده است که با همهٔ کشورهای دیگر، صرف نظر از روش‌های حکومتی و ایدئولوژی‌ها و سیستم‌های اقتصادی آنها، روابط همزیستی و همکاری ثمربخش، بر اساس احترام متقابل به استقلال و حاکمیت و حقوق ملی یک دیگر داشته باشیم و از این حسن تفاهم و همکاری در راه تأمین منافع مشروع خویش بهره گیریم. گذشته از این روابط دو جانبه، ما به عنوان یکی از اعضای سازمان ملل متحد، پشتیبان کامل این سازمان بزرگ جهانی هستیم و از تمام کوشش‌هایی که در راه تقویت صلح بین‌المللی انجام می‌گیرد، تا آن اندازه که مربوط به ما و در حدود امکانات ماست، قویاً جانبداری می‌کنیم. بدین ترتیب سیاست مستقل ملی ما در زمینهٔ جهانی، بر مناسبات دو جانبه و کوشش در راه صلح و تفاهم بین‌المللی پی‌ریزی شده است.

با تحول اساسی که با قیام ملی ۲۸ امرداد ۲۵۱۲ [۱۳۳۲ خورشیدی] در زندگی سیاسی و اجتماعی ایران روی داد، سیاست ما به جای "موازنه منفی" که تا آغاز عصر پهلوی، سیاست جاری کشور بود، بر پایهٔ "ناسیونالیسم مثبت" قرار گرفت. مفهوم این سیاست ناسیونالیسم مثبت، اتخاذ رویه‌ای بود که حداکثر استقلال سیاسی و استقلال اقتصادی کشور را بر اساس مصالح ملت ایران تأمین کند و

به جای گوشه‌گیری و انزوا طلبی به ما امکان همکاری وسیع بـا همـهٔ کشورها را در کادر حفظ کامل حاکمیت و حقوق ملی ما بدهد.

در این سیاست ناسیونالیستی، که بعداً "سیاست مستقل ملی" نامیده شد، تأکید اصلی همواره بر روی لغت "ملی" بود. بدیـن معنـی که می‌بایست در هر صورت و تحت هر شرایط جهانی، پـایتخت خود ما خاستگاه تمام تصمیمات مربوط به امور ملی و بین‌المللی و داخلـی و خارجی ما باشد و سرنوشت کشور به طور کامل و قـاطع در مراجـع تصمیم‌گیری خود آن تعیین شود. بـا توجـه بـه روح ملیـت عمیـق و استوار ایرانـی، ایـن تنـها سیاستـی بـود کـه می‌توانسـت و می‌توانـد پاسخگوی شایستهٔ نیازهای ملت ما باشد.

سیاست مستقل ملی ضامن حداکثر استقلال سیاسی و اقتصادی ممکن کشور ما در مسیر مصالح و منافع ملی است و بر اساس آن هر کوششی که انجام می‌گیرد، خواه نا خواه کوششی به نفع کشور و بـه نفع ملت خواهد بود. در این راه ما احتیاجی به حساب‌های کوچـک و بند بازی‌های سیاسی نداریم و بـه خـاطر اصول مبـهم و یـا الزامـات خاص، سراغ دوستی یا دشمنی با دیگران نمی‌رویم، بلکه ایـن کـار را فقط در چهارچوب روشن‌بینی و دوراندیشی و بر اسـاس منـافع قـابل لمس و محسوس ملی انجام می‌دهیم. این سیاست به ما آزادی عمـل فراوان می‌بخشد تـا در راه پیشرفت برنامـه‌های سازندگی خـود، از تجارب فنی و مهارت‌های مختلف دیگران بهره گیریم. بی‌آن که از این بابت دست خویش را با قید و بندهای ناخواسته بسته باشیم.

یک مفهوم اساسی دیگر این سیاست این است که ما به اقدامات جنجالی و کارهای نمایشی احتیاج نداریم. زیـرا ایـن گونـه فعالیت‌هـا غالباً به جای جنبهٔ سازندگی، جنبهٔ تخریبـی دارنـد. البتـه ویرانگـری آسان است و تقریباً همیشه نیز ظاهری هیجان‌انگیز و چشم‌گیر دارد.

در صورتی که سازندگی به آهستگی و آرامی و بدون برانگیختن هیجان صورت می‌گیرد. با این همه این راهی است که ما برای خود برگزیده‌ایم و در همین راه نیز تا به آخر پیش خواهیم رفت.

بدیهی است آن چه به کشور ما امکان اجرای پیروزمندانهٔ چنین سیاستی را می‌دهد، استحکام فوق‌العادهٔ نظام سیاسی و اجتماعی و اقتصادی آن است. تجربه به ما و دیگران نشان داده است که پراکندگی و ضعف اجتماعی برای هیچ کشوری ایجاد احترام نمی‌کند و بالعکس وسوسهٔ استفاده از این وضع را نزد دیگران به وجود می‌آورد. وقتی که نظم جامعه‌ای همانند جامعهٔ کنونی ایران، بر پایهٔ قدرت و همبستگی و ارادهٔ آگاهانهٔ ملت متکی باشد، صدای آن در تمام جهان گوش شنوا خواهد یافت به خصوص اگر این صدا صدای اخلاق و عدالت و بشر دوستی نیز باشد.

رئوس سیاست مستقل ملی ما را در صحنهٔ جهانی می‌توان فهرست وار چنین خلاصه کرد:

در زمینهٔ بین‌المللی، سازمان ملل متحد به عنوان بزرگ‌ترین مرجع جهانی حل و فصل اختلافات و به عنوان کانون خانوادگی همهٔ اعضای خانوادهٔ بزرگ بشری که باید در آن مسائل خود را مطرح و حل کنند و به تصمیمات آن احترام بگذارند، مورد تأئید و پشتیبانی کامل ماست و صمیمانه خواستار آنیم که همکاری صادقانهٔ کلیهٔ اعضای این سازمان اجرای وظائف و مسئولیت‌های آن را تضمین کند. گو این که فعلاً این سازمان فاقد قدرت اجرایی است.

در زمینهٔ مناسبات دو جانبه، ما اکنون همکاری سازنده و ثمر بخشی را با قسمت اعظم از کشورهای جهان برقرار کرده‌ایم که بر اساس همزیستی و حسن تفاهم و دوستی و رعایت کامل و متقابل حاکمیت ملی و عدم دخالت در امور داخلی یکدیگر متکی است. این

حسن رابطه و همکاری جهان سرمایه‌داری و دنیای سوسیالیست و کشورهای به اصطلاح جهان سوم را به صورتی یکسان در بر می‌گیرد. در این زمینه با کشورهای متعدد صنعتی و بسیاری از کشورهای جهان سوم، قراردادهای مهم همکاری اقتصادی و فنی و فرهنگی امضاء کرده‌ایم و فعالیت گسترده‌ای در همهٔ این موارد داریم. ایران به کشورهای در حال توسعه که از آن درخواست کمک کرده‌اند، در حدود امکانات خود، چه از طریق قراردادهای دو جانبه و چه از راه بانک جهانی یا صندوق جهانی پول، کمک کرده و به علاوه برای پر کردن قسمتی از کمبود موازنهٔ پرداخت‌های خارجی کشورهای صنعتی نیز اعتبارهای متعددی به این کشورها داده است.

با جهان اسلامی، طبعاً به سبب همبستگی و علایق استوار مذهبی و تاریخی و جغرافیایی پیوندی خاص داریم. کشور ما به عنوان یکی از اعضای کنفرانس اسلامی، که خود یکی از بنیانگذاران آن است، با مجموع ممالک مسلمان همکاری دارد و این همکاری در مورد برخی از این کشورها به مرحله اعلای دوستی و برادری رسیده است.

با کشورهای پاکستان و ترکیه که شرکای ما در پیمان مرکزی و سازمان همکاری‌های منطقه‌ای (R.C.D) هستند، روابط دوستی و همکاری خاص داریم که اشتراک مساعی وسیعی را در زمینه‌های مختلف سیاسی، نظامی، اقتصادی و فرهنگی در بر می‌گیرد.

سیاست افریقایی ما، که منظماً در حال گسترش است، بر پایهٔ دوستی و همکاری با کشورهای این قاره، که ما به کوشش‌های سازندگی و پیشرفت آنها با دیدهٔ علاقه و احترام می‌نگریم، استوار است. کشور ما تاکنون از راه کمک‌های مختلف مالی به عده‌ای از آنها،

به صورت کمک بلاعوض یا وام دراز مـدت بـه اجـرای ایـن برنامـه‌ها کمک کرده است.

در زمینهٔ منطقه‌ای ما خواستار اعلام مناطق صلح و عـاری از سـلاح‌های هسته‌ای در تمـام جهـان، بـه خصـوص در دو منطقـهٔ خاورمیانه و اقیانوس هند هستیم و در این هر دو مورد فعالانـه اقدام کرده‌ایم. اعلام منطقه خاورمیانه از طرف سازمان ملل متحد به عنوان منطقهٔ عاری از سلاح‌های هسته‌ای، اصولاً بـه پیشـنهاد مـا صـورت گرفت و در تدوین قطعنامهٔ مجمع عمومی سازمان ملل متحد، دایر بر اعلام اقیانوس هند به عنوان یک منطقهٔ صلح نیز، ایران شـرکت مؤثر داشت. علاوه بر این کشور ما به عضویت کمیته‌ای که به موجب ایـن قطعنامه، برای نظارت در اجرای مفاد آن تشکیل شده، برگزیده شـده است. در ایـن مـورد مـا خواستار آن هستیم کـه اقیـانوس هنـد از رقابت‌های دولت‌های بزرگ به دور باشد و امنیت و دفاع آن صرفاً بـه عهدهٔ کشورهای خود منطقه گذاشته شود.

گذشته از اعلام اقیانوس هند به عنوان یک منطقهٔ صلح، کشور ما علاقه‌مند به تشکیل یـک جامعـهٔ اقتصـادی وسـیع از کشـورهای پیرامون این اقیانوس است که در صورت کـامل آن، تمـام کشـورهای آسیایی و افریقایی و اقیانوسیهٔ مجاور این اقیانوس را در بر می‌گیرد و یک بازار مشترک اقتصادی برای این منطقه به وجود می‌آورد. تحقـق چنین طرحی مسلماً منـافع اقتصـادی بسیاری را بـرای همهٔ ایـن کشورها در بر خواهد داشت و برای استحکام صلح و ثبات بین‌المللـی نیز کمک مؤثری خواهد بود.

همان طور که قبلاً تصریح کردم، سیاست مستقل ملی کشور مـا اکنون به طور کامل و قاطع توسط خود ما و در مراجع تصمیم گیـری خود مملکت تعیین می‌شود و بر این اساس هر تصمیمـی کـه گرفتـه

شود، صرفاً معطوف به مصالح و منافع ملی ایران است. یکی از الزامات این سیاست تأمین کامل حاکمیت و تمامیت ملی است. این موردی است که کشور ما را با چند آزمایش بزرگ مواجه ساخت. البته تمام این آزمایش‌ها با پیروزی ما که پیروزی منطق و عدالت نیز بود، خاتمه یافت.

پس از پایان غائلهٔ آذربایجان که تهدید بزرگی برای تمامیت ارضی و حاکمیت ملی ما بود، لازم بود در سه مورد دیگر نیز به رفع آثار تجاوزهایی که قبلاً بدین تمامیت و حاکمیت وارد آمده بود و ادامه داشت، اقدام شود. یکی از این سه مورد، چنان که گفته شد، استیفای حقوق ملی ما در زمینهٔ نفت و جلوگیری از ادامهٔ بهره‌گیری استثماری خارجی از این ثروت بزرگ مملکت بود. مورد دیگر احراز حاکمیت غصب شده ایران بر جزایری بود که در خلیج فارس به ناحق از طرف امپراتوری سابق انگلستان تصرف شده بود و برای ایران امروز، ادامهٔ این اشغال قابل تحمل نبود. مورد سوم احراز حقوق مساوی برای ایران در شط‌العرب و از میان بردن وضعی غیر منطقی و خلاف موازین حقوقی بین‌المللی بود که در زمان قدرت امپراتوری انگلیس و ضعف ایران، به موجب قرارداد قسطنطنیه، به طور یک جانبه به کشور ما تحمیل شده بود. این هر سه مورد بقایای دوران نفوذ استعماری و امپریالیستی خارجی بود و به همین دلیل هیچ یک از آنها برای من، به عنوان مظهر حاکمیت و تمامیت ملی این کشور قابل تحمل نبود. از بین بردن تمام نابرابری‌ها و یادگارهای امپریالیستی از مهم‌ترین وظایفی بود که من برای خویش قائل بودم و برای این کار همواره در انتظار فرصت و شرایط مناسب بودم. البته این شرایط مربوط به آمادگی روحی ملت ایران نبود، زیرا اطمینان داشتم که هر موقع از این ملت برای کاری میهنی دعوت کنم، این

دعوت با جان و دل قبول خواهد شد. بدین جهت به محض آن که شرایط لازم فراهم شد، ما در هر سه مورد اقدام کردیم و در هر سه مورد نیز به طور کامل، موفق به از میان بردن نابرابری‌های تحمیلی عصر امپریالیسم و احقاق حقوق حقهٔ ملی خود شدیم. در رودخانهٔ مرزی ارس نیز ما و اتحاد جماهیر شوروی، بر اساس تساوی حقوق در امر بهره‌برداری از آب‌های این رودخانه، برای آبیاری و تهیهٔ برق، شرکت داریم. بدین ترتیب اکنون تمامیت و حاکمیت ارضی ما به طور کامل تأمین شده است و اختلافی در این زمینه میان ما و هیچ یک از همسایگان‌مان وجود ندارد.

یکی از زمینه‌های فعالیت بین‌المللی ما کوشش در تعدیل نظام اقتصادی موجود جهان است که در فصل اول کتاب سعی کردم خطراتی را که ادامهٔ آن نه تنها برای کشورهای در حال توسعه، بلکه بالمآل برای خود جهان صنعتی نیز که به ظاهر طرف بهره گیرندهٔ آن است، تشریح کنم و در این جا توضیح بیشتری را در این باره ضروری نمی‌بینم. فقط تذکر این نکته را لازم می‌دانم که شرکت فعالانهٔ ما در حل این مشکل شماره یک عصر ما، تنها به خاطر خودمان نیست، زیرا ما اکنون مرحلهٔ در حال توسعگی را پشت سر گذاشته‌ایم. ولی این برای ما دلیل آن نیست که سرنوشت خودمان را از سرنوشت جامعهٔ بشری به خصوص از سرنوشت اکثریت عظیم این جامعه که تعدیل بنیادی نظام اقتصادی کنونی برایشان اهمیت حیاتی دارد، جدا کنیم. ما هرگز شریک این طرز فکر اشتباه‌آمیز و خطرناک نخواهیم شد و در هر شرایط نیرومندی اقتصادی که باشیم، آن چه را که مصلحت حیاتی همهٔ جامعهٔ بشری تشخیص دهیم، مصلحت حیاتی خود نیز خواهیم دانست.

بر اساس سیاست مستقل ملی، کشور ما اکنون در سازمان‌ها و اتحادیه‌های متعدد بین‌المللی شرکت دارد و در همهٔ آنها نقش فعالانه‌ای را ایفاء می‌کند که همواره بر منطق و واقع بینی و عدالت و نیک اندیشی متکی است. مهم‌ترین این سازمان‌ها به غیر از سازمان ملل متحد و مؤسسات وابسته بدان سازمان کشورهای صادر کنندهٔ نفت "اوپک" است که چنان که همه می‌دانند، ایران در آن نقش قاطعی دارد. در این مورد نیز این نقش همواره نقشی واقع بینانه و حساب شده و دور از افراط و تفریط بوده و هست و در آن پیوسته دفاع از منافع ملی و منافع کشورهای هم پیمان این سازمان با رعایت منطقی مصالح جهانی به موازات یک دیگر در نظر گرفته شده است.

از نظر نظامی ما خواهان خلع سلاح عمومی کامل و تحت کنترل بین‌المللی هستیم تا بدین ترتیب از یک سو، کابوس وحشت و مرگ که از راه مسابقه عنان گسیختهٔ تسلیحاتی، سراسر جهان را فرا گرفته است از میان برداشته شود و از سوی دیگر سرمایه‌ها و نیروهای عظیمی که اکنون در این راه صرف می‌شود در راه بهبود زندگی بشر و ترقی سطح زندگی و رفاه جوامع انسانی به کار افتد. در اجرای این سیاست، کشور ما از اولین ممالکی است که قرارداد منع گسترش سلاح‌های هسته‌ای را امضاء کرده و در تمام موارد دیگر نیز از کوشش‌های مربوط به محدویت تسلیحاتی و به طریق اولی، خلع سلاح جهانی جانبداری نموده است.

در سیاست بین‌المللی ما و بالطبع در سیاست ملی ما، مقام خاصی با اهمیت استثنایی به خلیج فارس و امنیت آن اختصاص یافته است. علت این است که خلیج فارس شاهرگ حیاتی اقتصاد ایران و اقتصاد دیگر کشورهای ساحلی آن است و در عین حال امنیت راه‌های ارتباط دریایی که می‌باید رسانیدن نفت را به سراسر جهان

تضمین کند، به امنیت این شاهراه آبی وابسته است. هر نوع لطمه‌ای که به این امینت، چه از راه اقدامات نظامی و چه از راه خرابکاری وارد آید، نتایجی با ابعاد چنان مخرب خواهد داشت که حتی تصور آن نیز دشوار است. چنین فاجعه‌ای نه تنها توسعهٔ اقتصادی کشورهای این منطقه از جهان را فلج خواهد کرد، بلکه اقتصاد تمام دنیا را که تا حد بسیار زیادی به نفت خلیج فارس وابسته است، در هم خواهد ریخت.

خلیج فارس در حال حاضر بیش از ۷۰٪ نفت مورد نیاز اروپا و ۹۰٪ نفت مورد نیاز ژاپن را تأمین می‌کند. چطور می‌توان اجازه داد که فعالیت‌های آشکار یا پنهانی خرابکارانه بتواند مثلاً با منفجر کردن یک نفت کش عظیم در تنگهٔ هرمز این شاهراه حیاتی را به روی کشتیرانی بین‌المللی ببندد؟

با توجه به این وضع حساس، سیاست قاطع ما در این مورد، تأمین صلح و ثبات و امنیت خلیج فارس و همکاری دوستانه و صمیمانه با کلیهٔ کشورهای ساحلی آن بر اساس احترام متقابل و اشتراک مساعی در زمینه‌های اقتصادی و عمرانی و دفاع از امنیت این خلیج است که می‌باید صرفاً و بدون دخالت قدرت‌های خارجی بر عهدهٔ کشورهای ساحلی آن باشد. برای این منظور کشور ما در امر ایجاد یک قدرت نیرومند دفاعی دریایی و نظامی در خلیج فارس، اهمیت حیاتی قائل است و این وظیفه‌ای است که ما به خاطر حفظ امنیت این شاهراه حیاتی آبی، در انجام آن قصور نخواهیم کرد.

در زمینهٔ اقتصادی، سیاست بین‌المللی ایران در درجهٔ اول معطوف به استقرار نظام اقتصادی نوین و عادلانه‌ای به جای نظام اقتصادی غیر عادلانه و کهنه شدهٔ کنونی است که دیگر مطلقاً جوابگوی نیازهای دنیای امروز با تحولات و تغییرات بنیادی آن نیست. در این نظام جدید اقتصادی، باید کشورهای پیشرفته در

تعیین قیمت خرید مواد اولیــه کشورهـای در حـال توسـعه و قیمـت فروش محصولات صنعتی خود، فعال مایشاء نباشند و به عبارت دیگر، زیان کم کاری و نابسامانی‌های اجتماعی کشورهای پیشرفته که باعث افزایش بهای تمام شدهٔ کالاهای ساخت آنهاست، از جیب کشورهای در حال توسعه پرداخت نشود. در حل این مسئلهٔ اساسـی کـه ریشـهٔ غالب مشکلات و تشنجات جهان امروز است، مـا معتقد بـه گفتگـو و مذاکرهٔ منطقی و واقع‌بینانه هستیم و نه رویارویی دو گـروه کـه خـواه ناخواه می‌تواند به اصطکاکی فاجعه‌انگیز و ویرانگر منجر گردد.

یک جنبهٔ دیگر سیاست جهانی ما در زمینـه مسائل اقتصـادی، همکاری اقتصادی بین‌المللی و کمک به کشورهای در حال توسعه بـه منظور پیشرفت برنامـه‌های سازندگــی آنهاسـت. در رشـته‌های همکاری‌های اقتصـادی، کشور مـا در سـال‌های اخیـر یـک سلسله قراردادهای مهم با گروه‌های مختلفی از ممالک پیشرفته و ممـالک در حال توسعه منعقد ساخته است که از لحـاظ تأثیر در تعـادل نـیروی اقتصادی بین‌المللی اهمیت زیاد دارد. قراردادهای تجاری مهمی نیز با کشورهای پیشرفته امضاء شده که هدف اصلی آن تأمین همکاری‌های درازمدت با آنها در راه صنعتی کردن سریع کشور ما بوده اسـت، یـک سلسله سرمایه‌گذاری‌های دولتی نیز از جـانب ایـران در خـارج انجـام شده که مهم‌ترین آنها، خرید قسـمتی از سـهام چنـد شـرکت بـزرگ غربی است. این سـرمایه‌گذاری‌هـا صرفاً بـه منظور تحصیل منـافع اقتصادی انجام نگرفتـه، بلکـه غـرض اصلی خریـداری و اکتسـاب تکنولوژی پیچیدهٔ آنها بوده است.

در مورد کمک به کشورهای در حال توسعه و پیشرفت طرح‌های عمرانی جهانی، کشور ما کوشش‌های مؤثـری مبـذول داشـته اسـت. همراه نخسـتین افـزایش بـهای نفت، خود مـن تشکیل بنیـادی را

پیشنهاد کردم که در آن دوازده کشور تولید کنندهٔ نفت و دوازده کشور صنعتی جهان هر کدام قریب ۱۵۰ میلیون دلار بپردازند و دوازده کشور به نمایندگی از جانب ممالک در حال توسعه نیز در آن شرکت کنند و این هیئت طرح‌های خوب و سالمی را که برای عمران جهان ارائه می‌شود، با همکاری بانک جهانی و صندوق بین‌المللی پول بررسی کند و در صورت تأئید از محل اعتبار بنیاد، به شرطی که هر سال حداقل سه میلیارد دلار بدان واگذار شود، مبالغ لازم به صورت وام‌های دراز مدت و کم بهره با شرایط آسان، به کشورهای نیازمند داده شود. بدین ترتیب من خطوط اساسی یک برنامهٔ رفاه جهانی را به سازمان ملل متحد پیشنهاد کردم که در چهار چوب آن، یک بانک عمران بین‌المللی بی‌طرف می‌تواند به تسریع پیشرفت اقتصادی تمام کشورهای جهان کمک کند. این طرح به ایجاد یک مشارکت مثبت و تعاون جهانی کمک خواهد کرد. زیرا از یک طرف به کشورهای صنعتی که اکنون با مشکلات اقتصادی متعدد مواجه هستند با دریافت سفارش‌های کشورهای وام گیرنده برای زنده نگاه داشتن اقتصاد خود و احتراز از مواجهه با بحران اقتصادی، یاری می‌دهد و از طرف دیگر به کشورهای در حال رشد، در گسترش نیروی اقتصادی و صنعتی آنها کمک می‌کند. بدیهی است چنین سازمانی صد در صد بی‌طرف خواهد بود و هیچ گونه وابستگی یا تعهد سیاسی نخواهد داشت و درهای آن نیز بر روی همه باز خواهد بود. این در واقع پی‌ریزی یک تعاون جهانی، یعنی یک سازمان ملل اقتصادی است. منتها سازمان مللی که این بار ضمانت اجرایی نیز خواهد داشت.

نیروی دفاعی ما در عین آن که ضامن حاکمیت و قدرت ملی ماست، عامل تعیین کننده‌ای در موقعیت جهانی ما نیز هست. این نیرویی است که صرفاً به خاطر حفظ تمامیت و امنیت ملی ما و بدون

انگیزهٔ تجاوز یا توسعه طلبی به زیان دیگران، پی‌ریزی شده است و تا وقتی که شرایط نگران کنندهٔ بین‌المللی ایجاب کند، مسلماً در تقویت آن در حدی که ضروری تشخیص دهیم، کوتاهی نخواهیم کرد.

قدرت نظامی ما نه فقط از نظر دفاع ملی ضروری است، بلکه از لحاظ تضمین تحولات اجتماعی همواره عامل قاطعی بوده است. این واقعیت به خصوص در تحقق انقلاب ایران به ثبوت رسید. زیرا اگر قدرت بازدارنده این عامل نظم و ثبات نبود، اجرای قدم به قدم اصول انقلاب با تحریکات و آشوب‌ها و توطئه‌های عناصر فئودال یا عمال ارتجاع سرخ و ارتجاع سیاه روبه رو می‌شد، کما این که در سال‌های اخیر همین قدرت، خرابکاری‌های تروریست‌ها و آدمکشان و هرج و مرج طلبانی را که عامل اجرای سیاست‌های غیر ایرانی هستند، خنثی کرده است.

بخش سوم

در راه تمدن بزرگ

پس از توضیحاتی که در بارهٔ مسائل اساسی جهان امروز و در مورد ایران عصر انقلاب دادم، اینک به تشریح خطوط کلی "تمدن بزرگ" ایران فردا می‌پردازم. این خطوط کلی می‌باید برای هر ایرانی کاملاً روشن و مشخص باشد تا کوشش‌های فردی و ملی در راه نیل به هدف بر آنها متمرکز گردد.

رسانیدن ملت ایران به دوران "تمدن بزرگ" بالاترین آرزوی من و رهبری کشورم در این راه، اساسی‌ترین وظیفه‌ای است که به عنوان مسئول سرنوشت این کشور برای خویش قائل هستم. اعتقاد راسخ من این است که اکنون ملت ایران برای نیل بدین هدف، در مسیری صحیح و مطمئن گام بر می‌دارد و آن چه برای پیروزی او ضروری است، این است که از یک سو در این مسیر انحرافی حاصل نشود و از سوی دیگر در آهنگ پیمودن آن کندی یا وقفه‌ای روی ندهد.

هدفی که برای ملت خودم در نظر گرفته‌ام، بی‌گمان بسیار جاه‌طلبانه و بلند پروازانه است. ولی هدفی نیست که نیل بدان برای ملت ایران با امکانات فراوان مادی و معنوی و با سرمایهٔ سرشار روحی و اخلاقی این ملت ناممکن باشد. اگر چنین هدفی از حد متعارف بسیار فراتر می‌رود، به خاطر آن است که تلاش برای نیل به کمال مطلوبی کمتر از آن، اساساً شایستهٔ ملت ما نیست. کارنامهٔ چند هزار

سال تاریخ و تمدن ایرانی و نبوغ خلاقه‌ای که از نخستین صفحهٔ این کارنامه تا به امروز وجه مشخص آن بوده است، دلیل روشنی بر صحت این اعتقاد است که اگر این نیروی آفرینندگی، دوشا دوش اراده‌ای راسخ و پشتکاری استوار به کار افتد، پیروزی ما یک الزام تاریخی خواهد بود.

بیست و پنج قرن پیش، ورود شاهنشاهی ایران به صحنهٔ تاریخ جهان، راهگشای عصر تازه‌ای در سیر تکامل مدنیت بشری شد. برای چه تلاش امروز ما راهگشای عصر تازهٔ دیگری در این سیر تکامل نشود؟ و چرا نکوشیم تا به نوبهٔ خود سازندهٔ آن تمدن بزرگ فردا باشیم که می‌باید در آن بهترین عناصر تمدن‌های بشری با یک دیگر درآمیزند و چنین تمدنی را پاسخگوی راستین نیازی کند که دنیای نگران ما، آن را عمیقاً احساس می‌کند؟

صد و پنجاه سال قبل شاتو بریان نویسندهٔ معروف فرانسه در شرح وقایع تاریخ دنیا نوشت:

"... وقتی که در تاریخ جهان به عصر ایرانی می‌رسیم، احساس می‌کنیم که قدم به صحنهٔ تاریخ بزرگ گذاشته‌ایم."

چرا کوشش نکنیم که همین کشور و همین ملت در آغاز هزارهٔ سوم قدم به صحنهٔ "تمدن بزرگ" گذاشته شود؟ البته نیل به هدفی چنین بزرگ مستلزم ایمان بزرگ، ارادهٔ بزرگ، میهن پرستی بزرگ، آفرینندگی بزرگ و تلاش بزرگ است. ولی کدام یک از ما در این باره تردید داریم که ملت ایران می‌تواند پاسخگوی شایسته‌ای برای همهٔ این نیازها باشد؟

* * *

"تمدن بزرگ" یعنی چه؟ یعنی تمدنی که در آن بهترین عناصر دانش و بینش بشری، در راه تأمین عالی‌ترین سطح زندگی مادی و معنوی برای همهٔ افراد جامعه به کار گرفته شده باشد. تمدنی که در آن دستاوردهای بدیع علم و صنعت و تکنولوژی با ارزش‌های معنوی و با موازین پیشرفتهٔ عدالت اجتماعی درآمیخته باشد. تمدنی که بر پایهٔ سازندگی و انسانیت پی‌ریزی شده باشد و در آن هر فرد آدمی در عین برخورداری از رفاه کامل مادی، از حداکثر تأمین اجتماعی و از غنای سرشار روحی و اخلاقی بهره‌مند باشد. بدیهی است هر ملت و جامعه‌ای در جهان حق دارد در راه نیل به چنین هدفی بکوشد و ما صمیمانه آرزو می‌کنیم که چنین تلاشی در هر جا که صورت گیرد، با توفیق کامل همراه باشد. زیرا این تلاشی است که در راه ایفای شریف‌ترین رسالت جامعهٔ بشری انجام می‌گیرد. ولی تا آن جا که به ما مربوط است ما بیش از هر چیز تضمین سعادت و رفاه جامعهٔ ایرانی را در مد نظر داریم. البته اگر "تمدن بزرگ" ما کشش و جذابیتی داشته باشد، به احتمال قوی این تمدن از مرزهامان خواهد گذشت و در آن صورت این در اختیار دیگران خواهد بود که در بارهٔ آن داوری کنند.

در راه نیل به این "تمدن بزرگ" ما باید بر اساس جهان بینی همیشگی ایرانی، بهترین اجزاء مدنیت و فرهنگ ملی خویش را با بهترین اجزاء تمدن و فرهنگ جهانی در آمیزیم و در این راه از هر گونه تعصب و کوتاه بینی دوری گزینیم. هیچ ملتی در هیچ مرحله از پیشرفت نمی‌تواند خود را از دستاوردهای مادی و معنوی دیگران بی‌نیاز شمارد، زیرا تمدن بشری اساساً بر داد و ستد مداوم اندیشه‌ها و دستاوردها پی‌ریزی شده است. اگر در گذشته مدنیت‌هایی خواسته‌اند به دور خود دیواری بکشند، این آزمایش همواره با شکست رو به رو

شده است. ولی البته هرگز چنین آزمایشی از جانب ایران صورت نگرفته است. زیرا درست به عکس، توانایی ویژه این تمدن در آمیزش با تمدن‌ها و فرهنگ‌های دیگر و در تلفیق بهترین عناصر آنها به منظور ایجاد ترکیبی کامل‌تر و جهانی‌تر، همواره عامل پویایی و نیرومندی تمدن ایرانی بوده است و این همان برداشت "تمدن بزرگ" ایران فردا نیز هست.

در راه تکامل این تمدن ما باید در عین اتکاء به ارزش‌های مادی و معنوی ملی از پیشرفته‌ترین پدیده‌های دانش و فن دیگران و در عین حال از عناصر مدنی و فرهنگی آنان در بهترین صورتی که برای خود مناسب تشخیص دهیم، بهره گیریم. ما به عنوان یک ملت هوشمند و رشد کرده، باید دستاوردهای مدنی گذشته و آیندهٔ خویش را در اختیار دیگران بگذاریم. ولی ابایی از استفاده از دستاوردهای آنان نیز نداشته باشیم. باید دانش و تکنولوژی پیشرفتهٔ جهان صنعتی را به بهترین صورت مورد اقتباس و استفاده قرار دهیم و البته خود نیز در رسیدن به پایهٔ این جهان و سپس در ادامهٔ راه پیشرفت به همراه آن بکوشیم. ولی در همان حال باید از رسوخ عناصر نامناسب تمدن‌های دیگر جامعه خود و از سرایت آلودگی‌های اخلاقی و اجتماعی و سیاسی آنها بدین جامعه جلوگیری کنیم. باید "غرب زده" نباشیم ولی این مفهوم را مرادف با "دشمنی با غرب" و با هر گونه تجدد طلبی نیز تلقی نکنیم. باید فرهنگ ملی را مورد کمال توجه قرار دهیم ولی این امر را با کهنه پرستی یکسان ندانیم. باید به حد اعلا "ناسیونالیست باشیم ولی این ناسیونالیسم را در صورت مثبت و سازندهٔ آن بخواهیم و نه در صورت متعصبانه و کینه توزانه‌ای که عاملی منفی است و در عصر خود ما، پیروی از آن در بسیار موارد جز ویرانی و مرگ به بار نیاورده است.

***

"تمدن بزرگ" که ما اکنون به جانب آن می‌رویم، تنها یکی از فصول تاریخ این سرزمین نیست، بلکه شاه فصل این تاریخ است. کمال مطلوبی است که می‌باید سیر تکامل چند هزار سالهٔ تاریخ و فرهنگ ایران بدان برسد و این حد کمال به نوبهٔ خود سرآغاز دوران تازه‌ای در حیات ملی ما قرار گیرد. همهٔ پیشرفت‌های مادی و معنوی این ملت در مسیر چند هزار سالهٔ آن همهٔ دستاوردهای بدیع اندیشه و آفرینندگی ایرانی و همهٔ ارزش‌های جاودانی تمدن و فرهنگ ملی، باید اجزاء سازندهٔ کاخ رفیع تمدنی باشند که آیندهٔ این سرزمین و مردم آن را برای همیشه در بر خواهد گرفت.

"تمدن بزرگ" ایران بیش از هر چیز از ژرفای تاریخ و تمدن ایرانی، از تمام ارزش‌ها، سازندگی‌ها، آفرینندگی‌ها، کوشش‌ها، اندیشه‌ها، استعدادها و از حماسه‌ها و پیروزی‌های شکوهمند مادی و معنوی ملت ایران، در طول هزاران سال تاریخ مایه می‌گیرد. لاجرم ریشه‌های این تمدن را نیز باید در بافت پر شکوه تاریخ ایران و معیارهای جاوید سرنوشت ساز آن جست. زیرا از این پس سرنوشت فرزندان ما جزء جدایی ناپذیر این تمدن خواهد بود و فرمان تاریخ چنین خواسته است که از میان نسل‌های بی‌شمار ایرانی نسل امروزی ما آن نسلی باشد که طلیعهٔ درخشان‌ترین دوران تاریخ کشور خویش را شاهد گردد.

این "تمدن بزرگ" پدیده‌ای نوخاسته و ناگهانی نیست، بلکه برخوردار از پشتوانهٔ استوار همین اصول و معیارهایی است که به هویت معنوی جامعهٔ ایرانی، از سپیده دم تاریخ ایران تا به امروز بر آنها بنیاد نهاده شده است.

ایران امروز سازندهٔ ایران فرداست، ولی خود وارث ایـران دیـروز است. وارث حماسهٔ شکوه‌مند چند هزار ساله‌ای است کـه بیـش از دو هزار و پانصد سال آن، صورت تاریخ مدون دارد و این تاریخ بـرای مـا ارزش‌هایی بر جای نهاده است که همهٔ هویت ملی و بـافت معنـوی و اجتماعی و راه و رسم زندگی ملت ما، از آنها مایه می‌گیرد. هر ایرانـی هنگامی که به دنیا می‌آید، میراثی از ایـن ارزش‌هـا را کـه در طـول نسل‌ها، سازندهٔ سرنوشت او و سپر پولادین موجودیت ملـی وی در رویارویی با ضربت‌های سهمگین تاریخ بوده‌اند، همراه دارد تا بـه نوبـهٔ خویش آنها را به نسل‌های آیندهٔ این سرزمین سپارد. این درسی است که تاریخ به ما و به همهٔ آنهایی کـه بـا تـاریخ مـا سـر و کـار دارنـد، آموخته است و درسی است که از این پس به فرزندان ما نیـز خواهـد آموخت.

بیش از دو هزار و پانصد سال است که تاریخ شاهنشاهی ایران بر پایهٔ این ارزش‌های جاوید ادامه یافته است و استمرار ایـن تـاریخ کـه مایهٔ شگفتی پژوهندگان است، به خـاطر اتکـاء اسـتوار آن بـه همیـن ارزش‌هاست. مهم نیست که در این دوران دراز، بارها این کشور مـورد سخت‌ترین حملـه‌ها و کشتارها قـرار گرفتـه باشـد و بارهـا ضربـات وحشیانه و کمرشکن حوادث، هزاران هزار فرزندان آن را قربانی کـرده باشد. مهم این است که هیچ یک از این ضربت‌ها، که هر یـک از آنهـا کافی بوده است تا موجودیت کشوری را از صفحـهٔ تـاریخ محـو کنـد، یارای غلبه بر این ارزش‌ها را نیافته و دیر و یـا زود، تنهـا بـه صـورت خاطره‌ای دردناک در تاریخ ایران در آمده است.

چنین واقعیتی در مورد آیندهٔ ما نیز بی‌گمان به اندازهٔ گذشتهٔ ما صادق است. مفهوم این سخن این است که هیچ تحول و تغییر اصیلی

نمی‌تواند در این کشور پای گیرد مگر آن که با ارزش‌های جـاودانی و سرنوشت ساز ایرانی هماهنگ باشد.

انقلابی که پانزده سال پیش در کشور ما آغاز شده، از آن جـهت قاطع و پیروز بوده است کـه پشتوانهٔ استواری از همیـن ارزش‌هـای جاوید دارد و نقشی که خود من به عنوان طراح و فرمـاندهٔ انقـلاب در پیشبرد آن داشـته‌ام، از آن جـهت نقشـی موفـق بـوده است کـه بـا فرمان‌های تغییر ناپذیر این ارزش‌ها هماهنگ است. این نقشـی است که ایفای آن از جانب شاهنشاه ایـران، خواستهٔ آگاهانـه و خـودآگـاه مردم ایران است و در این خواسته همهٔ این مردم از فرمان تـاریخ و از ارادهٔ نسل‌ها الهام می‌گیرند. تا وقتی که چنین باشد و همـواره چنیـن خواهد بود، هماهنگی شاه و ملـت ضـامن پیشـبرد انقـلاب و مجـری فرمان سرنوشت در ادامهٔ پیروزمندانهٔ راه آن به سوی "تمـدن بـزرگ" خواهد بود.

***

تمدن ایرانی که "تمدن بزرگ" ایرانِ فردا کـامل‌ترین درخشـش آن خواهد بود، جلوه‌ای کامل از تمدن شکوه‌مند آریـایی است کـه از هنگام پیدایش خود در صحنهٔ تاریخ جهان تا به امروز پیوسته تمدنـی زاینده و سرشار از زندگی و آفرینندگی بوده است. سیر پیشرفت ایـن تمدن به سوی کمال هرگز متوقف نشده و هرگز نیز فتوری در آن راه نیافته اسـت و ایـن نمونـه‌ای است کـه در دیگـر تمدن‌هـای جـهان بی‌سابقه است.

البته در این تحلیل، من مفهوم اصیل تمـدن آریـایی را در نظـر دارم و نه تعبیر کوته نظرانه و متعصبانـه‌ای از آن را کـه متأسـفانه در

دوران پیش از جنگ جهانی دوم و در پایان آن جنگ شاهد آن بودیم و از بسیاری جهات درست در جهت خلاف اصول اخلاقی و فرهنگی این تمدن بود. از سوی دیگر احترام و وابستگی عمیق ما به تمدن آریایی، به مفهوم نفی تمدن‌های دیگر جهان یا دست کم گرفتن ارزش‌های آنها نیست، زیرا که در همه جا و در هر صورت پیدایش و تکامل یک تمدن مظهر آفریننده‌ای از نبوغ انسانی و جلوه‌ای از ایفای رسالت جامعهٔ بشری در راه کمال است.

اگر ملت ما همواره راه و رسم پیشرفت خود را به سوی کمال، در تمدن آریایی خویش جسته است، برای آن است که اصول بنیادی این تمدن پیوندی ناگسستنی با اندیشه و نبوغ سازندهٔ این ملت دارد. وقتی داریوش بزرگ در سنگ نبشتهٔ معروف خویش خود را "آریایی فرزند آریایی، ایرانی فرزند ایرانی، می‌خواند، در واقع به همهٔ آن ارزش‌های بی‌شماری مباهات می‌کند که دو صفت آریایی و ایرانی برای او نمایندهٔ کامل آنهاست.

تمدن آریایی، در مفهوم اصیل آن، تمدنی است که بر پایهٔ زندگی و آفرینندگی بنیاد نهاده شده است. در این تمدن، روشنایی مظهر والای آفرینش است. زیرا همهٔ زیبایی‌ها و نیروهای زاینده از آن سرچشمه می‌گیرد. این برداشت اساسی، در تمدن ایرانی که نخستین جلوهٔ تاریخی مدنیت پر شکوه آریایی است (و از همین دیدگاه است که "هگل" Hegel آن را "سرآغاز واقعی تمدن جهانی می‌نامد) به اوج خود می‌رسد. زیرا در این تمدن، فروغ آفریننده سراسر وجود مادی و معنوی هر فرد را در بر می‌گیرد تا در آن زیبایی‌ها را از زشتی‌ها و پاکی‌ها را از پلیدی‌ها مشخص کند و آن چه را که سازنده و زندگی بخش نیست، به قلمرو تاریکی و نیستی سپارد. ایمان به رسالت والای انسانی در راه پیروزی زندگی که شرط آن کوشایی، دلاوری، پاک

دلی، جوانمردی، امید، راستی و تندرستی است، در بافت فلسفی و فرهنگی ایران آریایی اساس شخصیت هر ایرانی پاک نژاد است. هم چنان که نیروهای خلاف آن، یعنی بد اندیشی، دروغ، ترس، نومیدی، بیکارگی، بیماری، فریبکاری، خودخواهی و دیگر عواملی از این قبیل، زادگاه ظلمت و مرگند. بر پایهٔ این برداشت، رسالت همیشگی یک ایرانی آریایی، دفاع از روشنایی در برابر تاریکی، دفاع از زندگی در برابر مرگ، دفاع از سازندگی در برابر ویرانگری، دفاع از راستی در برابر بیداد است. این همان برداشتی است که در باختر زمین، هوگو "افسانهٔ قرون" خود را بر آن پی ریزی کرد و نیچه چهرهٔ زرتشت "ابر مرد" خویش را از همین دیدگاه آفرید. هر چند که این اثر عالی فلسفی و ادبی نیز مانند عنوانِ "آریایی" در قرن ما قربانی تعبیری نابخردانه قرار گرفته است.

زیر بنای اصلی تمدن و فرهنگ ایرانی و همهٔ تجلیات معنوی، فکری، اجتماعی و ادبی و هنری آن، نه تنها در دوران کهن، بلکه در ایران اسلامی نیز همین طرز تلقی از رسالت آدمی است و مسلماً این برداشت زیر بنای آن "تمدن بزرگ" ایران خواهد بود که ما مصمم هستیم آن را به صورت تجلی کامل ارزش‌های جاودانی این تمدن و فرهنگ کهن که اصول آنها را ذیلاً تشریح می‌کنم، در آوریم.

در این توصیف، من به توضیحات کلی ولی کوتاهی که از نظر درک فلسفی "تمدن بزرگ" ایران ضروری است، اکتفا می‌کنم ولی مسلم است که می‌باید بررسی‌ها و تفسیرهای خیلی بیشتری از همهٔ این اصول توسط مراکز صلاحیت‌دار علمی و فرهنگی و خبری کشور و صاحب نظران ایرانی انجام گیرد تا به کمک این پژوهش‌ها، مردم ما به خصوص نسل جوان کشور، آشنایی هر چه ژرفتری با تاریخ خود، با میراث سرشار مدنی و فکری خود، با هویت ملی خود و با رسالت

بشری خود پیدا کنند و از این آگاهی در راه ایفای بیشتر و بهتر وظیفه‌ای که به عهده گرفته‌اند، بهره گیرند.

* * *

نخستین و مهم‌ترین این ارزش‌ها، نیروی شکست ناپذیری است که برای ادامهٔ هستی، در نهاد ملت ایران نهفته و از این دیدگاه، آن را به صورت دژی تسخیر ناپذیر در برابر نیروی نیستی و زوال در آورده است. از روزی که ایرانیان نخستین حکومت آریایی تاریخ جهان را بنیاد نهادند، تا به امروز هیچ نیرویی امکان غلبه بر این ارادهٔ زنده ماندن را که در وجود ملت ایران سرشته شده، نیافته است و از این پس نیز نخواهد یافت. اگر از میان همهٔ ملل باستانی این استمرار شگفت انگیز را در زمینهٔ حفظ هویت ملی به صورتی چنین بارز در نزد ملت ایران می‌توان یافت، برای آن است که نیروی "زندگی" که همهٔ مظاهر دیگر سازندگی و آفرینندگی را همراه می‌آورد، از آغاز خمیر مایهٔ نهاد ایرانی بوده است.

کمتر پژوهنده‌ای را در جمع کسانی که تاریخ ایران را مورد بررسی دقیق قرار داده و در دست‌یابی به راز استمرار آن کوشیده‌اند، می‌توان یافت که روی این واقعیت شگرف تکیه نکرده باشند. شاید یکی از گویاترین این تحلیل‌ها، نتیجه‌گیری "کنت دو گوبینو" از مطالعات سی سالهٔ او در بارهٔ تاریخ ایران باشد که چنین خلاصه می‌شود:

"... بررسی عمیق در تاریخ این ملت به من آموخته است که آنهایی که هوای تسلط بر این سرزمین را در سر بپرورانند، تلاشی بیهوده می‌کنند، زیرا دیر یا زود همهٔ آنان از میان

می‌روند و ایران هم چنان پای بر جای می‌ماند. ممکن است با نیروی زور دست به تجزیهٔ آن بزنند، چنان که بارها زده‌اند و ممکن است حتی اسم آن را از آن بگیرند چنان که بارها گرفته‌اند، اما پیروزی نهایی همیشه با ایران بوده است و همیشه نیز خواهد بود. من هر وقت که به این ملت عجیب می‌اندیشم، سنگ خارایی را به نظر می‌آورم که سیلاب‌ها و طوفان‌ها را از سر می‌گذراند و باز سنگ خارا می‌ماند".

در تحلیل همین واقعیت تاریخی یک محقق تاریخی، یک محقق برجستهٔ دیگر "آرتراپهام پوپ" که او نیز تقریباً همهٔ عمر خویش را صرف پژوهش در باره هنر و فرهنگ ایران کرد، می‌نویسد:

"... اگر واحد مقیاس را زندگی تاریخی ایران منظور داریم، در این صورت، شکوه یونان جز واقعه‌ای افتخارآمیز ولی کوتاه و عظمت رم جز پرده‌ای جالب از نمایش نامهٔ جهانی تاریخ نیست. نمودی با نیرومندی و جاودانگی ملیت ایرانی، آدمی را در صحنهٔ تاریخ مبهوت می‌کند. نه تنها تاریخ آسیا، بلکه تاریخ جهان نیز تا زمانی که منابع این قدرت به درستی کشف و اندازه‌گیری نشود و دامنهٔ تأثیر آن چنان که باید مورد سنجش و بررسی قرار نگیرد، درک ناپذیر خواهد ماند. واقعیتی که در این تاریخ نهفته است به طور روشن این است که ایران فناناپذیر است و گویی تقدیر چنین خواسته است که سرنوشت ایران تا به پایان با سرنوشت بشریت هم گام باشد.

✳ ✳ ✳

جلوهٔ دیگری از این ارزش‌هـای جـاویـد اصـالت تمـدن فرهنگی است که قوم ایرانی، هم بنیان‌گذار و هـم نگاهبان تـاریخی آن بـوده است. این فرهنگی است که از آغاز عمیقاً جنبه‌ای انسانی داشته و پیامی در حد اعلای شکوه و زیبایی همراه آورده است. چـه در اصـول مذهبی و فلسفی ایران کهن، چــه در آئیــن کشور داری شاهنشاهی ایران و چه در جنبه‌های گونـاگـون اندیشه و دانش و ادب و هنـر و عرفان ایرانی، این خصیصهٔ انسان دوستی و نیک اندیشی بــه صورتــی تابناک منعکس است. به گفتهٔ "رنه گروسه":

"... مشعلی که در سپیده دم تـاریخ در فـلات ایران افروختـه شده، دیگر هرگز خاموش نشده است و در پرتـو ایـن تـابندگی مداوم، ایران توانسـته است تمدن انسـانی ژرفـی را بیـافریند کـه هیچ گاه در اصالت آن خللی راه نیافته است".

در زمینهٔ حکومت، ایرانیـان شاهنشاهی خـود را کـه نخستین حکومت آریایی تاریخ جهان و در عین حال اولین امپراتـوری جهانی تاریخ بود، بر همین اصول عدالت و بشر دوستی بنیاد نهادند که مظهر عالی آن اعلامیـهٔ معـروف کـوروش است. ولی چون در ایـن بـاره پژوهش‌های گسترده‌ای چه در قلمرو ملی و چه در سـطح بین‌الملـل، به خصوص به مناسبت برگـذاری آئیـن دو هـزار پـانصد سـال بنیـان گذاری شاهنشاهی ایران انجام شده اسـت، شـاید نیـازی بـه توضیـح بیشتر در این باره نباشد.

در زمینهٔ دانش و ادب و هنر، نقش بشری فرهنگ ایـران چنـان آشکارا است که یکی از واقعیات مسلم تاریخ تمدن تلقی شـده اسـت. ادبیات ایران که یکی از بدیع‌ترین ارمغان‌های این ملـت بــه تمــدن و فرهنگ جهان است، مالامال از معنویت و بشر دوستی و محبت اسـت و به خصوص این پیام پر شکوه در ادبیات عرفانی ایران، به اوج جهانی

خود می‌رسد. هنر ایران جلوه گاه دائمی عشق به زیبایی است. فلسفه و حکمت ایران نیز هرگز جز بر پایهٔ خرد و اخلاق و معنویت متکی نبوده است.

∗ ∗ ∗

جلوه‌ای دیگر از ارزش‌های جاویدان ایران، جنبهٔ جهان‌بینی و جهان اندیشی روح ایرانی یعنی این احساس عمیق است که سرنوشت زادگان بشر به یکدیگر پیوسته است و نیک بختی هیچ ملت و قومی از نیک بختی دیگران جدا نیست. در این باره گویی قوم ایرانی از آغاز برای خود رسالتی قائل بوده که خویش را متعهد به ایفای آن دانسته و هرگز نیز از پذیرش مسئولیت‌های آن سر باز نزده است.

روح اغماض مذهبی معروف ایرانی که این کشور را همواره پناهگاهی برای پیروان آئین‌ها و معتقدات مختلف ساخت و آئین کشورداری شاهنشاهی هخامنشی که نخستین جامعهٔ "مشترک‌المنافع" جهان را در قلمرو این شاهنشاهی پدید آورد و نقش بارز ایران در آمیزش دائمی فرهنگ‌ها و اندیشه‌های هنرهای شرق و غرب برای ایجاد و ارائهٔ فرهنگ و اندیشه و هنر جهانی و موج پیوسته و گستردهٔ ایرانیانی که در درازای قرون، دانش و فرهنگ ایران را با خود به سرزمین‌های پهناوری از جهان بردند تا آن را با فرهنگ‌ها و دانش‌های محلی در آمیزند و نقش بارزی که ایرانیان به گفتهٔ محققان و مورخان بزرگ عالم اسلام در عالم تمدن اسلامی ایفاء کردند، همه نمودارهایی از این جنبه جهان بینی روح ایرانی است.

نقش ایرانیان در گسترش تمدن بزرگ اسلامی نقشی است که اختصاصاً شایان تذکر است. از همان هنگامی که پیامبر بزرگ اسلام

به دانش دوستی ایرانیان به صورتی بسیار تجلیل‌آمیز اشاره فرمود، در واقع ایفای این رسالت در جهان اسلام برای مردم ایران نوعی فریضهٔ مذهبی به شمار آمد. این وظیفهٔ پر افتخار را نبوغ ایرانی در تمام طول تاریخ اسلام تا به امروز با حد اعلای علاقه و ایمان انجام داده، چنان که میراث مدنی ایرانی مسلمان به صورت جزء تجزیه ناپذیری از میراث تمدن اسلامی در آمده است.

واقعیت تاریخی گواهی می‌دهد که اندیشه و تمدن ایرانی تقریباً هرگز با خودخواهی سر و کار نداشته و به خلاف بسیاری از دیگر تمدن‌های جهان، خود را درون مرزهای جغرافیایی یا نژادی و یا مذهبی زندانی نکرده است. از نظر فرهنگ ایران، حق عدالت تجزیه ناپذیر است و اگر امروز ما روش بین‌المللی خود را به احترام به حقوق انسانی همهٔ جوامع بشری و حاکمیت ملی آنها و حتی همهٔ مرام‌های آنان اعلام داشته‌ایم، در واقع از اصولی پیروی کرده‌ایم که از ارزش‌های همیشگی تمدن ایرانی است و در تحلیل جامعی از آنها "کرگلینگر" مورخ بلژیکی می‌گوید:

"... در ژرفای روح و فرهنگ ایرانی همیشه این احساس نهفته بوده است که فرد وجودی مجزا نیست که خودخواهانه تنها به سرنوشت خویش بیندیشید، بلکه در عین حال یک سرباز و یک کارگر پرودگار است که باید کوشش مداومش به پیروزی خوبی و حقیقت نه تنها برای خودش بلکه برای تمام جهان منجر شود. از دیدگاه تمدن ایرانی هر زندگی انسانی دارای یک ارزش عمیق و یک عامل رشد انسانیت و تکامل در صورت جهانی آن است".

***

یکی دیگر از ارزش‌های جاودانی تمدن ایرانی روح میهن پرستی ریشه‌دار ملت ایران است که بازتاب آن را به طور مداوم در هر فصل و هر صفحه از تاریخ این ملــت می‌تـوان یـافت. شاید ذکـر ایـن نکتـه ضروری باشد که این میهن پرستی همـواره دارای جنبـه‌های مثبـت بوده و صورت افراطـی و بـه اصطلاح "شوـوینیسـتی" نداشتـه، یعنـی مترادف با دشمنی کورکورانه با بیگانگان نبوده اسـت. میـهن پرستی ایرانی تقریباً همیشه تنها در راه حفظ هویت ملی و دفاع از آرمان‌ها و ارزش‌ها و مقدسات این ملت در عین احترام به مقدسات و ارزش‌هــا و آرمان‌های دیگران به کار رفته است.

ممکن است هوشمندی افراطی ایرانی و جنبهٔ فردی فراوان او در موارد عادی علاقهٔ خاصی را بـه انتقـاد و ابـراز نارضـایی از جـانب وی برانگیزد، ولی این روحیه هنگامی کـه ایرانـی در شعور بـاطنی خـود خطری را متوجه ملیت خویش و ارزش‌های بنیادی تمـدن و فرهنـگ خود ببیند، به آسانی کنــار گذاشتـه می‌شـود تا روح میـهن پرستی شکست ناپذیر ملی جایگزین آن گردد. در چنین موردی، تنها چـیزی که برای او ارزشمند است، عشق و دلبستگی عمیق به سرزمین ایـران و به دفاع از هویت و شخصیت ملی است که شاید ایـن پاسخـی قـانع کننده به ایــن سـؤالی باشــد کـه "سـرپرسی سـایکس" سیاسـتمدار انگلستان استعماری قرن گذشته با اندکی خشم و با بسیاری شـگفتی، مطرح کرده بود که:

"نمی‌توان فهمید چرا هر فرزند ایران، در عین همهٔ بدبختی‌هـا و فلاکت‌های خود این قدر به کشور لم یزرع خویش مغرور است؟"

∗ ∗ ∗

جلوه دیگری که می‌باید از ارزش‌های جاودانی ملی تذکر داد، نظام شاهنشاهی ایران است. این نظامی است که از روز نخست با موجودیت و هویت ملی ایرانی پیوند خورده است و استحکام و استمرار آن، چنان که گفته شد از شگفتی‌های تاریخ به شمار می‌رود.

شاید درک مفهوم ژرف این پیوند نه تنها برای جهان خارج، بلکه برای خود ایرانیان نیز دشوار باشد. زیرا نمونهٔ مشابه دیگری از آن را در تاریخ نمی‌توان یافت که از نظر سنجش تحلیلی مورد مراجعه قرار گیرد. نظام شاهنشاهی ایران، از روز نخست به صورت مظهر و در عین حال نگاهبان همهٔ ارزش‌های دیگری در آمده است که موجودیت ایرانی بر آنها استوار است. در طول تاریخ انواع گوناگون حکومت‌ها، رژیم ها، ایدئولوژی‌ها و سازمان‌های اجتماعی به دست بیگانگان و یا از مجرای داخلی در این سرزمین مورد آزمایش قرار گرفته ولی همهٔ آنان بلا استثناء با شکست روبرو شده‌اند و هر بار سیر تحول سیاسی و اجتماعی کشور، این آزمایش‌ها را به تنها مسیری که مورد قبول و تائید ملت ایران بوده، باز گردانده است. نه حملات خرد کنندهٔ اسکندر و عرب و مغول، نه نابسامانی‌های داخلی دوران‌های ملوک‌الطوایفی و هرج و مرج، نه نفوذهای استعماری ادوار اخیر و نه آخرین آزمایش‌های بیگانگان که در دوران خود ما صورت گرفت، هیچ یک توانایی رخنه بدین دژ پولادین ملیت ایرانی را نیافت و مسلم است که در آینده نیز هیچ عامل دیگری این توانایی را نخواهد یافت.

از روزی که "هرودوت" نوشت که:

"... ایرانیان در نیایش به درگاه پروردگار هرگز برای خود چیزی نمی‌خواهند بلکه فقط خیر شاه و استواری شاهنشاهی را می‌خواهند که خود را جزیی از آن می‌شمارند"

تا به امروز این سنت استوار تغییری نیافته است.

نکته‌ای که توجه بدان ضروری است، درک مفهوم واقعی کلمهٔ "شاهنشاهی" است که با ضوابط و تعریف‌های عادی قابل توضیح نیست. وقتی که برگرداندن این کلمه به یکی از زبان‌های خارجی لازم آید، عادتاً آن را "امپراتوری" ترجمه می‌کنند. ولی مفهوم غربی امپراتوری تنها یک مفهوم سیاسی و جغرافیایی است. در حالی که از دیدگاه ایرانی کلمهٔ شاهنشاهی بیش از جنبهٔ مادی آن، جنبه‌ای معنوی، فلسفی، آرمانی و تا حد زیادی عاطفی دارد. یعنی به همان اندازه که با منطق و اندیشهٔ او مربوط است، با روح و دل وی نیز مرتبط است. در فرهنگ ایرانی، شاهنشاهی ایران یعنی واحد جغرافیایی و سیاسی ایران به اضافه هویت خاص ملی و همهٔ ارزش‌های تغییر ناپذیری که این هویت ملی را به وجود آورده‌اند. بدین جهت هیچ تحول و تغییر ریشه‌داری در این کشور امکان پذیر نیست مگر آن که در قالب کلی این نظام شاهنشاهی و منطبق با ضوابط و اصول بنیادی آن باشد. از این دیدگاه، حتی آن دوره‌های خاموشی و تاریکی تاریخ ایران که در آنها نه تنها از امپراتوری، بلکه حتی از حکومت مرکزی و از حاکمیت ملی نیز اثری بر جای نبود، هم چنان اجزایی از تاریخ شاهنشاهی ایران به شمار می‌آید. زیرا این دوره‌ها تنها مظهر زوال جنبهٔ مادی و محسوس این شاهنشاهی بود، بی‌آن که بتواند مظهر سقوط و زوال زیر بنای معنوی و آرمانی آن نیز باشد.

∗ ∗ ∗

در تاریخ دو هزار پانصد سالهٔ شاهنشاهی ایران، این ارزش‌های بنیادی در بوتهٔ آزمایش بسیاری قرار گرفت که از میان آنها چهار

آزمایش حاد و سنگین تاریخی شایان توجه خاص است. هر چند که در این مدت کشور ما آزمایش‌های فراوان دیگری را نیز در مقیاس‌های محدودتر از سر گذرانیده است.

شاید خطرناک‌ترین این آزمایش‌های بنیادی، نخستین آنها یعنی حملهٔ اسکندر بود. زیرا این آزمایش به خلاف دو مورد بزرگ بعدی تمدن و فرهنگ پیشرفته‌ای را رویاروی فرهنگ و تمدن ایران و شاهنشاهی آن قرار داد. با این همه در این رویارویی نه تنها ایران در مدتی کوتاه شخصیت و هویت ملی خویش را با قدرت و قاطعیت باز یافت، بلکه این اسکندر بود که رنگ ایرانی گرفت و خویش را جانشین شاهنشاهان هخامنشی نامید. تاریخ نگاران بسیاری در جهان غرب کوشیده‌اند تا به سردار مقدونی، نقشهٔ ایجاد یک حکومت و تمدن جهانی را نسبت دهند. ولی این نظر به احتمال قوی بیش از آن که از واقعیتی تاریخی حکایت کند، گویای تلاشی در آراستن نقش تاریخی فرهنگ یونانی است که طبعاً غرب خود را وارث آن می‌شمارد و یکی از آثار این تلاش جبهه گیری مغرضانه و یک جانبه‌ای در مورد برخورد مدنی ایران و یونان است. اگر مفهوم استعمار فرهنگی قابل تعمیم باشد می‌توان به حق گفت که تمام آن چه در این مورد به صدها میلیون دانش آموز و دانشجوی جهان غرب یا پیروان مکتب غرب آموخته می‌شود، فقط تحریف عامدانه‌ای از حقایق تاریخی است. تحریفی که دو قرن پیش از این حتی از جانب "ولتر" اندیشمند نامی فرانسه به صورت صاحب نظری حقیقت‌جو و استثناً بی‌غرض، با نیشخند و استهزای خاص او مورد ریشخند قرار گرفته بود!

اسکندر که " تلاش سازندهٔ " خود را برای " آمیختن فرهنگ‌های غرب و شرق" با آتش زدن تخت جمشید و سوزاندن کتاب‌های اوستا آغاز کرد، اصولاً خود نمایندهٔ فرهنگ یونان نبود، بلکه یک سردار

مقدونی بود که بر آتن حکومت می‌کرد. چنین سـرداری بـا حکومـت مطلقهٔ خود، طبعاً نمایندهٔ "دموکراسی" یونان نیز نمی‌توانست باشد، تا چنین دموکراسی را برای ایـران و شـرق بـه ارمغـان بیـاورد. وانگـهی مردی که سی و سه سال بیشتر عمر نکرد و تـا آخریـن روز زنـدگی منحصراً به سـفرهای جنگـی و جهانگشـایی اشـتغال داشـت، کجـا و چگونه فرصت طرح نقشهٔ ایجـاد "تمـدن و فرهنـگ جهـانی" را پیـدا کرده بود؟ و چه مدرکی در دست است که حتی از اندیشه‌ای از جانب او در این باره حکایت کند؟

اگر من در این مورد بحث را بـه صـورت یـک جملـهٔ معترضانـه مطرح می‌کنم، منظورم بررسی و تحلیل تاریخی نیست کـه طبعـاً در صلاحیت مورخان و محققان این رشته است، بلکه از آن جـهت اسـت که هر فرزند ایرانی می‌باید رها از آن "عقدهٔ حقارت" که از دیر بـاز در ایجاد آن کوشش شده است، با ماهیت واقعی تاریخ شاهنشاهی ایـران آشنا باشد و آن را از دیدگاه واقع بینی تاریخی و نه از نظرگاه‌های یک جانبهٔ دیگران درک و قضاوت کند.

دومین آزمایش بنیادی ارزش‌های تاریخی مـا، حملـهٔ عـرب بـر ایران و انقراض شاهنشاهی شکوه‌مند ساسانی بـود. در ایـن آزمـایش، آئین بزرگ اسلام که اساس یکتـاپرسـتی آن بـا اندیشـه و معتقـدات دیرینهٔ ایرانیان در همین زمینه نزدیکی بسیار داشت، مورد استقبال و قبول صمیمانهٔ اکثریت ایرانیان قرار گرفت. ولی در مقابل، این فرهنگ و اندیشهٔ ایرانی بود که در طول قرون رکن استواری از مدنیت جـهان اسلامی را تشکیل داد. در عین حال با وجود ایـن همبسـتگی عمیـق مذهبی و فرهنگی، ایران وابستگی سیاسی را که متضمن نفی هویـت ملی بود، نپذیرفت و کشور اسلامی مستقلی را در خارج از امپراتـوری عرب تشکیل داد که زبان رسمی آن نیز زبان فارسی و نه عربی، بود.

آزمایش سهمگین بعدی، یعنی تاخت و تاز مغول یک فاجعهٔ صرفاً ویرانگر و مرگبار بود که هیچ پشتوانهٔ مذهبی یا فرهنگی و یا مدنی نداشت. این آزمایش مهلک، در چنین مقیاس و با چنین ابعادی احتمالاً مورد مشابهی در تاریخ جهان ندارد و اگر یادآوری این فصل واقعاً غم انگیز تاریخ ایران توجیهی داشته باشد، تذکر این واقعیت است که حتی این بسیج همه جانبه و وحشیانهٔ نیروهای اهریمن در یکی از سهمگین‌ترین قدرت نمایی‌های آن نیز نتوانست بر نیروی روحی شکست ناپذیر ایرانی استیلا یابد و پس از کوتاه مدتی، بار دیگر این نیرو، پیروزمند و پر شکوه سر بر افراشت تا ایفای رسالت آفرینندگی خویش را از سر گیرد.

ولی "آزمایش‌های بزرگ" تاریخ ایران و ارزش‌های آن بدین مورد سومین پایان نیافت. زیرا آزمایشی چهارمین با چهره‌ای به ظاهر آرامتر ولی با ابعادی مخرب‌تر و عمیق‌تر در انتظار این کشور بود. گویی این بار اهریمن با توجه به شکست‌های پیشین خود، روش خویش را بکلی دگرگون کرده و شیوه‌ای استادانه‌تر و حساب شده‌تر در پیش گرفته بود. این تاکتیک، حملهٔ غیرمستقیم به هویت ما و ارزش‌های بزرگ آن از راه سیر انحطاطی بود که از آغاز قرن نوزدهم دامنگیر این کشور شد و صد و بیست سال ادامه یافت و در خلال آن وضع ملت ایران، از تمام جهات سیاسی و اجتماعی و اقتصادی به چنان مرحله‌ای از ضعف و زوال رسید که شاید ویرانی‌های وحشیانهٔ مغول در برابر آن ناچیز بود، زیرا این بار نه فقط وجود جسمانی آن، که بنیاد روحی و معنوی هویت ایرانی آماج قرار گرفته بود.

با این همه چنان که قبلاً گفتم چهارمین و آخرین آزمایش بزرگ اهریمن نیز با شکست رو به رو شد و مسلماً ایران "تمدن

بزرگ" که جلوه‌گاه پر شکوه پیروزی یزدانی خواهد بود، دیگر هرگز فرصت تکرار آزمایشی را از این گونه نخواهد داد.

***

هم چنان که گفتم "تمدن بزرگ" ما در عین اتکاء به این ارزش‌های جاودان ملی باید فرا گیرندهٔ بهترین ارزش‌های تمدن‌ها و فرهنگ‌های دیگر نیز باشد. که طبعاً مهمترین آنها در عصر ما تمدنی است که جهان غرب عرضه کرده است. این تمدن مسلماً از جنبهٔ مادی، نیرومندترین تمدنی است که تاکنون به دست بشر به وجود آمده است و از نظر کیفیت فرهنگی و هنری نیز پدید آورندهٔ قسمتی از عالی‌ترین دستاوردهای آفرینندگی انسانی است.

ملت ما چه امروز و چه در آینده می‌باید در حد گسترده‌ای از دستاوردهای مادی و معنوی این تمدن پیشرفته در راه کمال خود بهره برگیرد. با این همه پذیرش یکپارچهٔ این تمدن برای ما قابل قبول نیست. زیرا تمدن غربی در حال حاضر، به همان اندازه که جنبه‌های مثبت و ارزنده دارد، دارای جنبه‌های منفی و نامطلوبی نیز هست که اقتباس آنها نه تنها برای ما مفید نیست بلکه خطرناک است و جامعهٔ ما باید با کمال هشیاری از این خطر دور نگاه داشته شود.

در فصل اول این کتاب من فقط به ذکر توضیحاتی در بارهٔ جنبه‌های ناسالم اقتصادی جهان صنعتی اکتفا کردم زیرا مورد اقتصاد، موردی است که مستقیماً با جامعهٔ ما و با دیگر جوامع جهان ارتباط دارد و خواه نا خواه در وضع همهٔ آنها اثر می‌بخشد. ولی در آن فصل به سایر جنبه‌های ناسالم این تمدن اشاره نکردم. زیرا جوامع غربی منطقاً می‌توانند بگویند که وضع اجتماعی آنها خوب یا بد به

خودشان مربوط است و مایل به گرفتن درسی از دیگران یا قبول انتقادی از جانب آنان در امور داخلی خویش نیستند.

بدین جهت ذکر این قسمت از توضیحات را، تا آن جا که از نظر ارتباط آن با "تمدن بزرگ" ایران لازم به نظر می‌رسد، بدین فصل موکول کردم. زیرا این بار موضوع دخالت در امور اجتماعی دیگران مطرح نیست بلکه این موضوع مطرح است که ما بر اساس مصالح ملی خویش، چه ضوابطی از تمدن امروز غرب را باید قابل اقتباس بدانیم و چه ضوابط دیگری را نامطلوب شماریم.

پیش از هر چیز باید تذکر داده شود که هر چند تمدن کنونی غرب از نظر سیاسی بر سیستم دموکراسی متکی است، خود این تمدن پدیده‌ای به نام "کمونیسم" به جهان عرضه داشته است که ایدئولوژی و دیدگاه‌های آن با اصول و ضوابط دموکراسی غربی به کلی متناقض است. البته واکنش‌های جوامع غربی در ارتباط با جنبه‌های ایدئولوژیک و حکومتی این پدیده و روش‌هایی که در این مورد بر می‌گزینند، مربوط به خود آنهاست، ولی تا آن جا که با ما ارتباط دارد، تذکر این واقعیت ضروری است که چنین ایدئولوژی از نظر جامعهٔ ایرانی به کلی بیگانه و مردود است، زیرا این ایدئولوژی که صرفاً بر ماتریالیسم متکی است و اصول مذهبی و معنویات را مردود می‌شمارد، با هیچ یک از ارزش‌های اصولی و زیر بنایی تمدن و فرهنگ ایرانی و هیچ کدام از عناصر ترکیب کنندهٔ هویت ملی و بافت اجتماعی و فکری و سنت‌های تاریخ و حکومت و تمدن ما سازگار نیست و هم چنان که یک بدن زنده، پیوند یک جسم نامتجانس بیگانه را نمی‌پذیرد و آن را دفع می‌کند، ترکیب اجتماعی ایران نیز به هیچ وجه آمادگی قبول این عناصر ناهمآهنگ را ندارد و هر کوششی که در این راه صورت گیرد به هر نحو و زیر هر عنوان که باشد، همان

طور که در گذشته هم آزمایش شده است، مطلقاً محکوم به شکست است.

ولی در مورد خود دمکراسی غربی وضع به کلی فرق دارد. زیرا معیارهای اجتماعی و فرهنگی ملی ما آمادگی وسیعی را برای قبول بسیاری از ضوابط این دموکراسی داشته است و دارد و اصولاً غالب این ضوابط از سنن و مواریث تاریخی و فرهنگی خود ماست. اتکاء به همین ضوابط در سده‌های اخیر جوامع پیشرفتهٔ غرب را از موقعیت جهانی ممتازی برخوردار ساخت و برای مردم آنها حقوق مدنی و مزایای اجتماعی فراوان به ارمغان آورد. هر چند تأمین این حقوق و مزایا با تبعیض‌های فراوان در سطح جهانی نیز همراه بود.

این تبعیض‌ها زادهٔ آن بود که دنیای پیشرفتهٔ غرب، همهٔ مزایای این سیستم مترقی را فقط برای خودش می‌خواست و لزومی نمی‌دید که هیچ قسمتی از آن بقیه دنیا را نیز که قسمت بسیار بزرگی از آن مستعمرهٔ غرب بود، در برگیرد. برای اروپای استعماری دیگر نژادها و ملت‌های جهان غالباً مردمی دارای حقوق انسانی مساوی با مردم آن قاره به شمار نمی‌آمدند و نقش و وظیفه‌ای به جز آن که منابع طبیعی و نیروی انسانی خود را در خدمت آنان گذارند، نداشتند. به طور کلی دموکراسی شیوهٔ بسیار خوبی بود، ولی این شیوه فقط برای یک اقلیت ممتاز از مردم دنیا ساخته شده بود.

این تبعیض حتی قشرهای مختلف خود جوامع غربی را نیز شامل می‌شد، زیرا در این جوامع غالباً دموکراسی فقط جنبهٔ سیاسی داشت. حقوق افراد در برابر قانون مساوی بود. اما این تساوی جنبه‌های اقتصادی و اجتماعی را در بر نمی‌گرفت. در داخلهٔ کشورهای پیشرفتهٔ دموکراتیک، اکثریتی وجود داشت که مانند مردم

مستعمرات (البته در حدی معقول‌تر و ملایم‌تر) فقط در خدمت مصالح اقلیتی ممتاز به کار گرفته می‌شد.

با همهٔ اینها این سیستم دموکراسی غربی از نظر اصول مترقی‌ترین سیستم حکومتی و اجتماعی جهان بود. به همین جهت کشور ما نیز آن را اقتباس کرد و پایهٔ قانون اساسی خود قرار داد که یکی از ارکان سه گانهٔ نظام ملی امروز و آیندهٔ ایران است. در پرتو این سیستم جوامع غربی از رشد آموزشی و فرهنگی و اجتماعی بی‌سابقه و از دانش و بینش گسترده‌ای که آن‌ها را در بالاترین سطح جامعهٔ بشری قرار داد، برخوردار شدند و این وضع تا عصر خود ما کما بیش ادامه دارد. ولی دگرگونی و تحولی اساسی از پایان جنگ جهانی دوم به بعد بسیاری از ارزش‌ها و ضوابط عالی این تمدن را متزلزل کرده است. این دگرگونی از این جا ناشی شده که پیشرفت مادی فوق‌العاده و رفاه بی‌سابقهٔ ناشی از بهره‌گیری روزافزون از دستاوردهای صنعت و تکنولوژی در خیلی از موارد، ارزش‌های دیرینهٔ اخلاقی و اجتماعی را به سود افراط در راحت طلبی و تنعم مادی سست کرده است. محافظه کاری ناشی از این رفاه که هدف آن "حفظ وضع موجود" است غالباً اجازه گذشت از منافع خصوصی را به نفع مصالح اجتماع به افراد نمی‌دهد. در صورتی که درست قبول چنین گذشتی شرط لازم آن تحول سازنده‌ای است که جهان پیشرفتهٔ صنعتی برای تطبیق وضع خود با شرایط جهان نوین بدان نیاز دارد.

امروزه اساس کار بسیاری از جوامع جهان پیشرفته بر استفادهٔ یک جانبه از مقررات دموکراسی، یعنی مسابقهٔ گروه‌های مختلف سیاسی را برای جلب آراء بیشتر از راه دادن وعده‌های زیادتر (و غالباً بسیار بیش از ظرفیت امکانات و منابع ملی) قرار گرفته است که فقدان رابطهٔ منطقی میان بازده کار و دستمزد، یعنی دریافت پول

زیادتر در مقابل کار کمتر، نتیجهٔ آن است. در چنین شرایطی ضرورت سازش‌هایی که لازمهٔ حفظ یک اکثریت ضعیف و غالباً لرزان پارلمانی است، دست و پای مسئولان امور را در تار و پود مانورهای حزبی و سندیکایی می‌بندد و بدین ترتیب رعایت آرمان‌ها و اصول ارزندهٔ اخلاقی و اجتماعی به تدریج جای خود را به بی بند و باری و سهل انگاری می‌سپارد. این همان تراژدی اجتماعی عصر ما است که در تحلیل روشنی از آن ژول رومن نویسنده و متفکر برجستهٔ فرانسوی می‌گوید:

"... اگر دوران ما و تمدن ما به جانب فاجعه‌ای می‌رود به خاطر عدم توجه به خطر یا ندیده گرفتن آن نیست، بلکه به خاطر راحت طلبی و فقدان شهامت اخلاقی برای رویارویی با این خطر است."

اخیراً خانم فرانسوا ژیرو، وزیر سابق فرهنگ فرانسه نیز در کتاب خود به نام "کمدی قدرت" در همین باره نوشت:

"... مشکل این است که در دمکراسی‌های ما غالباً مقامات مسئول حاضر به بیان مطالبی که (مصلحت نیست!) به مردم خود نیستند.

در صورتی که درست همین‌ها مطالبی است که مصلحت ملی در گفتن آنهاست!"

مسلماً دو جنگ ویران کنندهٔ بین‌المللی، به خصوص جنگ جهانی دوم، با پیامدهای مخرب خود از عوامل مهم این دگرگونی بوده‌اند. زیرا درک این واقعیت که همهٔ دستاوردهای مادی و معنوی یک اجتماع می‌تواند به آسانی در معرض نابودی قرار گیرد و احتمال وقوع فاجعه‌ای بسیار بزرگتر که این بار می‌تواند نه تنها دستاوردهای جامعهٔ بشری بلکه خود این جامعه را نیز به همراه آنها به دست

نیستی سپارد، این احساس را به طور غریزی در جوامع وارث جنگ پدید آورده است که می‌باید در شرایط موجود تنها با منطق دم غنمیت شمردن و بی‌اندیشهٔ فردا از امروز بهره گرفتن، زندگی کنند و طبعاً وقتی که نیروهای باز دارندهٔ مذهبی، اخلاقی، معنوی و فرهنگی غرایز لگام گسیخته را مهار نکنند، نیل بدین هدف، از هر راه که حاصل شود، مجاز به نظر می‌رسد. از نظر برخی از افراد این منطق اجازه‌نامهٔ ضمنی آدم کشی، ترور، آدم ربایی، باج گیری، استعمال مواد مخدر، انواع فساد و بی بند و باری اخلاقی و برای اکثریتی بزرگتر، پروانهٔ توقعات روزافزون از جامعه، در مقابل خودداری روزافزون از دادن عوض به همان جامعه تلقی می‌شود. بدین ترتیب است که به قول یک منتقد شوخ امریکایی، بسیاری از جوامع پیشرفتهٔ امروزی به صورت "سلف سرویس هرج و مرج" در آمده‌اند.

می‌دانیم که آنارشیست‌ها و نیهیلیست‌ها و دیگر گروه‌های افراطی که متأسفانه همواره مدافعانی در میان جوامع پیشرفته می‌یابند، مخلوق جهان رو به توسعه نیستند. بلکه آفریدهٔ خود آن جوامع هستند. برای اینان هدف مشخص فقط ویرانگری و از هم پاشیدن ارزش‌های استوار اجتماعی است. برای چه؟ این پرسش است که خود آنان نیز نمی‌توانند بدان پاسخی دهند. زیرا برنامهٔ کارشان در همان قسمت منفی و مخرب پایان می‌پذیرد.

اخیراً کتابی به نام "بین‌الملل تروریستی" در اروپا انتشار یافت که حاوی بیلان موحشی از توسعهٔ روزافزون این آفت اجتماع عصر ما بود. در این گزارش با نقل شواهد فراوان، روشن شده است که چگونه نابسامانی اخلاقی بسیاری از جوامع پیشرو و بی‌اعتبار شدن ارزش‌های دیرینهٔ آنهاست که مخلوق وحشتناکی را به نام تروریسم آفریده است و آن را به نحو روزافزونی پرورش می‌دهد. تنها در ده سالهٔ اخیر بیش

از پنج هزار حادثۀ تروریستی در اخبار وسائل ارتباط جمعی جهان ثبت شده است. این فهرست شوم که قسمتی از آن مربوط به آدم کشی سیاسی، گروگانگیری باج خواهی، تهدید و ارعاب و قسمتی دیگر به طور ساده مربوط به دزدی از بانک‌ها و ربودن علنی پول دیگران و آدم کشی در روز روشن و در وسط شهرهاست، نمایندۀ یک خشونت ساده و غریزی نیست، بلکه خشونتی حساب شده و منطبق با سیستم و تاکتیک منظم است. خشونت نظم یافته‌ای است که طبعاً پاسخ‌هایی خشن‌تر را ایجاب می‌کند و بدین ترتیب همۀ جامعه را با "تصاعد خشونت" مواجه می‌سازد. امروزه ترور در بسیاری از جوامع پیشرفته به صورت "علمی" در آمده است که مانند کوره‌های آدم سوزی نازی‌ها، بر اساس استفاده از تکنیک‌ها و شیوه‌های حساب شده استوار است.

یک پدیده نامطلوب دیگر به وجود آمدن "بین‌المللی" به نام معتادان مواد مخدر، هیپی‌ها، منحرفان جنسی و نظایر آنهاست. این پدیده که تقریباً همیشه قربانیان خود را از میان نسل جوان بر می‌گزیند، چه ارمغانی برای بشریت همراه آورده است؟ نیروها، قریحه‌ها و استعدادهای این جوانان که غالباً به سبب برخورداری آنها از امکانات مساعد و گاه بسیار ممتاز خانوادگی و آموزشی حقاً می‌تواند در راه پیشرفت واقعی اجتماع به کار گرفته شود، در این شرایط جز انحطاط و زوال تدریجی تمدن چه حاصلی می‌تواند داشته باشد؟ و وجود اینها گویای چه واقعیتی به جز سقوط ارزش‌های معنوی دیرینه، بی بند و باری، هرج و مرج، آسان گیری و بی‌قیدی، یعنی رواج آن "آلودگی اخلاقی و اجتماعی" محیط زیست بشری است که شاید به مراتب خطرناکتر از آلودگی‌های فیزیکی این محیط زیست باشد؟

تمدن‌ها و فرهنگ‌ها، تحولات بزرگ سیاسی و اجتماعی تاریخ، معتقدات و اندیشه‌ها و به طور کلی همهٔ آن عواملی که مدنیت بشری بر پایهٔ آنها استوار شده است، هیچ کدام زادهٔ کار راحت طلبان و محافظه کاران نیستند. زادهٔ اراده و ایمان مردمی هستند که از آرمان‌های بزرگ برخوردار بوده‌اند. تاریخ که بنا به گفتهٔ معروف همواره تکرار می‌شود، گواه آن است که اگر زیر بنای اخلاقی و فرهنگی تمدنی سست شود، قشر مادی آن هر قدر هم پر زرق و برق و چشمگیر باشد، قادر به نگاهداری بنا نخواهد بود.

این درس را تاریخ در مورد تمدن درخشان یونان، تمدن پر شکوه رم، تمدن کهن چین، تمدن قرون اولیهٔ اسلامی و در مورد دوره‌های متعددی از تاریخ کشور خود ما به ما آموخته است. امروز همه می‌دانیم که زوال این تمدن‌ها درست در هنگامی صورت گرفت که تنعم و رفاه مادی مردم آنها غالباً به اوج خود رسیده بود، حتی دانش و اندیشه و هنر و ادب آنها در سطحی عالی بود، ولی دیگر از آن زیر بنای اخلاقی که ارزش‌های استوار آن، این رونق مادی و فکری را پدید آورده بود، اثری نبود. از زمانی که "مونتسکیو" تحقیق جالب خود را در بارهٔ "شکوه و زوال امپراتواری رم" انتشار داد، ارزش بررسی‌ها و نتیجه گیری‌های او تغییری نکرده است. بدین ترتیب اقتباس تمدن امروز غربی به صورت الگویی یک پارچه، برای دیگر ملت‌های جهان قابل قبول نیست و هر کوششی نیز که از طرف جهان غرب برای تحمیل چنین امری انجام گیرد، نمی‌تواند نتیجهٔ مثبتی به بار آورد. زیرا این وضع، عملاً نه تنها باری از دوش این جوامع بر نمی‌دارد، بلکه خود مزید بر دشواری‌های موجود آنها می‌شود. در این باره دبیر کل سازمان ملل متحد که به وظیفه و مسئولیت خود برای اظهار نظر در چنین موردی صلاحیت دارد، می‌نویسد:

"... غالباً جهان فراموش می‌کند که جوامع بسیاری دارای مکانیسم‌هایی دموکراتیک هستند که با سنت‌ها و روحیات مردمشان بسیار بهتر از مکانیسم‌هایی که در کشورهای غربی ساخته شده، سازگاری دارند. در توجیه این عدم واقع بینی، به بسیاری از کشورهای جهان سوم ملامت می‌شود که حقوق انسان و آزادی‌های اساسی را آن طور که باید احترام نمی‌گذارند. البته چنین وضعی شایان تأسف است، ولی فراموش می‌کنیم که اگر هم واقعاً وجود داشته باشد، این نقض حقوق محدود به جهان سوم نیست. فساد نیز در افریقا یا آسیا، مسلماً گسترده‌تر از اروپا یا امریکا نیست."

یکی از مظاهر بی‌عدالتی واقعی برای ملت‌های رو به رشد، که می‌کوشند تا زیر بنای پیشرفت اقتصادی و اجتماعی خودشان را بر اساسی که جوابگوی شرایط و الزامات تاریخی و جغرافیایی و روحیات ملی و سنت‌های اجتماعی و فرهنگ خاص آنها باشد، پی‌ریزی کنند. این است که ببینند به بهانهٔ رشد و توسعه، بنیادهای اجتماعی و فرهنگی آنها ویران می‌شود. در حالی که هیچ چیز اصیلی به جای آنها نمی‌آید. این کشورها باید خودشان شیوه‌های لازم و ممکن را برای استقرار تعادل‌های تازه‌ای که سنت‌ها و با محیط زیست آنها و در عین حال با ترقیات علمی و فنی جهان هماهنگ باشد، بیابند و به موازات آن از تطاول‌های مادی و معنوی که قبول یکپارچهٔ الگوی غربی، با همهٔ جنبه‌های نامطلوب کنونی آن برای آنها همراه می‌آورد. دوری جویند.

* * *

بر اساس توضیحاتی که داده شد می‌توان چهرهٔ کلی ایران عصر "تمدن بزرگ" را ترسیم کرد. دورنمایی که من از چنین ایرانی در برابر نظر دارم، دورنمای کشوری است آباد و آزاد. مجهز به صنعت و تکنولوژی پیشرفته با اقتصادی سالم و شکوفا که در آن جامعه‌ای نیرومند و سرفراز، برخوردار از حد اعلای شرافت انسانی و از آزادی‌های فردی و عدالت اجتماعی و در عین حال آراسته به ارزش‌های عالی اخلاقی و فرهنگی، با کوشش خلاقهٔ خویش، راهگشای اعتلای باز هم بیشتر خود و جامعه بشری در راه کمال، که راهی پایان یافتنی نیست، باشد.

در ایران عصر "تمدن بزرگ" از عوامل مخرب و منفی دیرینه یعنی فقر، جهل، بی‌سوادی، فساد، استثمار، تبعیض و امثال آنها نشانی باقی نخواهد بود. گسترش فعالیت‌ها و خدمات بهداشتی، حداکثر تندرستی و نیرومندی بدنی را تا آن جا که دانش و امکانات اجازه دهد، برای هر فرد ایرانی تأمین خواهد کرد و تعمیم آموزش و دانش همین فرد را از حداکثر سلامت روحی و فکری باز هم تا آن جا که امکانات اجازه دهد، برخوردار خواهد ساخت. هر ایرانی، در هر شرایط فردی و اجتماعی، از لحظهٔ تولد تا زمان مرگ، در زیر پوشش انواع بیمه‌های اجتماعی قرار خواهد داشت. دستمزدها و درآمدها، در مقابل کار شرافتمندانه، که برای همه کس وجود خواهد داشت، در حدی خواهد بود که همهٔ مخارج افراد را در حد کافی تأمین کند. بسیاری از هزینه‌های افراد با کمک‌های دولت سبک‌تر خواهد شد. تحصیل تا حد معینی به طور اعم و پس از آن تا بالاترین سطوح دانشگاهی و تخصصی، تحت شرایط معینی برای همه رایگان خواهد بود. سطح زندگی در حدی قرار خواهد داشت که دیگر هیچ ایرانی معنی گرسنگی را نخواهد فهمید و با وجود این دولت وظیفهٔ خود را

در مراقبت از کودکان نوزاد تا دو سالگی آنها انجام خواهد داد. هر ایرانی مسکنی مناسب خواهد داشت. محیط زیست مادی مردم، محیطی سالم و پاکیزه و نیرو بخش و محیط زیست فرهنگی و روحی آنان نیز محیطی منزه و کاملاً انسانی خواهد بود. اصل اشتراک اساس کوشش‌ها و برنامه‌ها به شمار خواهد رفت و بر مبنای آن، کشاورز و کارگر و کارفرما، دانشجو و کارمند دولت و روشنفکر و هنرمند و به طور کلی هر فرد از هر طبقه و در هر موقعیت اجتماعی، کار خود را با برخورداری از حداکثر حقوق انسانی و اجتماعی و اقتصادی، به صورتی سازنده و بر اساس همکاری و مشارکت و نه دشمنی و رویارویی انجام خواهد داد. کار مردم، در حداکثر ممکن به دست مردم اداره خواهد شد و در هر مورد هم فکری عمومی و راهنمایی‌ها و انتقادهای سازنده، راهگشای پیشرفت‌ها خواهد بود. آگاهی وسیع سیاسی که حاصل آموزش گستردهٔ حزبی است، آموزش و پرورش را به معنای اعم آن تکمیل خواهد کرد. روح ایمان مذهبی به عنوان عالی‌ترین مظهر معنویت، در وجود همگان متجلی خواهد بود. کانون‌های فرهنگی و هنری و ورزشی و مراکز تفریحات سالم به روی همه باز خواهد بود و امکانات اقناع نیازهای روحی از قبیل کتابخانه‌ها و موزه‌ها و تالارهای کنفرانس و تئأتر و موسیقی و به طور کلی هر چیز که به فرهنگ ملی و بین‌المللی مربوط می‌شود، در دسترس همه قرار خواهد داشت. برای کهنسالانی که تنها باشند یا با وجود داشتن خانواده مایل به تنها زیستن باشند، مراکز آماده وجود خواهد داشت. حداکثر تسهیلات برای پرورش و بروز استعدادها فراهم خواهد شد تا هر قریحه و نبوغی در محیطی سالم و سازنده امکان شکفتگی داشته باشد و نه تنها در راه پیشرفت شخصی بلکه در عین حال در راه پیشرفت جامعه به کار افتد.

این دورنمای آینده، که در مـورد خطـوط کلـی آن در صفحـات بعدی توضیح بیشتری خواهم داد، با همـهٔ وسـعت و جـامعیت خـود، دورنمای کاملاً قابل تحقق است و اصولاً راهـی بـه جـز تحقـق آن در برابر ما وجود ندارد. منتها خیلی روشن است که چنین موفقیتی را بـه طور رایگان و به عنوان یک هدیهٔ آسمانی به کسـی نمی‌دهنـد و بایـد برای آن بهایی پرداخت که عبارت از تلاش همه جانبه و شـبانه روزی و کوشش یکپارچهٔ ملی است. البته زیـر بنـای سیاسـی و اقتصـادی و اجتماعی این تمدن به صورتی استوار پـی ریـزی شـده اسـت و همـهٔ تلاش‌های مربوط بدین امـر بـدون وقفـه و قصـوری ادامـه دارد، ولـی پیگیری این تلاش سازندگی، کاری است که بر عهدهٔ خود مردم ایران است. اگر این کوشش فردی و ملی با آن قاطعیت که لازم است، انجام گیرد، نه تنها به هدف خواهیم رسید، بلکه حتی زودتر از مـهلتی کـه برای خود تعیین کرده‌ایم، بدان دست خواهیم یافت. ولی اگر در ایـن کار سهل‌انگاری شود، به فرض آن همه که با شکسـت روبـرو نشـویم، مسلماً دیرتر به مقصود خواهیـم رسـید. فرامـوش می‌کنیم کـه کـار فضیلتی چنان بزرگ است که آئین مقدس ما با شعار "لیس للانسـان الا ماسعی" آن را اصولاً مرادف با اصالت وجودی بشر دانسته است. در ایران امروز و بالطبع در ایران فردا، کار نـه تنـها فـی نفسـه نجابـت و شرافت ذاتی دارد، بلکه لازمهٔ انکـار نـاپذیری هـر پیشـرفت مـادی و معنوی است، بدون کار منظم و پیگیر آن هم با حداکـثر بـازدهی، نـه تنها "تمدن بزرگ" ما تخقق نمی‌یابد، بلکه چرخ‌های زندگی اجتمـاع نیز از گردش باز می‌ماند. کشاورز ایرانی، کارگر ایرانی، صنعتگر ایرانی، بازرگان ایرانی، روشنفکر ایرانی و هر کـس دیگـر از هـر طبقـه و هـر جنس و در هر موقعیت و شغل اجتماعی، باید عمیقاً درک و احسـاس

کند که کلید خوشبختی خود او و خانواده و فرزندان و جامعه و کشور او، پیش از هر چیز و بالاتر از هر چیز، کار است.

این واقعیت کاملاً روشنی است که مردم ما اگر در آن سطح عالی که مورد نیاز کشور است کار نکنند و دستاورد کارشان لااقل مساوی با دستاورد کار افراد ممالک مترقی نباشد، چه طور می‌توانند توقع درآمدی به اندازهٔ آنان را داشته باشند؟ و اگر این درآمد بدان اندازه نباشد، چگونه می‌توان انتظار داشت که سطح زندگی و رفاه ایشان بدان میزان برسد؟ این امری است که از نظر قوانین اقتصاد، نه قابل قبول و نه امکان پذیر است.

اگر حاصل تولیدی کار یک کشاورز ایرانی مطابق زارع ممالک پیشرفته نباشد، سطح زندگی او به ناچار به همان اندازه پائین می‌آید. اگر بهره کار یک کارگر ایرانی به اندازهٔ کار یک کارگر کشورهای مترقی نباشد، امکانات زندگی او نیز به همان تناسب کمتر می‌شود و البته در این مورد تقلیل سود او از بابت سهام کارخانه و از بابت ۲۰٪ سود کارخانه، مبحثی علیحده است. همین طور است در مورد هر شهروند و هر فردی دیگر از هر طبقه و در هر شغل و هر مقام. در چنین صورتی لازم خواهد بود که مملکت تمام یا قسمت اعظم مواد مورد نیاز خود را از خارج وارد کند. ولی این کار را با چه سرمایه‌ای بکند؟ اگر در حال حاضر این اشکال به صورتی حاد وجود ندارد، به خاطر تزریقی است که از راه عواید نفت و با خدمات مختلفی که دولت از این طریق می‌دهد، منظماً به درآمد افراد می‌شود. اما مسلم است که این وضع قابل دوام نیست زیرا همه می‌دانیم که درآمدهای نفتی ما دیر یا زود، با خشک شدن چاه‌های نفت از میان خواهد رفت. در آن هنگام چگونه می‌توانیم نیازهای جامعهٔ پیشرفتهٔ ایران را تأمین

کنیم؟ مگر آن که به تناسب احتیاجات وارداتی خود، صادرات داشته باشیم.

رفاه کنونی ناشی از عواید نفت، یک رفاه دائمی نمی‌تواند باشد و نباید هم باشد! زیرا این سرمایهٔ گران بهای خدادادی برای آن نیست که صرف زندگی روزمرهٔ افراد بشود، بلکه برای آن است که به برکت آن بنای عظیم صنعت و اقتصاد مترقی کشور پی ریزی شود و برنامه‌های وسیع عمرانی و اجتماعی و آموزشی و همهٔ فعالیت‌های دیگری که می‌باید کشور ما را به صورت یک مملکت کاملاً پیشرفته و جامعهٔ ما را به صورت یک جامعهٔ کاملاً مرفه و مترقی در آورد، به نحو کامل انجام گیرد. به طوری که به هنگام پایان یافتن این ثروت خداداده، کشور ما از هر جهت خود کفا باشد. اگر چنین نباشد، شاید همهٔ کسانی که اکنون از نعمات و مواهب انقلاب ما سود می‌برند، محکوم بدان باشند که دوباره به زاغه‌های گذشته و به حصیر آبادها و حلبی آبادهای قدیمی باز گردند.

در هر جامعهٔ متمدن اگر گردش امور بر محور کار و زحمت شرافتمندانه استوار نباشد، آن جامعه محکوم به فناست. حتی با داشتن بیشترین درآمد و برخورداری از حداکثر رفاه، باید کار هم چنان یک انگیزه فردی و یک افتخار انسانی و ملی باشد. به خصوص در ایران امروز، در برابر خدمات وسیعی که به همهٔ مردم داده می‌شود و درآمد اضافی که بدانان می‌رسد، بازده کار یک تعهد ملی و اخلاقی و وجدانی است. باید همهٔ مردم ایران توجه داشته باشند که ایران و ملت آن دائمی است و طبعاً نباید منابع و ثروت ملی تنها خرج رفاه و آسایش نسل امروز شود. زیرا ما در برابر نسل‌های آینده نیز مسئولیت داریم.

یادآوری این نکته ضروری است که در این مورد تنها کمیت کار مطرح نیست، بلکه کیفیت آن هم در حد اعلای اهمیت قرار دارد. در دوران ورود ملت ما به "تمدن بزرگ" هر کاری جنبهٔ تخصصی خواهد داشت. زیرا تمدن جهان امروز اصولاً بر تخصص متکی است. بنابر این باید توجه کافی به بهره‌گیری از کامل‌ترین دستاوردهای دانش و تکنولوژی بشری داشته باشیم. ولی در عین حال همراه با متخصصان تکنولوژی مدرن و پیشرفتهٔ عصر کامپیوتر و الکترونیک، انسان‌هایی را تربیت کنیم که دانش را در خدمت آدمی قرار دهند، نه آن که خود بندگان علم و تکنولوژی باشند. آمیختگی وسیع و الزامی ما با جهان دانش و صنعت نباید به هیچ عنوان به شخصیت معنوی و اصالت فرهنگی و ارزش‌های اخلاقی و روحی ما آسیب رساند. زیرا این فاجعه‌ای جبران ناپذیر خواهد بود.

چه امروز و چه فردا، باید کار مردم ایران هم از نظر کمیت و هم از نظر کیفیت نه تنها برابر با ارزش دستمزد یا عایدی کار، بلکه در حدی بسیار بیشتر و بسیار بهتر از آن باشد. اینجا دیگر تنها حساب اقتصادی مطرح نیست، حساب میهن پرستی و حساب شهامت و فداکاری ملی مطرح است. حساب سرنوشت همهٔ نسل‌های آیندهٔ این سرزمین یعنی فرزندان و نوادگان ما مطرح است. کسی که کارش را در بهترین و بیشترین صورت ممکن انجام نمی‌دهد، در واقع نه وظیفهٔ وجدانی خود را که کار شرافتمندانه در برابر دریافت دستمزد اس،. انجام می‌دهد و نه وظیفه میهنی خویش را که کمک به پیشرفت کشور و جامعه است، ایفاء می‌کند. چنین فردی از هر دو لحاظ محکوم است.

میلیون‌ها نوجوان ایرانی که اکنون به تحصیل اشتغال دارند، به تدریج به بازار کار سرازیر می‌شوند و باید هر کدام از آنها با احساس

مسئولیت کامل سهم خود را در پیشرفت امور مملکت به عهده بگیرند. اینها علاوه بر برخورداری از آموزش رایگان، تسهیلات دیگری برای زندگی دریافت می‌دارند. اگر کار این افراد از نظر کمیت و کیفیت در بهترین شرایط انجام نگیرد، چگونه می‌توان آیندهٔ پیشرفتهٔ مملکت را تأمین کرد؟

چنان که قبلاً متذکر شدم، لازمهٔ تحقق "تمدن بزرگ" میهن پرستی بزرگ است. معنای چنین میهن پرستی این است که هر فرد در هر مقامی نه تنها کار خود را با وجدان و علاقمندی انجام دهد، بلکه آمادهٔ آن باشد که بیش از وظیفهٔ خود نیز کار کند. میهن پرستی بزرگ بدین معنی است که بیش از آن چه از میهن می‌گیریم، به میهن بدهیم. فراموش نکنیم که هدف ما یک هدف واقعی و محسوس است و نمی‌خواهیم به ظواهر فریبنده دل خوش کنیم. شاید آسان باشد که ما نیز طبق بسیاری از سرمشق‌ها، بر سر در کشور تابلویی نصب کنیم و بر آن بنویسیم که: "همهٔ مردم این سرزمین، مردمی مرفه و خوشبخت اعلام می‌شوند، ولی آن چه ما می‌خواهیم این است که سرزمین ما واقعاً و نه به صرف ادعا، سرزمین مردمی خوشبخت و مرفه باشد.

در این تلاش ما فواصل زمانی معینی را بر اساس پیش‌بینی‌های حساب شده در برابر خود داریم. اگر همهٔ کوشش‌ها مانند امروز پیشرفت داشته باشد و امری غیر قابل پیش‌بینی و خارج از حدود اختیار ما پیش نیاید، ما در ظرف دوازده سال آینده زیر بنای مطمئن مملکت را از نظر صنعتی و کشاورزی و تکنولوژی و عمرانی خواهیم ساخت و به سطح کنونی ترقی اروپای غربی خواهیم رسید. در آن موقع کشور ما ۴۵ تا ۵۰ میلیون نفر، یعنی معادل ممالک بزرگ کنونی اروپا جمعیت خواهد داشت و ما در آغاز عصر "تمدن بزرگ"

خواهیم بود. سپس در یک دوران دوازده یا سیزده سالهٔ دیگر با بهره‌گیری علمی از تمام منابع خود خطوط اساسی عمران و توسعهٔ کشور را دنبال خواهیم کرد و امکانات جدیدی برای پرورش قدرت انسانی و اقتصادی و صنعتی مملکت خواهیم یافت و از این رهگذر در صف گروه پیشرفته‌ترین کشورهای جهان قرار خواهیم گرفت. جمعیت ما در آن موقع طبق برآوردهایی که شده، در حدود ۶۵ میلیون نفر، یعنی بیشتر از فرانسه یا انگلستان یا آلمان و یا ایتالیای امروز و تقریباً با همان توانایی بالقوه خواهد بود. این هنگام درست مقارن با پایان قرن کنونی و آغاز هزارهٔ سوم است که دوران شکفتگی "تمدن بزرگ" ماست. البته این دوران یک جا و ناگهانی فرا نمی‌رسد، بلکه ما مرحله به مرحله وارد آن می‌شویم و این مراحل از امروز تا پایان قرن حاضر را شامل می‌شود. می‌توان گفت که در برخی از آنها از قبیل امور آموزشی و بیمه‌های اجتماعی، ما از هم اکنون این مراحل را آغاز کرده‌ایم.

* * *

زیر بنای "تمدن بزرگ" طبعاً اصول انقلاب ایران خواهد بود که کلیات آن در فصل پیش تشریح شد. استقرار و گسترش منظم و پیگیر این اصول و اصول دیگری که ممکن است در آینده بدان‌ها افزوده شود، شالودهٔ نظام سیاسی، نظام اقتصادی، نظام اجتماعی و نظام آموزشی و فرهنگی ایران در عصر "تمدن بزرگ" است که ذیلاً خطوط کلی هر یک از آنها و سیاست‌ها و روش‌ها و ضوابط حاکم بر آنها را شرح می‌دهیم و در این مورد طبعاً از ذکر جزئیات و نیز از تکرار آن چه در فصول پیشین گفته شده است، خودداری می‌کنیم.

نظام سیاسی

نظام سیاسی ایران عصر "تمدن بزرگ" در زیر پوشش نظام شاهنشاهی بر سه پایهٔ سیاست مستقل ملی، دفاع از امنیت و حاکمیت کشور و سیاست جهانی صلح و تفاهم استوار خواهد بود.

در مورد نظام شاهنشاهی نیاز زیادی به توضیح و تفسیر نیست. این نظام به عنوان روح و جوهر وجود و قدرت و حاکمیت و وحدت ملی، پایه استوار "تمدن بزرگ" ایران و نگاهبان نیرومند همهٔ ارزش‌های این تمدن و تمام پیشرفت‌ها و دستاوردهای مادی و معنوی آن خواهد بود و سرنوشت ملت را در پر شکوه‌ترین دوران تاریخ آن پاسداری و رهبری خواهد کرد. به منظور استواری هر چه بیشتر یکپارچگی ملی و نیرومندی روحی و فکری ملت ایران، در رویارویی با همهٔ آزمایش‌هایی که ممکن است دگرگونی‌های جهانی فراروی مسیر "تمدن بزرگ" ما بگذارد، درک عمیق و بنیادی این نظام شاهنشاهی از همهٔ جنبه‌های تاریخی، سیاسی، فلسفی، فرهنگی و عاطفی آن ضروری است. زیرا این ادراک روح و دل ایرانی امروز و فردا را با قلب و روح نسل‌های بی‌شمار گذشتهٔ این سرزمین پیوند می‌دهد و میراث پر شکوه و جاودانی قرون را به صورت پشتوانه‌ای استوار برای پیروزی در تلاش سازندگی آینده، در اختیار او می‌گذارد. درک و جذب هر چه کامل‌تر معیارها و ضوابط تاریخی و معنوی نظام شاهنشاهی ایران، در واقع جذب و درک هر چه کامل‌تر ارزش‌های جاودانی تمدن و فرهنگ ایرانی است که این نظام در همهٔ طول تاریخ ایران مظهر و نگاهبان و ادامه دهندهٔ آنها بوده است و دوران "تمدن

بزرگ" نیز پر شکوه‌ترین آزمایش پیروزمندانهٔ آن در ایفای همین مسئولیت‌ها خواهد بود.

وظیفهٔ شناسانیدن هر چه بیشتر آرمان شاهنشاهی ایران، چنان که در فصل گذشته تذکر دادم، قابل قیاس با ایدئولوژی‌های هیچ سازمان حکومتی و سیاسی دیگر نیست و در تمام تاریخ جهان از این حیث وضعی استثنایی دارد، در درجهٔ اول به عهدهٔ مراکز آموزشی، مراکز فرهنگی، رسانه‌های همگانی و حزب رستاخیز ملت ایران است.

مراکز آموزشی کشور در تمام سطوح باید این ایدئولوژی را بر اساس بررسی‌های اندیشمندان و صاحب نظران با توجه کامل به تاریخ و فرهنگ و اندیشهٔ ایرانی، از راه کتاب‌های درسی، توضیحات آموزگاران و دبیران و استادان، کنفرانس‌ها و سخنرانی‌های علمی، وسایل سمعی و بصری و همهٔ وسایل دیگری که دستگاه آموزشی در اختیار دارد، برای دانش آموزان و دانشجویان تشریح کنند.

مراکز فرهنگی کشور، می‌باید همین کوشش را از راه فعالیت‌های هنری، تئاتر، فیلم، موسیقی، ادبیات، هنرهای زیبا، موزه‌ها، نمایشگاه‌ها، جشنواره‌ها، سخنرانی‌ها، کتاب‌ها و انتشارات و وسایل دیگری که دستگاه فرهنگی کشور در اختیار دارد، انجام دهند. همین رسالت در قلمرو امکانات وسیع سازمان رسانه‌های همگانی باید از رادیو، تلویزیون، سینما و سایر وسایل کار این دستگاه‌ها ایفاء شود. بدیهی است مطبوعات و سازمان‌های مختلف هنری و علمی و ادبی کشور و نیز پژوهشگران، نویسندگان و هنرمندان به مقتضای وظیفهٔ ملی خود ایفای سهم بزرگ و اساسی خویش را در این مورد به عهده خواهند داشت.

توضیح این نکتهٔ مهم را در اینجا ضروری می‌دانم که در ایفای این وظیفهٔ ملی و میهنی از جانب همهٔ دستگاه‌ها و مراکز دولتی و

خصوصی کــه بدان‌ها اشـاره شـد، نظـام شاهنشاهی ایران بایـد در کامل‌ترین مفهوم آن مورد توجه قرار گیرد و نه تنها در محدودۀ معین امروزی آن. مفهوم این یادآوری، لزوم تحلیل وسـیع همۀ ارزش‌هـای اصیل ملی است که این شاهنشاهی پاسدار و نمایندۀ آنهاست. تشریح دقیق و جامع این ارزش‌ها و معرفــی جلوه‌هـای تـاریخی و فلسـفی و اخلاقی آنها آشنا کردن همۀ ایرانیان به خصوص نسل جوان با مفـاخر تاریخی و با تجلیات گوناگون میهن پرستی ایرانی، معرفی آثار بدیـع و خلاقۀ نبوغ ایرانـی در قلمـرو اندیشـه و دانـش و ادب و هـنر و سـایر زمینه‌های آفرینندگی، همۀ اینها، آن اصول بنیادی است کـه می‌بایـد نیرو بخش و الهام دهندۀ شخصیت روحی و فکری هر ایرانی در عصـر "تمدن بزرگ" باشد.

مرکز بسیار مهم و اساسی دیگر از نظر ایفای این وظیفۀ حیـاتی و ملی، حزب رستاخیز ملت ایران است که در واقع فعالیت‌هـای دیگــر مراکزی که بدان اشاره شد نیز در قلمرو کلی آن صورت می‌گیرد. زیرا به هر حال همۀ متصدیان و مسئولان انجام این فعالیت‌ها، عضو حزبی هستند که جنبۀ فراگیر و سراسری ملی دارد. ولی آن چـه اختصاصاً در حوزۀ وظیفۀ حزبی است، توسعۀ آموزش سیاسی است که آمـوزش ایدئولوژی نظام شاهنشاهی ایـران مـهمترین رکـن آن اسـت. در ایـن زمینه حزب می‌باید از کلیۀ طرق این آموزش بـر اسـاس علمـی و بـر اساس گفت و شنود حزبـی در همـۀ مراکـز خـود و در همـۀ سـطوح اجتماعی و مملکتی اقدام کند.

توسعۀ هر چه بیشتر آموزش سیاسی از ضروریات نظام اجتماعی و ملی ایران عصــر "تمدن بـزرگ" اسـت کــه در آن می‌بایـد چنیـن آموزشی، دوشادوش آمـوزش کلـی افـراد ایرانـی پیـش بـرود. حفظ دستاوردهای انقلاب، خنثی کردن توطئه‌های ضد انقلابی، آمـادگی

برای مواجهه با شرایط ناشی از رشد همه جانبهٔ اجتماعی و اقتصادی و عبور آگاهانه از دورهٔ انتقالی در راه وصول به یک تمدن برتر، بدون آموزش فراگیر سیاسی مقدور نیست. غفلت از چنین آموزشی موجب می‌شود که تجارب انقلاب، اندیشه‌های ملی را چنان که باید رهبری نکند و فلسفه و ایدئولوژی انقلاب در حال توقف بماند.

آموزش سیاسی که لازمهٔ هر نهضت و پیشرفت آگاهانه اجتماعی است، طبعاً مرادف با تأئید بی‌قید و شرط همهٔ آن چه مطرح می‌شود، نیست. بلکه متضمن تحلیل و تجزیهٔ آگاهانه مسائل است تا از این راه موارد ضعف و اشتباه به طور مداوم تشخیص داده شوند و مورد بررسی و انتقاد قرار گیرند و اصلاح گردند. تحقق این نظر مستلزم شکل دادن به دیدگاه‌های متفاوت برای ابراز نظرها و سلیقه‌ها و عقیده‌های مختلف از طریق جناح‌ها و مقابلهٔ نظرها است. این فرض که آزادی برخورد اندیشه‌ها و عقاید متفاوت فقط در کادر یک نظام چند حزبی به شیوهٔ غربی امکان پذیر است، صحیح نیست. زیرا در این مورد شکل اهمیت ندارد، بلکه محتوا است که مهم است. نمونه‌های متعددی در برابر ماست که نشان می‌دهد در جوامعی احزاب مختلف وجود دارند، بی‌آن که آزادی در آن جوامع مفهومی راستین داشته باشد.

حزب رستاخیز ملت ایران، به عنوان یک حزب فراگیر ملی، در نقش آیندهٔ خود یعنی در نقش راهنمای فکری و سیاسی ملت ایران در مسیر "تمدن بزرگ" باید بهترین نتایج نظام‌های چند حزبی را ارائه دهد، بی‌آن که ضعف انکار ناپذیر آن نظام‌ها را که غالباً به صورت چند دستگی و صف آرایی داخلی و دشمنی طبقاتی متجلی می‌شود، پذیرا گردد. این جهت گیری از نظر حزب رستاخیز منطقی است، زیرا برای این حزب مسائلی از قبیل عوام فریبی و سازش با گروه‌های

فشار، برای حفظ قدرت یا رسیدن به قدرت که مسائل روزمرهٔ سیستم‌های چند حزبی است، مطرح نیست و در عین حال تحرک کامل فکری و سیاسی بر اثر گفتگو و برخورد سالم و سازندهٔ جناح‌ها در آن وجود دارد.

فضای باز سیاسی که اکنون با گسترش آموزش سیاسی و با توسعهٔ گفتگوی سازنده در حزب رستاخیز به وجود آمده است، باید بیش از پیش وسعت یابد تا سیر پیشرفت فکری و سیاسی ملی نیز به موازات پیشرفت اقتصادی و اجتماعی آن دنبال شود. یک جامعهٔ مترقی حق ندارد در هیچ زمینه‌ای به اصطلاح از خودش عقب بماند، زیرا چنین جامعه‌ای همان قدر که با پیشروی شتاب زده‌تر، از حدود نیازها و امکانات واقعی خود دچار عدم تعادل می‌شود، با کندروی نسبت به آهنگ الزامی این امکانات و نیازهای واقعی، به عدم تعادلی بیشتر دچار می‌گردد. بحث و گفتگو در همهٔ زمینه‌ها که لازمهٔ این فضای باز سیاسی است، بهترین نشانهٔ تندرستی و شادابی روحی یک جامعه است. فراموش مکنیم که چه افراد، چه احزاب سیاسی و چه جوامعی که تنها با اندیشه‌های خودشان زندگی می‌کنند و آمادگی بحث و انتقادی را ندارند، خواه ناخواه زندانی خویش می‌شوند و این آغاز انحطاط است. در مسیر پیشرفت ملی به سوی "تمدن بزرگ" طبعاً نیازهای فوری و نیازهای دراز مدت‌تری در مورد مسائل و امور مختلف از نظر ارتباط آنها با اصول انقلاب مطرح خواهند شد که بایستی در شکل سیاسی خود مورد بررسی و توجه کامل قرار گیرند تا بهترین راه پاسخگویی بدان‌ها یافته شود. در نظام سیاسی ایران آینده این کار باید در پویایی حزب رستاخیز انجام گیرد. بدین ترتیب که این نیازها در اجتماعات حزبی، از راه گفتگو و بحث در فضای باز سیاسی و در برخورد سلیقه‌ها و اندیشه‌های جناح‌ها، به دقت بررسی

شوند و شکل نهایی خود را به دست آورند تا پس از آن به تأمین نیازها و جوابگویی لازم به آنها پرداخته شود.

***

سیاست مستقل ملی ما بر همان اساس کلی که در فصل گذشته تشریح شد، سیاست این کشور در دوران "تمدن بزرگ" خواهد بود. به پیروی از این سیاست که تنها سیاست جهانی ممکن برای ایران پیشرو عصر انقلاب و ایران پیشرفتهٔ عصر "تمدن بزرگ" است، کشور ما با همهٔ کشورها و ملت‌های جهان که خواستار دوستی و همکاری با ما باشند، همکاری و دوستی خواهد داشت. ما از هیچگونه سیاست توسعه طلبی و تجاوز و اعمال زور پیروی نخواهیم کرد. زیرا این سیاست را نه تنها با توجه به طرز فکر و آرمان‌های انسانی خود مطرود می‌دانیم، بلکه از نظر واقع‌بینی نیز در جهان امروز، آن را سیاستی خطرناک و در عین حال بی‌نتیجه می‌شماریم. ما از چنین خط مشی پیروی نخواهیم کرد، ولی اجازهٔ اعمال چنین سیاستی را نسبت به خود نیز مطلقاً نخواهیم داد.

یک رکن دیگر سیاست مستقل ملی ما، شرکت فعالانه در مسائل و تحولات مختلف بین‌المللی و ایفای نقش مثبت و مؤثر در پشتیبانی از صلح و ثبات و تفاهم جهانی است. در پرتو نظم و ثبات استوار داخلی و همبستگی یکپارچهٔ ملی و قدرتمندی روزافزون سیاسی و اقتصادی و نظامی، امروز کشور ما از حیثیت بین‌المللی بی‌سابقه‌ای برخوردار است که به این کشور نقش برجسته‌ای در مسائل و تحولات جهانی داده است. ما این حیثیت و نفوذ سیاسی و معنوی را پیوسته در راه دفاع از آرمان صلح و از تفاهم و همکاری

بین‌المللی که آن را تنها راه صحیح و منطقی برای جامعهٔ بشری می‌دانیم، به کار برده‌ایم و مسلماً در ایران عصر "تمدن بزرگ" نیز نفوذ و حیثیت باز هم بیشتر خود را در همین راه به کار خواهیم برد. سیاست ما در این مورد کماکان این خواهد بود که هر اختلافی میان کشورها، در هر سطح و به هر صورت می‌باید تنها از راه مذاکره و تفاهم و سازش دو جانبه یا بین‌المللی حل شود. در این زمینه طبعاً ما از کلیهٔ کوشش‌هایی که از طرف سازمان ملل متحد و هر مرجع جهانی یا منطقه‌ای دیگر صورت گیرد، جانبداری و پشتیبانی خواهیم کرد.

***

سومین رکن سیاست ملی ما کماکان تأمین قدرت نظامی نیرومند برای دفاع از استقلال و حاکمیت و منافع مشروع ملی ایران خواهد بود. همان طور که گفته شد، ما آرزومند خلع سلاح تضمین شده و کنترل شدهٔ جهانی هستیم تا از این راه، هم از کابوس جنگ و ویرانی رهایی یابیم و هم سرمایه‌های عظیمی را که در این زمینه صرف می‌شود، به فعالیت‌های سازندگی کشور اختصاص دهیم. ولی تا هنگامی که چنین خلع سلاحی عملی نشده باشد، به مقتضای واقع بینی و بر اساس وظیفهٔ تردید ناپذیر خود در دفاع از مرز و بوم خویش در تأمین نیروی دفاعی لازم کمترین قصوری نخواهیم کرد و در این راه نیز قبل از هر چیز به نیرومندی خودمان اتکاء خواهیم داشت. برای تضمین این نیرومندی نه تنها به کمیت تجهیزات توجه خواهیم داشت، بلکه بالا بردن سطح دانش و آموزش و تخصص نیروهای مسلح کشور نیز از مهمترین برنامه‌ها و هدف‌های ما خواهد

بود. در زمینهٔ تجهیزات خواهیم کوشید که تا سر حد امکان خودکفا باشیم و بسیاری از سلاح‌ها را در داخل کشور بسازیم. زیرا از این راه هم کار بیشتر به وجود می‌آید، هم پولی که به دیگران می‌دهیم در خود مملکت صرف می‌شود و هم اتکاء به نفس بیشتری خواهیم داشت.

بدیهی است وظیفهٔ دفاع ملی تنها شامل نیروهای مسلح نمی‌شود، بلکه این وظیفه‌ای است که به عهدهٔ فرد فرد افراد ایرانی است. در ایران امروز و ایران فردا هر ایرانی از مرد و زن و پیر و جوان در هر شغل و مقام و از هر طبقه یک سرباز بالقوه و در هنگام لزوم بالفعل، برای حفظ استقلال و تمامیت و حاکمیت کشور است. این وظیفهٔ دفاع از حاکمیت ملی از شرافت ملی از مقدسات ملی اولین و مهم‌ترین وظیفهٔ هر ایرانی است. زیرا باید کشوری وجود داشته باشد تا جامعه‌ای در آن برای پیشرفت خود بکوشد. چنان که بارها تذکر داده‌ام، وظیفهٔ دفاع از وطن، وظیفه‌ای است که باید حتی در صورت نداشتن سلاح با چنگ و ناخن انجام گیرد.

نظام اقتصادی

نظام اقتصادی ایران آینده بر مبنای ادامه و گسترش صنعتی شدن کشور، توسعهٔ کشاورزی مکانیزهٔ پیشرفته، عمران و سازندگی سراسری مملکت، بهره‌برداری وسیع از معادن، توسعهٔ صادرات صنعتی، افزایش سطح تولید و بهره‌وری کار، بهره‌برداری از منابع غیر نفتی برای تولید انرژی، جذب و استقرار تکنولوژی پیشرفته و بالا بردن منظم سطح تخصص‌های فنی و سطح تحقیقات و ابتکارات علمی و صنعتی استوار خواهد بود.

رشد صنعتی و اقتصادی ما که در حال حاضر بالاترین نسبت رشد سالانهٔ جهانی را دارد، علیرغم مشکلاتی که لازمهٔ هر جهش و توسعهٔ سریع اقتصادی است، کماکان ادامه خواهد یافت و در مورد همهٔ دشواری‌هایی که در جریان این توسعه پیش می‌آید، راه حل‌هایی لازم خواهیم جست. این توسعه شتابان طبعاً زایندهٔ تورم نیز خواهد بود. ولی این تورم نوع قابل پیش‌بینی آن است که مهار کردن آن آسان‌تر از نوع خطرناک و ناسالم دیگر، یعنی تورم توأم با رکود است که امروز در بسیاری نقاط دیگر جهان وجود دارد. با تورم ناشی از پیشرفت اقتصادی و زیادی کاری که البته قسمتی از آن نیز مربوط به تورم وارداتی و ناسالمی اقتصاد جهانی است، می‌باید از راه‌های معقول و حساب شده، مبارزه کرد و در مهار کردن آن کوشید.

برنامه‌های کوتاه مدت و دراز مدت توسعهٔ صنعتی و اقتصادی ما، همراه با امکانات طبیعی کشور و سلامت اقتصاد ملی، عوامل تضمین کنندهٔ ادامهٔ رشد اقتصادی هستند که برای تأمین هدف‌های توسعهٔ

ملی ما در دوران "تمدن بزرگ" ضرورت کامل دارد. سرزمین پهناور ما دارای منابع عظیم زیرزمینی است که ما باید همهٔ آنها را در توسعهٔ صنعتی کشور به کار گیریم و بر این اساس صنایع بزرگ‌تری را که در مواردی دارای اهمیت جهانی هستند، پی‌ریزی کنیم.

* * *

توسعهٔ عمرانی به همان اندازهٔ توسعهٔ صنعتی ضرورت اجتناب ناپذیر توسعهٔ اقتصادی کشور است و اصولاً این دو رشته ملازم یک دیگرند. در این زمینه کلیهٔ برنامه‌های سازندگی کشور، به صورتی منظم اجرا خواهند شد و گسترش خواهند یافت. راه‌ها، راه‌آهن‌ها، بنادر، سدها، فرودگاه‌ها، وسایل ارتباطی و مخابراتی، به موازات مجتمع‌های مسکونی، مراکز مختلف آموزشی، بهداشتی، ورزشی، فرهنگی، هنری، تفریحی و نظایر آنها بدون وقفه ساخته یا تکمیل خواهند شد. در دو دههٔ آینده خطوط آهن ایران دو خطه و برقی خواهند شد و راه‌آهن‌های مدرن با استفاده از آخرین پدیده‌های فنی و صنعتی به وجود خواهند آمد. ظرفیت بندرها و کشش راه‌ها به تناسب توسعهٔ احتیاجات حمل و نقل منظماً افزایش خواهد یافت. احداث شبکهٔ وسیع مواصلاتی و ارتباطی کشور با استفاده از کاملترین پیشرفت‌های فنی و مهندسی و در سطح استانداردهای جهانی در این زمینه اهمیت اساسی خواهد داشت تا از این راه نارسایی‌ها و تنگناهایی که کشور در سال‌های اخیر بر اثر افزایش سریع حجم واردات، کمبود راه، کشش محدود جاده‌ها و راه‌آهن، ظرفیت غیر کافی انبارهای بندری، کمبود وسایل حمل و نقل و نیروی لازم انسانی با آن مواجه بود، برطرف گردد.

شبکهٔ مخابراتی تلفنی و ماکروویو و ماهواره‌ای کشور در سطح مشابه کشورهای کاملاً پیشرفته توسعه خواهد یافت و خدمات وسیع پستی و تلگرافی نیز به صورت مترقی آن سراسر شهرها و روستاها را تا دورترین و کوچکترین نقاط مملکت شامل خواهد شد.

***

ارتقاء منظم سطح تخصص‌های فنی و سطح پژوهش‌ها و تحقیقات علمی و صنعتی، از نیازهای اساسی کشور در راه رسیدن به "تمدن بزرگ" است. یک اقتصاد پیشرو و اصولاً یک تمدن پیشرو نمی‌تواند جز بر پایهٔ تخصص و تبحر در کار و تحقیق و تتبع و نوجویی و نوآوری دائم پی‌ریزی شود.

در ایران فردا باید هر کس چه کشاورز، چه کارگر، چه پیشه‌ور، چه روشنفکر و به طور کلی هر فرد کشوری و لشگری در کار خود تخصص داشته باشد. در عین حال کیفیت کار باید بر پایهٔ مطالعات و تحقیقات مستمر به طور منظم بالا رود.

رونق اقتصادی کشور و افزایش بی‌سابقهٔ درآمدهای عمومی در عین آن که رفاه روزافرونی را برای همه تأمین می‌کند، مسائلی را نیز در پیش می‌آورد که در مسیر "تمدن بزرگ" یک عامل انحرافی و منفی است. جامعهٔ ایران اگر بخواهد در عین بهره‌گیری از امکانات خود برای زندگانی بهتر و مطلوب‌تر یک جامعهٔ سالم و نیرومند باقی بماند، باید به شکل جامعهٔ اسراف و تبذیر، یعنی عامل اتلاف منابع طبیعی و انسانی در نیاید. باید بین مصرف و اسراف فرق گذاشته شود. زیرا مصرف صحیح نشان رشد و پیشرفت است. در حالی که اسراف به هر صورت مذموم و محکوم است. سرمایه و نیرویی که با

اسراف به هدر می‌رود، نیرو و سرمایه‌ای است که حقاً می‌باید در راه یک کار مثبت و سازنده به کار گرفته شود. باید توقعات مصرفی به میزان معقول پائین بیاید و در عوض توقعات تولیدی افزایش یابد. دوری از تبذیر و تجمل طلبی افراطی می‌باید جزیی از ارزش‌های اجتماعی ما باشد و لازمهٔ تعمیم چنین روحیه‌ای آگاهی هر چه بیشتر فکری و اخلاق مردم است.

باید آیندهٔ ایران روی کار بهتر و تولید بیشتر قرار گیرد. زیرا نمی‌توان توقع داشت که مملکت همه چیز را به ما بدهد، بی‌آن که ما در عوض به مملکت چیزی بدهیم. البته فلسفهٔ انقلاب ایران این است که همهٔ مواهب و امکانات تا سر حد امکان برای همهٔ مردم ایران تأمین شود. اما همیشه این سؤال مطرح خواهد بود که: "شما در مقابل به مملکت چه می‌دهید؟ "کسانی که باید از امکانات و مواهب فوق‌العادهٔ "تمدن بزرگ" بهره‌مند شوند، نباید فکر کنند که مملکت به آنها چیزی بدهکار است. بلکه باید متوجه باشند که این آنها هستند که صد در صد به مملکت بدهکارند! زیرا همه چیز خود را چه مادی و چه معنوی، از کشور خویش دارند. بنابر این باید آمادگی آن را نیز داشته باشند که تمام نیروها و امکانات جسمی و روحی خود را در اختیار مملکت و جامعهٔ خویش بگذارند.

فراموش مکنیم که سرمایه و نیروی کار کشور محدود است. در صورتی که برنامهٔ پیشرفت و توسعهٔ ما برنامه‌ای تقریباً نامحدود است. در این صورت باید با افزایش نیروی کار از محدودها تا سرحد نامحدود بهره گرفت. این وظیفه‌ای است که منطق و اخلاق و آینده نگری و میهن پرستی به عهدهٔ هر فرد ایرانی عصر انقلاب و دوران "تمدن بزرگ" گذاشته است.

نظم اجتماعی

نظام اجتماعی ایران عصر "تمدن بزرگ" نظامی خواهد بود در حد اعلاء انسانی و دموکراتیک که خطوط کلی آن را آزادی‌های فردی، عدالت اجتماعی، دموکراسی اقتصادی، اقتصاد دموکراتیک، عدم تمرکز، مشارکت گسترده و آگاهانهٔ عمومی در همه امور و فرهنگ بارور ملی تشکیل خواهد داد.

آزادی‌های فردی و اجتماعی که در ایران امروز به مفهوم صحیح و اصیل آن برای هر کس تضمین شده است، همراه با توسعهٔ کمیت و کیفیت آموزش و فرهنگ عمومی، قوامی به مراتب بیشتر خواهد یافت و برخورداری کامل از مزایای دموکراسی در جامعهٔ رشد کرده و مترقی ایران عصر "تمدن بزرگ" حق مسلم هر فرد ایرانی به شمار خواهد رفت. ولی این آزادی مسلماً توأم با نظم و انضباط و نه با هرج و مرج و قانون شکنی خواهد بود و حقوق هر کس تا حدی محترم شمرده خواهد شد که به حقوق حقهٔ دیگران تجاوز نکند. امکان کار خلاقه و فعالیت و بروز استعدادها برای همه به حداکثر وجود خواهد داشت. هر فرد ایرانی، از حداقل درآمد برای تأمین نیازمندی‌های اساسی خویش برخوردار خواهد بود، اما به کلیهٔ درآمدها، به نسبت مقدار آنها، مالیات عادلانه تعلق خواهد گرفت و بدین ترتیب اجازهٔ ثروت اندوزی از طریق فرار از پرداخت مالیات به کسی داده نخواهد شد.

هر فرد ایرانی از آموزش رایگان و بیمه‌های گوناگون اجتماعی و پوشش وسیع بهداشتی بهره‌مند خواهد بود و فرهنگی سالم و سازنده در دسترس او قرار خواهد داشت.

در پرتو یک اقتصاد سالم پیشرفته و دموکراتیک همهٔ مردم ایران به نحوی در ثروت ملی سهیم خواهند بود و بدین ترتیب عموم افراد کشور با انگیزهٔ فردی، اجتماعی، اخلاقی و میهنی در قبال پیشرفت هر چه بیشتر صنعت و اقتصاد کشور، هم ذینفع خواهند بود و هم مسئولیت خواهند داشت. از نظر مشارکت سیاسی، کار مردم تا حداکثر ممکن به دست خود مردم اداره خواهد شد و شرکت آگاهانهٔ ایشان در کلیهٔ امور برقرار خواهد بود. همهٔ اینها نمایندهٔ عملی آن حس مشارکت است که در فلسفهٔ انقلاب شاه و ملت و در "تمدن بزرگ" ایران مقامی ممتاز دارد.

اگر درآمدهای ناشی از اقتصادی شکوفا برای تأمین خدماتی که به ملت داده می‌شود، کافی باشد (و البته این خدماتی است که امکان صرف نظر کردن از آنها نیست، زیرا همهٔ آنها در نظام "تمدن بزرگ" جا می‌گیرند) در آن صورت نیازی به افزایش مالیات‌ها نخواهد بود. زیرا در چنین شرایطی هر کس از حداقل نیازهای حیاتی برخوردار است. اما اگر این درآمدها کافی نباشد، طبعاً مثل هر اجتماع مترقی دیگر در بالا بردن آنها از راه‌های منطقی و بررسی شده اقدام خواهد شد. نباید فراموش کرد که هر ساله ده‌ها میلیارد ریال از بودجهٔ دولت، یعنی مالیهٔ کشور، صرف پائین نگاه داشتن بهای مواد غذایی اساسی و مورد نیاز عمومی می‌شود. بدیهی است این مواد را اکثریت مردم مصرف می‌کنند و نه ثروتمندان. زیرا هیچ ثروتمندی نمی‌تواند بیش از احتیاج و امکان خود غذا بخورد. چه کسانی از مبارزه با گرانی سود می‌برند؟ باز هم اکثریت مردم. یعنی میلیون‌ها افرادی که با

درآمد روزانهٔ خود زندگی می‌کنند. به پسران و دختران دانش آموز تا سال هشتم یک وعده غذای رایگان داده می‌شود. اینها فرزندان چه کسانی هستند؟ فرزندان اکثریت مردم و نه فقط فرزندان یـک طبقـه محدود. بدین ترتیب همهٔ این کارهایی که میلیاردها ریال خـرج آنهـا می‌شود، برای عموم مردم کشور انجام می‌گیرد، نه برای توانگـران. در عین حال با مقرراتی که به نفع عموم وضع شده است، تـودهٔ عظیـم مردم هر روز کمتر مالیات می‌پردازند و ثروتمندان بیشتر. همـهٔ اینهـا اصولی است که در نظام اجتماعی ایران "تمدن بزرگ" شایستهٔ تذکـر است.

دو گروهی که در درجهٔ اول از این مزایا و از سایر مزایای انقلاب و عدالت اجتمـاعی برخـوردار می‌شـوند و خواهنـد شـد، دو طبقه‌ای هستند که پایه‌های اجتماع و اقتصاد ایران به شمار می‌آینـد. ایـن دو طبقه کارگران و کشاورزان ایرانی هستند.

در پرتو تغییرات و تحولات انقلابی، وضع کار و کارگری در ایران امروز که خطوط کلی آن در فصل قبل تشریح شد، اکنون کارگران مـا از مترقی‌ترین قوانین کار و اضافه بر آن از مزایایی کـه در هیـچ جـای دیگر سابقه ندارد، برخوردارند. یعنی نه تنها در بیسـت در صـد سـود کارخانه‌ای که در آن کار می‌کنند، سهیم هستند، بلکه در مـالکیت اصل سهام نیز حق شرکت دارند و این موقعیت خاص، نقـش آنـان را برای نیل به دوران "تمدن بـزرگ" بـه صـورت یـک نقـش سـازنده و بنیادی در آورده است. کارگری که با برخورداری از همهٔ این امتیازات عمیقاً احساس می‌کند که هر پیشـرفتی در امـر سـازندگی و تولیـد، پیشرفت صنعتی خود او و خانوادهٔ او و آینـدگان اوسـت، طبعـاً ایـن تلاش سازندگی را تلاش شخصی خود نیـز می‌شمارد و خویشـتن را جزء فعال و مؤثر و محترمی از این نظام "کل" به حساب می‌آورد.

بارها گفته‌ام که ثروت‌های طبیعی مملکت که مهم‌ترین و شناخته‌ترین آنها نفت است، بالاخره به پایان می‌رسد و به ناچار باید جای آنها را صنعت پر کند. بنابر این لازم است که نه تنها کارگران صنایع، بلکه همهٔ افراد ملت ایران به نحوی در پیشرفت صنعتی مملکت مؤثر و بدان علاقه‌مند باشند تا از این راه آیندهٔ صنعتی کشور تضمین شود. این آینده را ما بر اساس "مشارکت" پی‌ریزی کرده‌ایم که نه شیوهٔ سرمایه‌داری و نه شیوهٔ مارکسیستی است. بلکه راهی است که هم منافع کارفرما و کارگر را حفظ می‌کند و هم به جای مبارزه طبقاتی و اعتصاب و فلج کردن یا کند کردن کار، پیشرفت سالم بهره‌وری را در محیطی آمیخته با تفاهم و همکاری باعث می‌شود. بدیهی است مثل هر کار تولیدی برای این امر نیز سرمایه لازم است. ولی فرق نمی‌کند که این سرمایه را افراد گذاشته باشند یا دولت. زیرا در نهایت هم سرمایه و هم حاصل کار بین همان مردم پخش می‌شود.

در سیستم مشارکت و همکاری دولت و کارفرما و کارگر که اساس نظم کار در عصر "تمدن بزرگ" خواهد بود، اصطکاکی بین کارفرما و کارگر متصور نیست. زیرا کارگر خود، کارفرمای خویش نیز هست. خوشبختانه کارگران ما به خوبی این واقعیت را دریافته‌اند که در اقتصاد سالم ایران فردا، باید درآمدهای صادرات صنعتی جای درآمدهای موقتی کنونی را بگیرد. اما اگر صنعت ایران از لحاظ مرغوبیت جنس و قیمت آن قابل رقابت با صنایع دیگران نباشد، برای کشور امکان صادراتی نخواهد بود و در نتیجه خود آنها قبل از هر کس زیان خواهند دید. کارگر ایرانی با روح میهن پرستی خاص خود احساس کرده است که شرکت او در سود کارخانه و در مالکیت سهام آن نه فقط از نظر ارتباط مستقیمی که با حاصل کارآیی وی دارد،

مستلزم کار بیشتر و بهتر اوست بلکه این اشتراک جنبه‌ای عاطفی و احساسی نیز به کاری می‌دهد که حاصل آن به نفع جامعهٔ او و به نفع مملکت او خواهد بود. با این برداشت، که ضابطهٔ کار در ایرانِ فرداست، کارگر ایرانی نه با اعتصاب کار را متوقف می‌کند و نه با غیبت و کم کاری عمدی وقت و پول کشور را به هدر می‌دهد. زیرا نفعی در هیچ یک از این دو مورد نمی‌بیند. وی می‌داند که هم آقای خودش است، زیرا صاحب سهم است و هم در سود کارخانه و کارگاه شرکت می‌کند، یعنی استثمار نمی‌شود. ولی ما این هر دو وضع را در جهت عکس آن تقریباً در همهٔ کشورهای صنعتی می‌بینیم یا به طریق ممالک سرمایه‌داری غرب که در آنها اعتصاب برای درخواست حقوق اضافی یا به بهانه‌های مختلف دیگر به صورت امری رایج و روزمره در آمده است و یا به طریق ممالک کمونیستی که چون در آنها حق اعتصاب وجود ندارد، کارگر از کار واقعی طفره می‌رود و در نتیجه غالباً با عدم حضور یک نفر در موضع حساس، یک ماشین تمام خطی که بدان مربوط است، متوقف می‌شود. بدین ترتیب شاید ما نخستین مملکتی باشیم که توانسته‌ایم به راه حل واقعی این مشکل برسیم که قرن‌هاست دیگران با آن مواجه هستند و هنوز هم به نتیجهٔ مطلوبی نرسیده‌ایم.

همین ضابطهٔ مشارکت، با همین مزایا و در نتیجه با همین روحیهٔ سازنده، اساس کار کشاورزی ایران فردا خواهد بود. زیرا کشاورز ایرانی که نه رعیت، بلکه صاحب زمین است، با شرکت در واحدهای اقتصادی کشاورزی از یک طرف بابت کاری که در واحد مربوط به خود انجام می‌دهد، دستمزد خواهد گرفت و از طرف دیگر به نسبت سهام خویش، سود دریافت خواهد داشت و بدین ترتیب در انجام کار خوب و افزایش بهره‌وری آن مستقیماً ذی‌نفع خواهد بود. این

کشاورز که در ایران امروز تنها در عرض پانزده سال از صورت یک رعیت استثمار شدهٔ جاهل و رنجور و نومید، به صورت یک کشاورز آزاد، با سواد، متکی به نفس و برخوردار از بهداشت و فرهنگ و تأمین گستردهٔ اجتماعی در آمده است، در ایران آینده از کامل‌ترین مزایای سیستم پیشرفتهٔ تعاونی، بیمه‌های اجتماعی، پوشش بهداشتی و آموزشی، کمک‌های فنی، برنامه‌های نوسازی، خانه‌های انصاف، خانه‌های فرهنگ روستایی، مهدهای کودک و از حقوق کامل بدنی برای تعیین آزادنهٔ سرنوشت خود برخوردار خواهد بود و اضافه بر آن خواهد توانست بیرون از محدودهٔ کار خویش نیز در فعالیت اقتصادی کشور مشارکت داشته باشد.

با برنامه‌هایی که به منظور ایجاد و توسعهٔ قطب‌های کشت و صنعت و مکانیزه کردن وسیع کشاورزی و راه سازی روستاها و بهبود محیط زیست و گسترش شبکه‌های پستی و ارتباطی و مخابراتی و رشته‌های متعدد دیگر (که) در دست اجراست، کشاورز ایرانی در دوران "تمدن بزرگ" از شرایط عالی زندگی و کار در قلمرو خاص خود، برخوردار خواهد بود. ولی باید در این مورد نیز مانند مورد کار و کارگری، این کشاورز متوجه باشد که شرط برخورداری وی از این امتیازات، افزایش بهره‌وری و تولید اوست و اگر سطح این تولید در حد کافی نباشد، اقتصاد مملکت در نهایت تحمل نتایج آن را نخواهد داشت. این امر البته مستلزم استقرار و توسعهٔ یک سیستم مکانیزهٔ پیشرفتهٔ کشاورزی است. ولی به همان اندازه و حتی بیش از آن مستلزم افزایش کارآیی و تخصص کشاورزانی است که باید از این سیستم بهره‌برداری کنند. تبحر و تخصص در رشته کشاورزی نیز مانند رشتهٔ کارگری و همهٔ رشته‌های دیگر اقتصاد و اجتماعی کشور، ضرورت اساسی جامعهٔ ایران فرداست.

***

در نظام اجتماعی ایران آینده، اصل "عدم تمرکز" یکی از اصول بنیادی جامعهٔ ایرانی خواهد بود.

نظام اداری ایران که پایه‌های آن را مرکزیت و تمرکز تشکیل می‌داد، حدود نیم قرن پیش پایه گذاری شده بود و در واقع واکنشی در برابر ادارهٔ نامتمرکز امور در دوران قبل از آن به شمار می‌آمد. برای این که بتواند در ایجاد وحدت و یکپارچگی ملی نقشی مؤثر ایفاء کند و با تضمین مرکزیت راه اقدامات اساسی آینده را هموار سازد. با تحکیم قدرت دولت و ایجاد امنیت و ثبات و استقرار نظام متمرکز اداری و سیاسی، عوامل پویای اقتصادی و صنعتی و تولیدی و بازرگانی، میدانی برای عمل یافتند تا به طور جدی ریشه بگیرند و توسعه یابند. با آغاز فعالیت‌های برنامه‌ای و اقدامات عمرانی کشور، نظام اداری باز هم استوارتر شد و به تدریج مسئولیت‌ها و وظایف خطیرتری به عهدهٔ آن گذاشته شد. ولی در شرایطی که بنا بر ضرورت ملی و سیاسی، دستگاه‌های اداری بر مدار همه جانبه سازمان یافتند، هم زمان با گسترش این "دیوان سالاری" نهادهای سیاسی لازم به وجود نیامد و در نتیجه گسترش دستگاه بوروکراسی به تدریج تصمیم گیری سیاسی را در اختیار خود در آورد.

دههٔ اول انقلاب ایران با توجه به شرایط زمان و بنیان‌های موجود، ادامهٔ این نظام متمرکز را ایجاب می‌کرد، ولی هدف آن مسلماً حفظ این "بوروکراسی" نبود. زیرا یکی از اساسی‌ترین هدف‌های انقلاب، مشارکت گستردهٔ گروه‌های مختلف اجتماعی در مسائل مربوط بدانان است. خود من این موضوع را در آستانهٔ اعلام انقلاب

یعنی در مهر ماه ۲۵۲۱ شاهنشاهی [۱۳۴۱ خورشیدی] چنین تشریح کردم:

"... ملتی که به رشد اجتماعی لازم می‌رسد، قادر است کارهای روزمره و اموری را که با زندگی وی ارتباط دارد یا مستقیماً اداره کند و یا در اجرای آنها نظارت کند. ما این کار را در سطح روستا به وسیلۀ انجمن ده شروع می‌کنیم و در سطح شهر به وسیلۀ انجمن شهر، در سطح شهرستان به وسیلۀ انجمن شهرستان و در سطح استان به وسیلۀ انجمن استان ادامه می‌دهیم. عدم تمرکز کارها در پایتخت و محول کردن آن به استان‌ها و شهرستان‌ها و شهرها و روستاها، از سیاست‌های قطعی و حتمی آیندۀ ما، آن هم آیندۀ نزدیک ما خواهد بود."

در سیر تحول اجتماعی ایران، اینک زمان تحقق این برنامۀ اساسی فرا رسیده است. مفهوم این برنامه این است که در همان حال که قدرت و جامعیت نظام شاهنشاهی در سطح بالا به صورت قاطع وجود دارد، در تحت لوای آن کارها بر اساس حداکثر عدم تمرکز اجرا شود و تا آخرین حد امکان کار مردم به دست خود مردم انجام پذیرد. نظام شاهنشاهی ایران اصولاً همواره بر همین برداشت متکی بوده است که نمونۀ بارزی از آن را در سازمان "ساتراپی" شاهنشاهی هخامنشی می‌توان دید. این نظام ساتراپی بر دو اصل موازی پی‌ریزی شده بود: حفظ یکپارچگی ملی از طریق وحدت فرماندهی در لوای نظام شاهنشاهی و تصمیم گیری اجرایی ساتراپی‌ها، همراه با مشارکت گروه‌های مختلف اجتماعی در زمینۀ مسائل مربوط به خود آنها. تشکیل حزب رستاخیز ملت ایران به صورت یک نهضت تجهیزی و مشارکتی، تبلور این اندیشۀ تاریخی در نظام شاهنشاهی ایران است. رسالت این نهضت ایجاد فضای مشارکت سیاسی در چهار چوب اصول

حزبی، به منظور نیل به هدف‌های ملـی اسـت و محـور اساسـی ایـن مشارکت، گفت و شـنود و آمـوزش سیاسـی و صحنـهٔ اجتماعـی لازم برای تأمین بـهترین نحـوهٔ ایـن مشارکت سیاسـی، تشـکیلات غیـر متمرکز است.

وحدت فرماندهی مسـتلزم آن اسـت کـه سیاست‌های عمومـی کشور در ارتباط با هدف‌های اساسی و بلند مـدت از طریـق برقـراری ارتباطی معقول بین مکانیسم‌های مرکزی و سازمان‌های غیر متمرکز اجرایی اعمال گردد. برای نیل بدیـن هـدف، بایـد برنامـه‌های ملـی و استانی به طور روشن و مشخص تنظیم شـود و شیوه‌های لازم بـرای عملی ساختن آنها پیش‌بینی گردد. برنامه‌های استانی شامل آن دسته از اموری است کـه بـرد آنـها در قـالب سیاست‌های ملـی، در سـطح منطقه‌ای قرار داشته و از ابعاد متوسط اجرایی برخـوردار باشـند. ایـن برنامه‌ها از نظر مشارکت و تجهیز منابع ملی، جاذبهٔ خاص دارنـد و در توسعهٔ اقتصادی و اجتماعـی منطقه نقـش اساسـی ایفـاء می‌کننـد. طراحی و اجـرای برنامـه‌های استانی و شهرستانی در چـهار چـوب برنامه‌های عمومی کشور در سطوح استان و شهرستان انجام می‌گیرد و با توجه با این که بخش قابل ملاحظـه‌ای از درآمـد ملـی کشـور در پایتخت به دست می‌آید، در برنامه ریزی‌های مربوط به برقراری نظـام متمرکز، بایستی عدم تمرکز در تخصیص منابع به دقت مورد بررسـی قرار گیرد.

استقرار چنین نظام برنامه‌ریزی و اجرایی، مسلماً موجب افزایـش قابلیت نظام‌های سیاسی، تشـویق مشارکت و ایجـاد فضـای مناسب برای فعالیت‌های سیاسی و حزبی، تقویت قدرت ابتکار و خلاقیـت در نظام تصمیم گیری محلی، ایجاد سازمان‌های خودکفـا و متناسـب بـا شرایط اقتصادی و اجتماعی در استان‌ها و ایجاد یـک نظـام سـنجیدهٔ

ارزش‌یابی و نظارت، با تأکید بر جنبهٔ بازدهی و کارآیی خواهد بود. البته عملی کردن یک نظام غیر متمرکز به هر صورت که انجام گیرد، ممکن است آثار و نتایجی به بار آورد که برای افراد و سازمان‌هایی که به تمرکز خو گرفته‌اند، چندان خوش‌آیند نباشد. مثلاً یک نهاد اداری یا اجتماعی در حوزهٔ مسئولیت و صلاحیت خود تصمیمی بگیرد، یا به راهی برود که از نظر علاقه‌مندان به تجمع قدرت در مرکز استان نامطلوب باشد. معهذا مفهوم واقعی عدم تمرکز به وجود آوردن همین تفاوت‌ها و تنوع‌ها، زیر چتر هم‌آهنگ کنندهٔ سیاست‌ها و برنامه‌های ملی است. بر اساس این ضابطه، در عین آن که هیچ نهاد غیر متمرکز نباید از حدود سیاست‌ها و برنامه‌های ملی خارج شود یا از آنها تخطی کند، لازم است بنا به شرایط و امکانات حاکم بر فعالیت و هر منطقه و هم‌آهنگ با انتظارات و علایق و سلیقه‌های مردم هر محل به تنوع و تفاوت‌ها اجازهٔ بروز و شکوفایی داده شود و آثاری که بر این امر مترتب است، تحمل گردد.

در محدودهٔ دستگاه‌های عمومی، باید بین آن چه به حاکمیت دولت مربوط می‌شود با سایر تکالیف تفاوت گذاشته شود. به عبارت دیگر حوزه‌هایی چون سیاست کشور، تعیین ضوابط، کنترل و ارزش‌یابی را باید از قلمرو برنامه‌های عدم تمرکز خارج دانست. اما سایر امور اداری و اجرایی، برنامه‌های نوسازی و آن چه به تجهیز و مشارکت ملی و ایجاد علاقه و مسئولیت در مردم مربوط می‌شود، کاملاً در چهارچوب سیاست غیر متمرکز کردن امور قرار دارد. در هر یک از این زمینه‌ها بر اساس هدف‌ها و سیاست‌ها و اولویت‌ها و امکانات می‌توان درجات مختلفی از عدم تمرکز را با شتابی بیشتر یا کمتر عملی ساخت. از طرف دیگر اجرای سیاست عدم تمرکز مستلزم تحول سازمان‌های اداری و حقوقی و تغییر نحوهٔ تقسیم منابع

اعتباری و نیروی انسانی است. عدم تمرکز مسئله‌ای صرفاً جغرافیایی نیست، بلکه در درجهٔ اول ناظر بر عدم تمرکز امور اجرایی و تجزیه و توزیع قدرت تصمیم‌گیری است. این کار باید در قالب سیاست‌ها و برنامه‌هایی با ثبات و دقیق صورت گیرد. منظور آن است که فعالیت‌های مولد و واقعی خصوصی تشویق شود به صورتی که فعالیت‌ها به طریق مختلف، منحصراً به دولت و اعتبارات آن وابسته نباشد و نیز در زمینهٔ رقابت سازنده و سالم به وجود آید. بدین ترتیب در سطوح استان و شهرستان باید بین نظام اداری و نظام مشارکتی مردم و انجمن‌های ملی تعادل برقرار باشد و از طریق رابطه و نظارت متقابل شالوده‌های خدمتگزاری نظام ادرای تقویت گردد. تصمیم‌های استانی و شهرستانی باید با همکاری نزدیک بین دستگاه‌های اداری و اجرایی و انجمن‌های ملی مربوطه اتخاذ شود و این همکاری باید صادقانه و مستظهر به پشتیبانی دولت باشد. انجمن‌های ملی که پایگاه قانونی مشارکت مردم هستند، همانند دستگاه‌های اداری جلوگاه این مشارکتند. از سوی دیگر نقش حزب رستاخیز ملت ایران در این زمینه نقشی اساسی است. زیرا بدون ایجاد مبانی مشارکت حزب، امکان برقراری این تعادل وجود ندارد. حزب رستاخیز باید بتواند نقش اساسی خود را در این میان ایفاء کند که نهادهای لازم برای انجام این مسئولیت در چهارچوب نظام حزبی پیش‌بینی شده است.

در مراحل آینده تحول تاریخی جامعهٔ ایرانی رابطهٔ مشارکت و تأثیرگذاری آن را بر تصمیم‌ها باید در روابط مردم با نظام اداری، در سطح استان و شهرستان و شهر و روستا جستجو کرد. تنها بدین طریق است که حزب خواهد توانست عملاً تجلی‌گاه مشارکت مردم شود و قابلیت بسیج نیروهای ملی را پیدا کند و بر برداشت‌های فکری

و ذهنی گروه‌های اجتماعی تأثیر مطلوب بگذارد و بدین ترتیب توانایی‌های رشد و توسعهٔ سیاسی مردم را افزایش دهد.

***

اصل بیمهٔ همگانی و پوشش فراگیر ملی آن، که به حق افتخار انقلاب ایران است، جامعهٔ ایران را در عصر "تمدن بزرگ" از مترقی‌ترین شرایط تأمین اجتماعی و زندگی امن و مطمئن برای هر فرد ایرانی برخوردار خواهد ساخت. هدف نهایی این تحول انقلابی چنان که قبلاً تذکر داده شد، این خواهد بود که هر ایرانی در تمام مراحل زندگی خود زیر پوشش حمایتی تأمین اجتماعی قرار داشته باشد و این تأمین به صورت بیمه‌های مختلف او را در موارد گوناگون یاری دهد.

در این زمینه اجرای برنامه‌های وسیعی که قبلاً بدان‌ها اشاره شد، در تمام مراحل ادامه خواهد یافت. زیرا جامعهٔ ایران دوران "تمدن بزرگ" بر اساس بیمه‌های اجتماعی و سازمان‌های تعاونی استوار خواهد بود.

برخورداری از این تأمین گسترده و همه جانبه که عالی‌ترین جلوهٔ عدالت اجتماعی است، به هر فردی در ایران فردا اجازه خواهد داد که با احساس کامل امنیت و با آرامش خاطر، استعداد و نیروی خلاقهٔ خود را در هر رشته‌ای که امکان بروز آن باشد، به کار اندازد و از این راه سهم خود را در پیشبرد باز هم بیشتر جامعهٔ مترقی و کوشا و سازنده‌ای که بدان تعلق دارد، به صورتی شایسته ایفاء کند.

***

موضوع بهداشت و گسترش هر چه بیشتر پوشش بهداشتی در سراسر کشور از کوشش‌های اصولی ایران عصر "تمدن بـزرگ" است. زیرا ایران چنین دورانی باید قبل از هر چیز، سرزمین مردمی تندرست و کوشا باشد. در ایران دوران "تمدن بزرگ" باید هدف این باشد که بیماری و رنجوری تا پائین‌ترین حدی که دانش بشری اجازه می‌دهد، کاهش یابد. بهداری و بهزیستی تا دور افتاده‌ترین نقاط مملکت گسترش پیدا کند. مرگ و میر به خصوص در مورد کودکان به حداقل برسد و حد متوسط زندگی تا سطوح بالای جهانی آن بالا رود و آگاهی عمومی در این زمینه هر چه بیشتر افزایش یابد.

برای این منظور باید برنامه‌های جاری بهداشتی همراه با برنامه‌های انقلابی بهداشت رایگان و حمایت از مادران باردار و کودکان شیرخوار تا آن جا که امکانات مالی و انسانی کشور اجازه می‌دهد. منظماً گسترش یابد و به موازات آن کیفیت و بازده کار و دل سوزی مسئولان امور بهداشت، پزشکان، پزشک یاران، پرستاران، بهیاران و همهٔ متصدیان دیگر این رشته بالاتر رود. در این مورد واقعاً باید کوششی استثنایی انجام گیرد تا کمبود امکانات با افزایش کیفیت جبران گردد. توجه به این که کشور ما این تلاش را از کجا شروع کرده است و باید به کجا برساند، کافی است که مفهوم واقعی این الزام را برای کسانی که در این امر حیاتی، یعنی در زمینه‌ای که با زندگی و مرگ افراد بشر ارتباط دارد، مسئولیت انسانی سنگین و به همان اندازه مقدسی را به عهده گرفته‌اند، روشن نماید.

✳ ✳ ✳

رشته دیگری که در برنامه‌های ایران عصر "تمدن بزرگ" واجد اهمیت خاص است، موضوع مسکن است. حق برخورداری از مسکن یکی از پنج حق اصلی است که از نظر حقوق انسانی به هر فردی تعلق می‌گیرد و طبعاً از دیدگاه انقلاب ایران نیز چنین حقی باید بالمآل برای هر ایرانی تأمین شود.

بدیهی است که ما راهی طولانی و دشوار در این مورد در پیش داریم. زیرا نیل کامل بدین هدف مستلزم تحقق شرایط سنگین مالی و فنی انسانی برای مواجهه با مسائلی است که رشد منظم جمعیت و بالا رفتن سطح زندگی و بالنتیجه سطح توقع در مورد نوع مسکن همراه با کمبودهای مادی ناشی از جهشی فوق‌العاده از مهم‌ترین آنهاست. امروز ما برای پاسخگویی به عطش بی‌سابقۀ ساختمانی هم از نظر بسیاری از مصالح اصلی و هم از لحاظ کارگر کافی کمبود داریم. احتمالاً یک میلیون نفر کارگر خارجی اکنون در کشور ما کار می‌کنند و با این وجود کمبود کارگر در همه جا محسوس است. بدیهی است دستگاه‌های دولتی بر حسب وظیفۀ خود کمال کوشش را در حل این مشکلات به کار می‌برند و در عین حال با توجه به الزامات و نیازهای آینده طرح‌های تکمیلی وسیعی تهیه می‌شود که می‌باید در مراحل پیش بینی شده مورد اجرا قرار گیرد.

با این همه آن چه باید برای مواجهه با شرایط و نیازهای آینده در نظر گرفته شود، ابعادی به مراتب بیش از اینها دارد. بر اساس محاسباتی که شده است، جمعیت شهری کشور در ده سال دیگر معادل ۳۸ میلیون نفر یعنی حدود ۶ میلیون خانوار خواهد بود. اگر بخواهیم از نظر هدف‌های رفاه اجتماعی برای هر خانوار شهری یک واحد مسکونی در نظر بگیریم، با توجه به استهلاک واحدهای فعلی، بایستی ۴٫۷۰۰٫۰۰۰ واحد مسکونی طی ده سالۀ آینده ساخته شود.

اجرای برنامه‌ای با این ابعاد گسترده و حتی در حـدودی کمـتر از آن، مستلزم حداکثر تجهیز بخش دولتـی و بخش خصوصـی در ایـن راه است و محدودیت امکانات و منابع فنی و انسـانی نیـز عامل دیگـری است که مواجهه با آن به همان اندازه اهمیت دارد.

سیاست آینده در این زمینه، این خواهـد بـود کـه سـهم دولت حتی‌المقدور به احداث واحدهـای مسکونی ارزان قیمـت و خانـه‌های سازمانی محـدود بمـاند و بیشـتر فعالیت بخش عمومی بـه ایجاد تسهیلات و تأسیسات زیر بنایی معطوف گردد. مثلاً دولت بدین نکتـه بپردازد که چگونه می‌توان محدویت تعداد کارگران ساختمانی را بـر طرف کرد یا به چه طریق و در چه مدت می‌توان سطح مهارت آنان را در رشته‌های مختلف بالا برد یا ظرفیت‌های تولیدی مصالح ساختمانی را از طریق کاربرد روش‌هـای نویـن مدیریـت و اعمـال مکانیزاسیون افزایش داد یا چگونه هزینـهٔ ساختمان و سرعت انجام کارهـا را بـا استفاده از طرح‌های پیش سازی به حد مناسـب و مطلـوب رسـانید و بالاخره چگونـه زمین‌هـای مـورد نیـاز را آمـاده سـاخت و در اختیـار سازندگان قرار داد؟

در زمینهٔ خانه سازی کارگری، نظر اساسی ما این است کـه ایـن خانه‌ها در مجاورت کارخانـه‌ها سـاخته شـود و ایجـاد آنـها از طریـق کمک‌های لازم بخش عمومی از قبیل واگذاری زمین و سرمایه‌گذاری مستقیم کارفرمایان تأمین گردد. بخش عمومی هم چنین می‌باید بـه تنظیم نرخ رشد فعالیت‌های ساختمانی بپردازد. بدین معنی که وقتـی مسائلی از قبیل اشتغال میزان سرمایه گـذاری در رشته‌های وابسته بدین فعالیت‌ها و ایجـاد تحـرک و رونـق در بـازار معاملات کالاهای ساختمانی مورد نظر باشد، از طریق وضع خط مشی‌ها و مقررات لازم به تنظیم این نرخ و مهار کردن آن اقدام کند. هم چنیـن بـه مسـائل

کیفی، نظیر بهبود استانداردهای بهداشتی، حفاظت و ایمنی مسکن، خودکفایی به محیط مسکونی، حداکثر استفاده از عوامل تولید ـ از قبیل استاندارد کردن ابعاد و نقشه‌ها و غیره، بذل توجه بیشتری بشود. طرح بناهای متناسب با شرایط اقلیمی محلی و حفظ میراث‌های معماری ملی نیز از رئوس کوشش‌های آینده خواهد بود.

در زمینهٔ امور اجرایی عمران شهرها، سهم عمده به طرح‌های خاص ناحیه‌ای و شهرداری‌ها سپرده خواهد شد و سهم انجمن‌های دموکراتیک در ادارهٔ امور محلی در جهت برنامه ریزی مسائل محلی و ایجاد قوهٔ محرکه عمومی افزایش خواهد یافت. تخصیص کمک‌ها و اعتبارات دولتی به طرح‌های خاص ناحیه‌ای برای امور عمران شهری، منطبق با افزایش ظرفیت‌های رفاه اجتماعی و سیاست تنظیم و تمرکز و تعادل منطقه‌ای خواهد بود.

با اجرای برنامه‌های مربوط به "تثبیت بهای زمین" از راه مبارزه با تورم کلی و اتخاذ تدابیر خاص مالیاتی و استفاده از زمین‌هایی که در اختیار دولت است، برای ایجاد واحدهای مسکونی، فعالیت‌های ساختمانی، به خصوص در رشته خانه سازی، صورتی بسیار سالم‌تر خواهد یافت و مسلماً این امر به ایجاد مساکن بیشتری در تمام کشور کمک خواهد کرد. همهٔ اینها کوشش‌هایی است که باید در مسیر پیشرفت ایران، با پی گیری و قاطعیت دنبال شود.

∗ ∗ ∗

ایران عصر "تمدن بزرگ" باید ایرانی منزه و عاری از فساد باشد. این اصلی است که رکن اخلاقی نظام اجتماعی ایران امروز و فردا به شمار می‌رود. مبارزه با فساد در جامعهٔ انقلابی ما امری دائمی و

تعطیل ناپذیر خواهد بود. زیرا این مبارزه با سلامت و نیرومندی همهٔ جامعه ارتباط دارد.

منزه بودن و پاکیزگی همهٔ دستگاه‌های مملکت شرط اساسی حسن گردش کارهاست. شاید بتوان فساد را در صورت‌های مختلف آن، چه به صورت نادرستی و رشوه خواری، چه به شکل تقلب و اغفال، چه در قالب گران فروشی و چه در صورت‌های دیگر آن، بدترین دشمن هر جامعه و مملکت دانست. زیرا در صورت وجود فساد، به خصوص در مراجع حساس، اصولاً روی هیچ مملکت و هیچ جامعه نمی‌توان حساب کرد.

در این مورد می‌باید به موازات اجرای شدید و قاطع قوانین دادگستری، اجرای اصول ناظر بر مبارزه با فساد، در انقلاب ایران نیز به صورتی پیگیر ادامه یابد و در عین حال دستگاه‌های نیرومندی که بر همین اساس در سطح بالا ایجاد شده‌اند، از قبیل کمیسیون شاهنشاهی و بازرسی شاهنشاهی، کار خود را با قاطعیت کامل دنبال کنند. البته می‌باید همهٔ این کوشش‌ها در عین قدرت با رعایت انصاف و عدالت کامل انجام گیرد. زیرا مارک فساد را نمی‌توان و نباید به طور سرسری به شخص یا سازمانی زد. البته فساد در جامعه و کشور ما از بسیاری از جوامع جهان، به خصوص جوامعی که به عنوان "کاملاً پیشرفته" دارند زیادتر نیست. با این همه ما حاضر به قبول حتی حداقل فساد نیز در اجتماع خود نیستیم. زیرا ما جامعه‌ای برخوردار از ترقی مادی ولی آلوده به فساد نمی‌خواهیم.

***

اجرای پی‌گیر اصل انقلاب اداری چه از نظر حال و چه از نظر آیندهٔ ایران اهمیت فوق‌العاده‌ای دارد. این تحولی است که بدون انجام آن انجام سایر تحولات نیز دشوار یا غیر ممکن خواهد بود.

کسی که وارد خدمت می‌شود البته باید توقع تأمین زندگی و برخورداری از حقوق مشروع خویش را داشته باشد. ولی نباید انجام وظیفهٔ اداری و ملی را در گرو این توقع قرار دهد، چه برسد به این که با وجود تأمین این حقوق باز در حسن انجام این وظیفه تعلل و قصور کند. هر کارمند دولت باید این احساس را داشته باشد که اصولاً وظیفهٔ او یک وظیفهٔ مقدس یعنی ایفای یک مسئولیت وجدانی در برابر همنوعان خویش و افراد دیگر جامعه است که هر یک از آنها حکم افراد خانوادهٔ او را دارند. انجام چنین وظیفهٔ وجدانی را نمی‌توان و نباید سر سری گرفت و یا در گرو مسائل روزمره از قبیل ناراحتی‌های شخصی و مشکلات مالی یا خانوادگی و نظایر آنها گذاشت.

شاید بتوان گفت که در مورد انقلاب اداری، یک دور و تسلسل خاص وجود دارد. زیرا بخش دولتی قسمت مهمی از گرفتاری‌های خود را از این بابت می‌داند که سر و کارش با مردم بخش خصوصی است و بخش خصوصی نیز قسمت مهمی از گرفتاری‌های خود را معلول سر و کار داشتن با دستگاه‌های دولتی می‌داند. ولی اساس فلسفی "تمدن بزرگ" همین است که دولت و جامعه دو عنصر جدا از یکدیگر و رو در روی یکدیگر نیستند، بلکه مکمل هم دیگر هستند. دولت به مردم خدمت می‌دهد، زیرا اصولاً برای خدمتگزاری جامعه به وجود آمده است. مردم نیز با کمک دولت در واقع به خودشان کمک می‌کنند. منطق جدایی ملت از دولت و حتی کارشکنی و دشمنی نسبت به دولت در دوران انحطاط ایران می‌توانست منطقی قابل قبول

باشد، زیرا در آن دوران واقعاً دولت‌ها متعلق به ملت و برگزیدهٔ ملت نبودند، بلکه منتخب سیاست‌های خارجی یا طبقهٔ حاکمه‌ای بودند که هیچ پیوند و رابطهٔ واقعی با مردم نداشتند. ولی در ایران امروز و بالطبع در ایران فردا، که راه و روش دولت به طور کامل با ملت پیوسته است و هدف نهایی آن چه انجام می‌گیرد، تأمین مصالح ملی در همهٔ زمینه‌ها است، این منطق، منطقی ناشایسته و ناپذیرفتنی است.

هم وظیفهٔ کارمندان دولت و هم وظیفهٔ عموم کسانی که سر و کارشان با مراجع و سازمان‌های دولتی است، ایجاب می‌کند که با احساس مسئولیت کامل و با روح میهن پرستی و وجدان و آینده نگری، در پیشبرد انقلاب اداری و ایجاد و تقویت روحیه‌ای تازه‌ای بر اساس تحرک و همکاری و حسن جریان کارها بکوشند تا سهم فردی، اجتماعی، اخلاقی وجدانی خویش را در هدایت جامعه کشور خود به سوی آینده‌ای بزرگ که نتایج آن بالمآل عاید خودشان و فرزندانشان خواهد شد، ادا کرده باشند.

***

بهبود محیط زیست یکی دیگر از مسائل مهم نظامی اجتماعی ایران فرداست. زیرا این موضوع از لحاظ کیفیت واقعی زندگی جامعهٔ ایرانی و از نظر سلامتی محیط و سلامتی فرد، اهمیت حیاتی دارد. ما مایل نیستیم شهرهایمان فضای آلوده و روستاهایمان زمین فرسوده و آب غیر سالم داشته باشند و مردم کشورمان محروم از مواهب طبیعت باشند. داشتن محیط زیست سالم یکی از الزامات دوران "تمدن بزرگ" است.

متأسفانه تا زمان حاضر کاری برای حفظ محیط زیست در این کشور نشده بود و پیشینیان ما در طول قرون متمادی کوششی برای حفظ زمین زراعتی و کشت آن نکرده بودند. البته من بدان‌ها خرده نمی‌گیرم، زیرا در آن روزگاران اصولاً چنین مسائلی مورد آگاهی و بنا بر این مورد توجه نبود. به عنوان مثال می‌توان تذکر داد که زمانی ما شانزده میلیون هکتار جنگل داشتیم و اکنون به خاطر قطع بی‌رویهٔ درختان بیش از پنج میلیون هکتار آنها برایمان باقی نمانده است. به خصوص در دوران انحطاطی صد و پنجاه سالهٔ اخیر ایران روش رایج در همهٔ کشور، بریدن درخت‌ها و نابود کردن جنگل‌ها و از بین بردن مراتع با چرای بی‌رویهٔ احشام بود. فقط در سال‌های اخیر بود که مسئله محیط زیست واقعاً مطرح شد و برنامه‌هایی از قبیل حفظ جنگل‌ها و مراتع و آبها از طریق ملی کردن آنها، تثبیت شن‌های روان و کاشتن درخت‌ها و بوته‌ها، احیای جنگل‌های ویران شده، ایجاد جنگل‌های تازه و سایر اقدامات مربوط به حفظ و بهبود محیط زیست به مورد اجرا در آمد.

با توجه به محدودیت منابع آبی و احتیاجات روزافزون کشور به آب، بر اثر توسعهٔ شهرنشینی و افزایش سطح زیر کشت و سطح مراکز صنعتی، در ایران فردا دیگر نباید از آب‌های موجود فقط یک بار استفاده شود. بلکه از راه تصفیهٔ فاضلاب‌ها و پسآب‌ها و استفادهٔ مجدد از آنها باید هم منابع آبی جدید تحصیل شود و هم از آلودگی محیط زیست جلوگیری گردد. به عنوان مثال با بهره‌وری دوباره از فاضلاب شهر تهران احتمالاً می‌توان همهٔ نیازهای پالایشگاه نفت شهر ری و نیروگاهای این منطقه را علاوه بر احتیاجات جنگل کاری و انتقال آب به دشت ورامین تأمین کرد.

هدف بلند پروازنهٔ من این است که همهٔ مناطق کشور را کـه در گذشته جنگل بوده است، دوباره بکاریم و به صورت جنگل در آوریم و اضافه بر آن در مناطق بایر و کناره‌های کویر جنگل‌های مصنوعـی بـه وجود آوریم تا از این راه به پاکیزگی طبیعت و محیط و آب و هـوای این سرزمین کمک کرده باشیم. بـاید سـعی کـنیم تـا شـهرهای دود گرفتهٔ ما در آینده فضایی پاک و سالم داشته باشند. آب‌هـا و خاک‌هـا از آلودگی در امان باشند. روستاهای ما تمیز و بارور باشند و بـه طـور کلی محیط زیست مردم ایران محیطی پـاکیزه و زیبـا و نـیرو بخـش باشد. این کار به خصوص با توجه به صنعتی شدن روزافـزون کشـور و فشار تکنولوژی بر آب و هوا و افزایــش تولیـدات شـیمیایی و توسعهٔ شهر نشینی مستلزم همان هشـیاری و تـلاش پیگـیری اسـت کـه در مورد سایر مسائل مربوط به دوران "تمدن بزرگ" ضرورت دارد.

✳ ✳ ✳

توجه به امور ورزشی و پیشرفت منظم در این رشته از نظر نظـام اجتماعی ایران فردا بسیار اهمیت دارد. در پرتو این توجه ما خواهیـم توانست نژاد ایرانی را پیوسته نیرومندتر و شـاداب‌تر کنیـم و در عیـن حال اعتماد به نفس و غرور ملی را تقویت بخشیم.

در این زمینه مسلماً استعدادهای نهفتهٔ فراوانی در ملت ما وجود دارد که سنن دیرینهٔ قهرمانی و پهلوانی این ملت گواه آن است. سنت پهلوانی در طول قرون متمادی یکی از عوامل مؤثر بقای روح ملیـت و سپر نیرومند پایداری ملی در برابر استیلای نیروهـای ویرانگـر بـود و این سنتی است که در آینده نیز ادامهٔ این وظیفه را به عـهده خواهـد داشت. در سال‌های گذشته ورزشـکاران شایسته‌ای از کشـور مـا بـه

موفقیت‌های فراوان در صحنه‌های بین‌المللی دست یافتند و حتی به مقام قهرمانی المپیک رسیدند. اگر این موفقیت‌ها در زمانی به دست آمد که هنوز وضع بهداشت و تغذیه در کشور به هیچ وجه رضایت بخش نبود، نسل‌های آینده که از این بابت در بهترین شرایط قرار دارند، بی‌گمان به هنر نمایی‌های فراوان‌تر و چشمگیرتری توفیق خواهند یافت.

امروز زمینهٔ پیشرفت‌های وسیع در امور ورزشی در کشور فراهم شده است و استقبال و علاقهٔ روزافزون عمومی نیز عامل بسیار مناسبی برای توسعهٔ این پیشرفت‌هاست. استادیوم‌های بزرگ، مجتمع‌های ورزشی، باشگاه‌ها، مراکز فعال خصوصی، برگزاری منظم مسابقه‌های ورزشی و شرکت مداوم ورزشکاران ما در صحنه‌های بین‌المللی ورزش، نوید ترقی پیگیری را در این رشته می‌دهد. ولی تذکر این نکته لازم است که در امر ورزش، تنها توسعهٔ کمی کافی نیست، بلکه به خصوص توجه به کیفیت اهمیت دارد. آن چه لازمهٔ ورزش و قهرمانی است، روحیهٔ ورزشکاری، یعنی روح مردانگی و دلیری و نیک اندیشی و میهن پرستی است که باید همواره با نیرومندی جسمانی همراه باشد. این اصلی است که به خصوص باید در جامعهٔ ایران عصر "تمدن بزرگ" مورد توجه کامل قرار گیرد.

همین واقعیت در مورد پیشاهنگی که آن نیز از عناصر اساسی و سازندهٔ نسل جوان ایران امروز و فرداست، باید دقیقاً مورد توجه قرار داشته باشد.

* * *

یک موضوع مهم دیگر توریسم داخلی است که توسعهٔ منظم آن چه از لحاظ اقتصادی و چه از نظر فرهنگی و فکری ضرورت دارد. مردم ایران از هر استان و از هر شهر و روستا باید نقاط دیگر کشور پهناور خود را از نزدیک بشناسند و با زندگی اهالی آنها و آثار تاریخی و هنری و زیبایی‌های طبیعی آن نقاط آشنا شوند تا از این راه مرز و بوم خود و میهن خود را، چه از نظر مادی و چه از لحاظ فرهنگی، بهتر درک و لمس کنند.

سرزمین ایران، سراسر یک موزهٔ زنده و یک نمایشگاه بدیع مفاخر تاریخی و هنری و در عین حال هر گوشهٔ آن شاهد گویای دلاوری‌ها و جانبازی‌های گذشتگان است. زیبایی‌های طبیعی ایران نیز با تنوع فوق‌العادهٔ وضع اقلیمی نواحی مختلف این سرزمین، از بدیع‌ترین نمونه‌هایی است که در جهان می‌توان یافت. بهره‌گیری از این بدایع طبیعی و هنری نباید مخصوص جهانگردان خارجی باشد، بلکه به خصوص باید این امکان در دسترس توریسم داخلی گذاشته شود.

این توریسم به مفهوم وسیع‌تر آن، باید استفادهٔ مردم ایران را از اوقات فراغت و از تعطیلات هفتگی و سالانهٔ خود شامل شود. چنین بهره گیری باید عمومیت داشته باشد، نه آن که منحصر به عده‌ای باشد که با داشتن اتومبیل شخصی می‌توانند هر موقع مایل باشند، به سفر تفریحی بروند. باید وسایل کافی و در سطح شایسته چه از نظر هتل‌ها و مهمانسراها و سایر مراکز مسافری و چه از لحاظ حمل و نقل، در حدی که جوابگوی نیاز عمومی باشد، فراهم شود. با این هدف که بیشتر مردم به همهٔ آن چیزهایی که از این بابت احتیاج دارند، در خود کشور دسترسی داشته باشند.

فراموش نباید کرد که همهٔ رشته‌های فرهنگی و اجتماعی، با وجود تنوع فراوان خود به هم پیوسته‌اند و لازم و ملزوم یکدیگرند. پرورش فکری و ذوقی که لازمهٔ یک اجتماع پیشرفته است، در آن واحد همهٔ رشته‌های مربوط به اجتماع را شامل می‌شود و نمی‌توان در این زمینه یک یا چند رشته را به طور گسترده توسعه داد ولی توسعهٔ رشته‌های دیگر را نادیده گرفت یا اهمیت کمتری برای آن قائل شد.

نظام آموزشی و فرهنگی

آموزش و پرورش وسیع در سطح عالی، چه از نظر کمیت و چه از لحاظ کیفیت رکن بنیادی "تمدن بزرگ" ایران است. هیچ پیشرفتی در هیچ رشته حیات ملی ممکن نیست مگر این که عامل انسانی، که اساس این پیشرفت است، به دانش و بینش لازم مجهز باشد و هر قدر سطح این آگاهی بالاتر باشد، نتیجه رضایت بخش‌تر خواهد بود. جامعهٔ ایران عصر "تمدن بزرگ" باید بیش از هر چیز جامعهٔ مردمی تحصیل کرده و مطیع و برخوردار از آگاهی لازم برای چنین دورانی باشد.

با برنامه‌های گسترده‌ای که در امر آموزش ملی در حال اجراست و با توسعهٔ منظم و بی‌وقفه‌ای که در این زمینه پیش بینی و طرح ریزی شده است، تمام افراد نسل جوان کشور که گردانندگان چرخهای "تمدن بزرگ" فردا خواهند بود، در زیر پوشش آموزش و پرورش قرار خواهند گرفت و در عین حال سطح کیفیت این آموزش نیز منظماً بالاتر خواهد رفت.

با اجرای مقررات آموزش رایگان نسل آیندهٔ کشور نسلی صد در صد تحصیل کرده و آموزش دیده خواهد بود و امید می‌رود که بی‌سوادی موجود نیز تا پایان دههٔ آینده ریشه کن شود. جوانانی که اکنون مشغول تحصیلند پس از پایان تحصیلات دانشگاه یا تحصیلات حرفه‌ای و کارآموزی صنعتی خود، عملاً پا به آغاز دوران "تمدن بزرگ" خواهند گذاشت. در دههٔ آینده جامعهٔ ایران جامعه‌ای خواهد بود که در آن هر کس باید در کار خود تخصص داشته باشد و این

الزام، هر فرد ایرانی را اعم از کشاورز و کارگر و پیشه‌ور و مدیر شامل می‌شود. همهٔ این افراد می‌باید نه تنها از آموزش کلی بهره‌مند باشند، بلکه در رشته و کار مخصوص خود تخصص داشته باشند. هدف ما این است که برای تأمین این منظور، صدها هزار هنرآموز در مدارس حرفه‌ای و فنی که طبعاً باید تعداد آنها به اندازهٔ کافی افزایش یابد، داشته باشیم و رقم دانشجویان خود را در دانشگاه‌ها و مدارس عالی به نیم میلیون نفر برسانیم. در عین حال باید کوشش کنیم حداکثر ممکن از دانشجویانی که در خارج از کشور تحصیل می‌کنند، برای خدمت به مملکت باز گردند. ولی سیاست کلی ما در این مورد باید این باشد که وسیلهٔ تحصیل همهٔ جوانان ما در خود کشور تا عالی‌ترین سطوح فراهم گردد تا بدین ترتیب هم مملکت مخارج کمتری متحمل شود و هم خطراتی که از زندگی و تحصیل در محیط‌هایی غالباً آلوده و پر انحراف متوجه جوانان ماست، از میان برود.

هدف کلی آموزش این خواهد بود که از یک طرف وسیلهٔ تحصیل تا کلیهٔ سطوح به عنوان یک حق مشروع و مسلم هر جوان ایرانی، بدون هیچ مانعی و تبعیضی برای او فراهم باشد و از طرف دیگر، کیفیت آموزشی در کشور ما به بهترین سطح جهانی آن برسد و آخرین و کامل‌ترین اطلاعات علمی و تخصصی در دسترس هر دانشجوی ایرانی قرار گیرد. برای تأمین این منظور برنامه ریزی وسیع و همه جانبه‌ای لازم است. در حال حاضر ما از نظر کمبود کادر استاد و معلم و کارشناس آموزش با مشکل بزرگی مواجه هستیم. تعداد دانشگاه‌ها و آموزشگاه‌ها و آموزشگاه‌های عالی و هنرستان‌ها و سایر مراکز حرفه‌ای ما نیز کافی نیست. ولی ایجاد آنها مسلماً آسان‌تر از تهیه کادر ورزیدهٔ آموزشی است.

در امر ارتقاء کیفیت آموزش، ضرورت اساسی به طوری که قبلاً نیز بدان اشاره شد، مراقبت و سختگیری کامل در اصالت تحصیلات است. بدین معنی که هیچ دانش‌آموز یا دانشجویی بدون درس خواندن واقعی و بدون شایستگی ارتقاء به کلاس بالاتر، امکان دریافت گواهی تحصیل نداشته باشد. زیرا در غیر این صورت آیندهٔ مملکت از نظر پیشرفت صنعتی و تکنولوژی یا پیشرفت اجتماعی و فرهنگی به خطر می‌افتد و چنین گناهی از طرف جامعه‌ای که به سوی "تمدن بزرگ" می‌رود، قابل بخشش نیست. "تمدن بزرگ" ایران تمدن دانش و بینش و تخصص و آگاهی در عالی‌ترین سطح جهانی آن است و این حقیقتی نیست که بتوان با آن شوخی کرد یا آن را نادیده گرفت.

عامل فرهنگ به نوبهٔ خود، از اصول زیربنایی "تمدن بزرگ" ایران است. زیرا بدون پشتوانهٔ استواری از ارزش‌های فرهنگی، هیچ تمدنی، هر قدر هم از نظر مادی پیشرفته باشد، پایدار نمی‌ماند. البته منظور من از فرهنگ، مفهوم وسیع و جامع این کلمه است. در این مفهوم فرهنگ مرادف با همهٔ ارزش‌های معنوی، همهٔ فضایل و خصایص عالی اخلاقی، همهٔ عواطف و احساسات والای انسانی، همهٔ زیبایی‌های هنری و بالاتر از همه روح میهن پرستی و فداکاری و گذشت در راه مصالح اجتماعی است. در مورد خاص تمدن ایران، عامل فرهنگ اهمیتی استثنایی دارد. زیرا این عامل از آغاز جزء لایتجزای تاریخ و تمدن ایرانی بوده و می‌توان گفت که روح و قلب این تاریخ و تمدن به شمار رفته است. این فرهنگ زنده و گسترده که به ارزش‌های جاودانی آن در فصل گذشتهٔ این کتاب اشاره کردم، ضامن بقای تاریخی شخصیت و هویت ملی ما در فراز و نشیب‌های چند هزار ساله و پیوند استوار این سرزمین با مردم آن بوده است و از

برکت این پیوند است که ملت ایران به صورت ملتی شکست ناپذیر، این نشیب و فرازها را پشت سر گذاشته است.

این ارزش‌های فرهنگ ملی و سنت‌های مربوط بدان‌ها برای ما مقامی چنان والا دارد که آنها را با هیچ ثروت مادی و با تمام دستاوردهای تمدن غرب برابر نمی‌گذاریم. ما دانش و تکنولوژی غرب را جذب می‌کنیم و باز هم بیشتر و بیشتر جذب خواهیم کرد. ولی به هیچ پدیدهٔ ناسالم فکری که با اصالت فرهنگی ما سازگار نباشد، پروانهٔ ورود به اجتماع خود را نخواهیم داد. ما برای حفظ این سنت‌ها و ارزش‌ها که گران‌بهاترین میراث نیاکان ما هستند، می‌کوشیم و خواهیم کوشید و سعی خواهیم کرد کودکان‌مان را نیز از نخستین سال‌های دبستان، با میراث فرهنگی خود آشنا کنیم و این آشنایی را در همه سال‌های تحصیل و در دوران زندگی اجتماعی آنان ادامه و توسعه دهیم.

در دوران "تمدن بزرگ" عامل فرهنگی، عامل سازنده و حیاتی است. زیرا این تمدن بر اساس انقلابی پی ریزی شده است که شالودهٔ معنوی آن را نیک اندیشی و بشر دوستی تشکیل می‌دهد.

کوشش ما در تحقق اصول انقلاب بر این پایه بوده است که از راه ترکیب متوازن توسعه اقتصادی با عدالت اجتماعی و موازین اخلاقی و انسانی، مقام ارزش‌های معنوی گذشته را در پی ریزی ترقیات آینده محفوظ داریم و ترکیب آنها را پاسخگوی شایسته‌ای برای نیازهای مادی و روحی اجتماعی خود قرار دهیم. اصل احترام به شرافت انسانی، بنیاد معنوی و اخلاقی همهٔ تحولات ناشی از این انقلاب است و طبعاً بنیاد "تمدن بزرگ" ما خواهد بود.

این عامل فرهنگ، در عین حال بازدارنده‌ای در برابر خطر ظهور یک جامعهٔ غول آسای مادی است که می‌تواند بر اثر صنعتی شدن

رزوافزون کشور به وجود آید و می‌دانیم که این امری است که در جوامع صنعتی متعددی اتفاق افتاده است. در این جوامع، تکنولوژی انسان را به فرمان خویش می‌گیرد و او را که آفرینندهٔ این تکنولوژی است، به صورت یکی از اجزاء و عناصر خود در می‌آورد. چنین وضعی البته رفاه و پیشرفت مادی غالباً فراوان به همراه دارد، ولی قادر به ارضاء نیازهای روحی و معنوی جامعه نیست و در نتیجه خلایی در این زمینه به وجود می‌آید که هیچ رفاه مادی نمی‌تواند آن را پر کند. سرگشتگی مردم جوامع پیشرفتهٔ عصر ما به خصوص نسل‌های جوان آنها و پدیده‌های نامطلوب این سرگشتگی که در آغاز این فصل بدان‌ها اشاره کردم، حاصل منطقی همین خلاء معنوی است.

"تمدن بزرگ" ما مسلماً با این خطر اصولی رو به رو خواهد بود. زیرا ما از هم اکنون مراقبت کامل می‌کنیم که پایهٔ این تمدن را بر توازنی مطلوب میان پیشرفت صنعتی و رشد معنوی استوار سازیم و من ایمان دارم که بدین ترتیب در پرتو غنای فرهنگی و میراث ارزش‌های اخلاقی و فرهنگ ریشه‌دار ملی خویش از سقوط در پرتگاهی که تمدن‌های مادی و مادیگرا را تهدید می‌کند، مصون خواهیم ماند.

برای این کار کوشش ما در برنامه‌ریزی فرهنگی باید معطوف بدان باشد که شخصیت معنوی ملت ایران و ارزش‌های جاودانی فرهنگ ملی و لطافت روحی خاص ایرانی که از کشاکش قرون و اعصار به سلامت جسته است، علیرغم خشونت زندگی عصر ما، هم چنان پای بر جای بماند و حتی گسترش یابد. فرهنگ پیشرفتهٔ عصر انقلاب و دوران "تمدن بزرگ" باید همان قدر پاسخگوی نیازهای روحی هر ایرانی باشد که دانش و صنعت و تکنولوژی پیشرفته جوابگوی نیازهای مادی و جسمی اوست. ما از ارزش‌های اخلاقی و

معنوی این فرهنگ و از زیبایی‌های بی‌شمار آن در جلوه‌های گوناگون اندیشه و عرفان و ادب و هنر، پایگاهی استوار برای تمدنی که پی‌ریزی می‌کنیم، خواهیم ساخت. سنت‌های ارزندهٔ ملی از قبیل علائق خانوادگی، عواطف انسانی، عشق به زیبایی در تمام جلوه‌های مادی و معنوی آن، نزدیکی با طبیعت، لطافت احساس، جاذبهٔ شعر و ادب، خوی بشر دوستی، روح میهمان نوازی و دیگر خصیصه‌های تمدن و فرهنگ کهن خود را پاسداری خواهیم کرد و از آن‌ها برای ایجاد ارزش‌های معنوی و اخلاقی تازه‌ای در دوران "تمدن بزرگ" که دوران فرهنگ بزرگ نیز خواهد بود، الهام خواهیم گرفت.

***

میل دارم این مبحث را با حیاتی‌ترین مسئله مربوط به معنویت و فرهنگ که اصولاً زندگی روحی هر جامعه بدان وابسته است، تکمیل کنم و این بحث را به عنوان حسن ختام با آن پایان دهم. این مسئله ایمان مذهبی و لزوم تقویت هر چه بیشترِ آن در همهٔ قشرها و سطوح جامعهٔ ایرانی است.

معتقدات مذهبی، روح و جوهر حیات معنوی هر اجتماعی است. زیرا بدون این پشتوانهٔ استوار، هیچ اجتماع، هر قدر هم از نظر رفاه مادی پیشرفته باشد، جز اجتماع سرگشته و راه گم کرده نخواهد بود. ایمان واقعی بزرگترین ضامن سلامت روحی و استقامت اخلاقی و بالاترین نیروی پاسدار هر فرد انسانی در مواجهه با مسائل و مشکلات بزرگ و کوچک زندگی و در عین حال تواناترین نگاهبان معنوی هر جامعه است. هیچ اجتماعی نمی‌تواند به بهانهٔ هیچ اصل ایدئولوژیک، خود را از این عامل الزامی قوام و دوام جوامع انسانی، بی‌نیاز بشمارد و

هر تلاشی نیز که تاکنون در این راه صورت گرفته، تلاشی بی‌نتیجه بوده است.

ملت ما از این سعادت بزرگ بهره‌مند است که در لوای مترقی‌ترین و عالی‌ترین اصول مذهبی، یعنی اصول آئین مقدس اسلام قرار دارد. این آئینی است که موازین و تعالیم عالیهٔ آن کامل‌ترین پیشرفت‌های مادی و معنوی بشری را در بر می‌گیرد و در هر مرحله از رشد اجتماعی می‌تواند عالی‌ترین راهنمای فرد و جامعه باشد. افتخار انقلاب ما و راز توفیق کامل آن نیز در همین است که سراسر اصول این انقلاب از روح و جوهر تعالیم عالیهٔ اسلامی الهام گرفته است.

بدیهی است مفهوم واقعی اسلام با سوءاستفادهٔ مغرضانه یا عوام فریبی و یا ارتجاعی از موازین آن، سازگاری ندارد و تمام تشبثاتی که در این زمینه انجام می‌گیرد (و متأسفانه جامعهٔ خود ما چه در طول تاریخ گذشتهٔ خود و چه در عصر ما، بارها قربانی همین تشبثات قرار گرفته است) درست در جهت مقابل روح و مفهوم حقیقی اسلام است. آن چه هدف اساسی ما در ساختمان جامعهٔ امروز و فردای ایران است، تعمیم و تسجیل هر چه بیشتر همین روح و مفهوم واقعی اسلام در این اجتماع است تا بر اساس آن، جامعهٔ ایرانی عصر "تمدن بزرگ" یک جامعهٔ واقعاً با ایمان، منزه، پاک و به حد اعلی برخوردار از معنویات باشد.

بدیهی است ما به همهٔ عقاید پیروان مذاهب دیگر نیز که در کشور ما زندگی می‌کنند و جزء جدایی ناپذیر جامعهٔ ایرانی به شمار می‌روند، احترام می‌گذاریم. زیرا هر ایمانی شایستهٔ احترام است. آن چه شایستهٔ احترام نیست، جامعه‌ای است که ایمان را از خود طرد کرده باشد.

پیام من به ملت ایران

در فصول گذشتهٔ این کتاب وضع کلی جهان امروز و خطوط اصلی نظام‌های سیاسی و اجتماعی و اقتصادی و فرهنگی ایران عصر انقلاب و دورنمای ایران دوران "تمدن بزرگ" را تشریح کردم. زیرا هم چنان که در دیباچهٔ کتاب تذکر دادم، آگاهی کامل بر این مطالب را برای هر فرد ایرانی ضروری می‌دانم تا بدین ترتیب راه پیشرفت ما به سوی "تمدن بزرگ" با ژرف بینی و با همکاری گستردهٔ ملی پیموده شود.

من این راه پر افتخار و شکوه آفرین سرنوشت را در برابر ملت خویش گذاشته‌ام، زیرا آن را تنها راه تأمین سرفرازی و نیک بختی این ملت می‌دانم و چون بدین حقیقت ایمان راسخ دارم، به عنوان شاهنشاه این سرزمین و رهبر سرنوشت ملت ایران و به عنوان پدر و مربی و دوست خیرخواه یکایک افراد این ملت، ابلاغ آن را در وظیفهٔ خویش در ایفای رسالتی می‌شمارم که از این بابت به عهده دارم.

برای من چه انگیزه‌ای در این راه به جز عشق به ایران و آرزوی شکوه و سرفرازی آن و تأمین خوش بختی و رفاه هر چه بیشتر ملت ایران، می‌تواند وجود داشته باشد؟ رهبری ملتم در مسیر "تمدن بزرگ" برای من مقام یا اقتدار بیشتری ایجاد نمی‌کند. زیرا مقام من، مقامی قابل ارتقاء نیست. قدرت من نیز چه از نظر قانونی و چه از لحاظ پیوند روحی خاصی که با ملتم دارم، در بالاترین حدی است که می‌تواند در این کشور وجود داشته باشد. در عوض این امر برای من مستلزم کار طاقت فرسای شبانه روزی و تلاش‌ها و کشمکش‌های

سنگین بین‌المللی و رویارویی دائمی با تحریکات و توطئه‌ها و دشمنی‌هایی است که در غیر این صورت به احتمال قوی علتی برای وجود آنها نبود. اگر برای من فقط آسایش شخصی و استفادۀ بی‌درد سر از امتیازات مقامی که دارم، مطرح بود، سرمشق پادشاهان صد و پنجاه سالۀ گذشته سرمشقی جالب‌تر از آن راه و روشی بود که پدرم و من از آن پیروی کردیم.

بنابر این انگیزۀ من چیزی جز کوشش در راه تأمین حداکثر شکوه و سرفرازی کشورم و حداکثر نیک بختی و رفاه ملتم نیست و نمی‌تواند باشد. سی و هفت سال است که با همۀ توانایی خود در این راه کوشیده‌ام و مسلماً تا روزی که مشیت خداوندی ادامۀ این رسالت را به من محول فرموده باشد، در همین راه خواهم کوشید. بعد از آن بر اساس شالوده‌ای که ریخته‌ام، این راه با اتکاء به عنایات الهی ادامه خواهد یافت و هیچ عاملی مگر نابودی تمدن جهانی، ملت ایران را از پیمودن آن باز نخواهد داشت.

من هدف نهایی این راه را، رسیدن کشور و ملتم به دوران پر شکوه "تمدن بزرگ" و سپس زیستن در آن دوران و کوشش در سرشاری و غنای باز هم بیشتر آن تعیین کرده‌ام. زیرا نه خودم به چیزی کمتر از این هدف قانع هستم و نه چیزی کمتر از آن را شایستۀ ملت ایران می‌دانم. ما در آزمایش تاریخ بیش از آن اصالت و ارزندگی از خود نشان داده‌ایم که بتوانیم در عصر حاضر این سنت پیشگامی را به آسانی کنار بگذاریم. مردم ما نیز بی‌گمان در زوایای روح و دل خویش آمادۀ آن نیستند که انسان‌های درجه دوم و سوم جهان فردا باشند.

ولی اگر باید این راه پر شکوه سرنوشت تا به پایان پیموده شود، لازم است که همۀ ما آن را با یک دیگر در نوردیم. زیرا یک فرمانده

هر قدر هم مصمم و مبارز باشد به تنهایی نمی‌تواند کاری بکند و مسئولیت او فقط رهبری صحیح و قاطعانهٔ نیرویی است که در پشت سر وی قرار دارد. برای پیشرفت در مسیر "تمدن بزرگ" فردا می‌باید من و ملتم به اتفاق یک دیگر و با آن همبستگی و یکپارچگی که لازمهٔ هر پیروزی است، در این راه به پیش برویم.

شرایط این پیروزی، همان‌هایی است که در صفحات این کتاب تشریح کردم. این شرایط فقط شرایط مادی نیست. بلکه شرایط معنوی و اخلاقی نیز هست. هم چنان که یک سپاه برای پیروزی در پیکار گذشته از ساز و برگ لازم به روحیهٔ نیرومند و ایمان استوار نیازمند است موفقیت ملی ما نیز در عین قدرت و توانایی اقتصادی و صنعت و برخورداری از پیشرفت‌های سریع مادی، مستلزم داشتن روحیهٔ قوی و دانش و آگاهی کامل است. همهٔ این شرایط تا آن جا که به مرکز فرماندهی شاهنشاهی ایران و دستگاه مجریهٔ آن ارتباط دارد، چه از راه قدرت اقتصادی پویا و پیشرو کشور و چه از طریق انقلاب اجتماعی شاه و ملت، تضمین شده است. ولی پاسخگویی به شرایطی که مربوط به فرد فرد مردم کشور می‌شود، به عهدهٔ خود آنهاست. زیرا هیچ وقت سرفرازی و رفاه را به هیچ کشور و ملتی، به صورت هدیه‌ای آسمانی یا زمینی، ارمغان نداده‌اند و هرگز به گفتهٔ سخنور بزرگ ما نابرده رنج، گنج مسیر نشده است.

با این همه واقعیت گواهی می‌دهد که پیشرفت‌های کشور و جامعهٔ ما تا حدود زیادی حتی مشمول این اصل کلی نیز هست. زیرا در سال‌های گذشته جامعهٔ ایرانی به آسانی از مزایا و حقوقی برخوردار شده است که بسیاری از جوامع دیگر، برای دستیابی به همان‌ها، تلاش‌ها و مبارزاتی بس طولانی و دشوار کرده‌اند. قسمتی از مزایایی که در جامعهٔ امروز ایران به کارگران تعلق گرفته است، حتی در

کشورهای صنعتی بسیار پیشرفته و در کشورهای "کارگری" نیز نظیر ندارد. همین طور حقوق و امتیازات کشاورز امروز ایرانی به مراتب پیش از آن است که کشاورزان بسیاری از کشورها در طول قرن‌ها به دست آورده‌اند و کشاورزان کشورهای متعددی نیز نه تنها در جوامع اشتراکی، بلکه در بسیاری از دیگر جوامع جهان، اصولاً از آن‌ها محرومند. برقراری آموزش عمومی که در ایران تنها با اعلام یکی از اصول انقلاب تحقق یافته است، در کشورهای پیشرفتهٔ اروپا و امریکا، مستلزم صد و پنجاه سال کوشش و تلاش بوده است. برای به دست آوردن حق رای و سایر حقوق اجتماعی، زنان کشورهای مترقی بیش از صد سال مبارزه کردند، در صورتی که این حق تنها به موجب یک اصل انقلاب به همهٔ زنان ایرانی تعلق گرفت. همین نکته را می‌توان در مورد اصول دیگر انقلاب به خصوص اصل بیمه‌های اجتماعی همگانی که با وجود سابقهٔ تلاش‌های طولانی و دشوار جوامع پیشرفته کشور ما امروز از غالب آنها در این زمینه فراتر رفته است، تذکر داد.

بدین ترتیب اکنون جامعهٔ ما از امکانات عالی مادی و معنوی در بهترین شرایط ممکن برخوردار شده است و اگر خواسته باشیم مفهوم و وسعت واقعی این موفقیت را دریابیم، کافی است به وضع جامعهٔ خویش تنها در پنجاه سال پیش و حتی در مقیاس محدودتر، پانزده یا بیست سال پیش بیندیشیم. چنین بررسی به ما نشان خواهد داد که نیروی شگفت‌آور نظام شاهنشاهی ایران و حیثیت معنوی فرماندهی این شاهنشاهی و پیوستگی عمیق و خلل ناپذیر شاه و ملت، درجامعهٔ ما چگونه اعجازی را تحقق بخشیده که در هیچ کشور و جامعهٔ دیگر امکان تحقق آن به صورتی چنین سالم و انسانی نبوده است.

اگر این نیروی شگرف ملی توانسته است ما را در شرایطی بسیار پائین‌تر و محدودتر از شرایط امروز ایران از آن نقطه آغاز به مرحله کنونی برساند چگونه تردید می‌توان داشت که همین نیرو، با برخورداری از شرایط بسیار مساعد کنونی، خواهد توانست ما را به دوران "تمدن بزرگ" نیز رهبری کند؟

پیروزی در این راه، تنها مستلزم بسیج همه جانبهٔ امکانات و نیروها و ارزش‌ها و منابع ملی است. این ضرورتی است که این کتاب را با تذکر آن آغاز کردم و با تذکر دوبارهٔ آن پایان می‌دهم.

ما باید این بسیج را به کامل‌ترین صورت آن، چه در زمینهٔ مادی و چه در زمینهٔ معنوی تحقق بخشیم و چنین تلاشی مستلزم واقع بینی و آگاهی کامل ملی و مبارزه با عوامل منفی و مخرب در عین تقویت هر چه بیشتر عوامل مثبت و سازنده است. باید کوشش ما در تمام آن موارد کوششی صحیح و حساب شده و بی نقض باشد. زیرا فرصتی برای اشتباه کردن و برای تصحیح اشتباه نداریم. شعار اصلی و تعیین کننده‌ای که من برای این پیروزی در برابر شما می‌گذارم، کار، کار بیشتر، کار باز هم بیشتر است!

در این راه پر شکوه سرنوشت من تا آخرین روز ایفای رسالت خود، پیشاپیش شما خواهم بود و بی‌گمان خداوند بزرگ همهٔ ما را راهنمایی و پشتیبانی خواهد فرمود.